社会保険の
実務相談

令和2年度　令和2年4月1日現在

全国社会保険労務士会連合会【編】

中央経済社

まえがき

　医療保険制度は，高齢化の進展，疾病構造の変化，医療機能の分化および社会経済情勢の変化に伴い，医療保険の運営の効率化，給付の内容および費用の負担の適正化等を図りつつ持続可能な制度として実施されなければならないものである。また，年金制度は，予測困難な将来のリスクに備え，生涯を通じた保障を実現する必要がある。昨今では，消費税率引上げ分を活用した年金生活者支援給付金制度の導入など，持続可能で安心できる年金制度運営のために着実な実施措置が講じられている。一方で，このように各種制度の充実が図られる中，実務者にとっては，ますます複雑多岐の様相を呈してきている。さらに，新型コロナウイルス影響下において，各種社会保険制度の正しい理解が実務に必要となってくる。

　そこで本会では，制度の内容を十分に理解し，具体的なことがらに的確に対応して，被保険者や事業主が義務の遵守と権利の行使を適正に行い，制度の目的である保険給付を正しく受給するため，実務的な解説書の必要を痛感して，その作製を企画した。

　本書は，これらのことがらをふまえ，社会保険に関する一般的なケース，問題のあるケースおよび特異なケースである具体的事例を設定して，この事例に対する届出や請求について書類の作成や提出の方法を問答形式により，わかり易く解説を行っている。この実務相談が，社労士はもとより社会保険関係の事務担当者や一般の方々のよき相談書として活用されることを念願している。

　最後に，本書の発行にあたって，中央経済社に対し，この紙面をかりて，心から謝意を表する次第である。

令和2年6月

全国社会保険労務士会連合会

凡　例

　この本において，法令等を引用するときには次のような略称を用います。

健康保険法 ……………………………………………………… 健　保　法

健康保険法施行令 ……………………………………………… 健　保　令

健康保険法施行規則 …………………………………………… 健　保　則

雇用保険法 ……………………………………………………… 雇　保　法

厚生年金保険法 ………………………………………………… 厚　年　法

厚生年金保険法施行令 ………………………………………… 厚　年　令

厚生年金保険法施行規則 ……………………………………… 厚　年　則

国民年金法 ……………………………………………………… 国　年　法

国民年金法施行令 ……………………………………………… 国　年　令

国民年金法施行規則 …………………………………………… 国　年　則

国民年金法等の一部を改正する法律の施行に伴う経過措置に関
する政令 ………………………………………………………… 措　置　令

高齢者の医療の確保に関する法律 …………………………… 高　医　法

高齢者の医療の確保に関する法律施行規則 ………………… 高　医　則

介護保険法 ……………………………………………………… 介　保　法

目　次

第1編　健康保険法（一般被保険者関係）

① 事業所の適用等

Q 1　「協会けんぽ」とは？　2

Q 2　厚生年金保険には加入せず，健康保険のみ加入は可能か？　3

Q 3　本社と支社を一括適用とすることができるか？　4

Q 4　家族従業員も健康保険の適用を受けられるか？　6

Q 5　個人経営商店は健康保険に加入できないのか？　6

Q 6　外国人が事業主でも健康保険は適用されるか？　7

Q 7　新規加入の申請手続は？　8

Q 8　70歳以上の社長のみの会社でも，社会保険の適用事業所か？　10

Q 9　事業所廃止時の手続は？　11

Q10　特定適用事業所に該当しなくなった場合はどうなるのか？　12

Q11　従業員数500以下の事業所でも，特定適用事業所になれるのか？　13

Q12　健康保険の手続は，電子申請でなければ受け付けてもらえないのか？　14

② 被保険者の資格取得と喪失

Q13　代表取締役は被保険者になれるか？　16

Q14　自宅待機，一時帰休等の場合の被保険者資格は？　17

Q15　2つの会社に勤務した場合，健康保険はどうなるのか？　17

Q16　新規適用時，長期病欠者は加入できるか？　18

2　目　次

Q 17　パートタイマーも加入できるか？　19

Q 18　小さな会社のパートタイマー（週20時間の勤務者）も加入できるか？　20

Q 19　外国人も加入できるか？　21

Q 20　個人で任意加入できる制度はあるのか？　22

Q 21　任意適用事業所の場合における加入を希望しない者の取扱いは？　23

Q 22　任意適用事業所でなくすることはできるか？　24

Q 23　日雇特例被保険者から一般被保険者への切替え日はさかのぼるのか？　25

Q 24　試用期間中は被保険者にしなくてもよいか？　26

Q 25　採用日と出勤日が異なる場合，資格取得年月日はいつになるのか？　26

Q 26　採用したのに年金事務所への届出を忘れた時は？　27

Q 27　4月1日付転勤の場合の資格得喪日はいつか？　28

Q 28　1年間病気休職の場合，被保険者資格を喪失させてよいか？　29

Q 29　月の中途退職者に月末まで給与支払がある場合，資格喪失の年月日はいつか？　30

Q 30　関連会社へ出向した場合の被保険者資格はどうなるか？　30

Q 31　定年到達後，嘱託として雇用された者の被保険者資格はどうなるのか？　31

---

③　**報酬および標準報酬月額**

Q 32　健康保険と厚生年金保険における「報酬」と「賞与」の範囲はどのようになっているか？　33

Q 33　年度の途中から，賞与を年間4回支給する場合は，いつから報酬に含めるのか？　34

Q 34　2つの事業所に勤務した場合の標準報酬月額はどうなるのか？

35

Q35 病気療養中の者への見舞金は報酬か？ 36

Q36 傷病手当金支給の際，通勤手当の取扱いは？ 36

Q37 病気療養中で無給の者の標準報酬月額はどのように決定されるのか？ 37

Q38 定時決定等の際，有給休暇取得日数は，支払基礎日数に含めるのか？ 38

Q39 算定基礎届に関する支払基礎日数について，夜勤労働者等で日をまたぐ勤務の場合の支払基礎日数の数え方 38

Q40 定時決定の際，4・5・6月の平均報酬額ではなく，年間平均報酬額で算定する方法はないのか？ 39

Q41 借り上げ社宅の家賃は，標準報酬月額に算入すべき報酬か？ 40

Q42 特定適用事業所の短時間労働者の算定基礎届はどのように行うのか？ 42

Q43 随時改定の際，年間平均の額で報酬月額を改定することはできないのか？ 43

Q44 産前産後休業終了後に職場復帰したが，給与が下がってしまった場合，今までと同じ保険料額を支払わなければならないのか？ 45

Q45 育児・介護休業法に基づく育児休業を終了した際の標準報酬月額はどのように改定されるのか？ 46

Q46 年2回，1回300万円支給の賞与の場合，標準賞与額はいくらになるのか？ 47

---

④ **被扶養者**

Q47 配偶者に内職収入がある場合，被扶養者になれるか？ 49

Q48 年収が106万円以上ある場合は被扶養者になれないのか？ 50

Q49 妻が勤めを辞めた時，被扶養者の届出は？ 51

4　目　次

Q50　三男が両親を被扶養者にすることは可能か？　52

Q51　大学生の妹を被扶養者にできるか？　52

Q52　夫婦共働きの場合，子どもは誰の被扶養者にするのか？　53

Q53　里子を扶養とすることはできるか？　54

Q54　妻の両親を被扶養者にすることはできるか？　54

Q55　外国に住んでいる外国人の妻を被扶養者にすることはできるか？　55

⑤　業務上・業務外

Q56　業務上・業務外の判断基準はあるのか？　57

Q57　請負仕事中にケガをした場合は，給付を受けられるのか？　58

Q58　被保険者5人未満の会社の役員が業務上ケガをした場合の取扱いは？　59

Q59　勤務時間中の私用による事故は業務上か？　60

⑥　療養の給付

Q60　資格取得前からの傷病も給付が受けられるか？　61

Q61　健康診断は給付の対象か？　62

Q62　病院の室料に違いがあるのは何故か？　62

Q63　同一疾病か再発かの判断基準は？　63

Q64　一部負担金と自己負担額の割合は？　64

⑦　療　養　費

Q65　自費診療を受けた場合，後日治療費が返還されることがあるのか？　66

Q66　資格取得届の提出忘れをした場合は自己負担か？　67

目　次　5

Q67　高額療養費はどのように支給されるのか？　68

Q68　療養費として支給されるものにはどんなものがあるのか？
　　　70

Q69　柔道整復師による施術は保険給付対象か？　72

Q70　海外旅行中に病気やケガで治療を受けた場合は，保険の対象に
　　　ならないのか？　72

Q71　入院時食事療養費および入院時生活療養費の支給の内容は？
　　　74

8　傷病手当金

Q72　傷病が重複した場合，傷病手当金の支給は2倍になるのか？
　　　76

Q73　傷病手当金はいくらもらえるのか？　77

Q74　同一疾病の場合，傷病手当金の支給期間は？　78

Q75　傷病手当金受給中に家事手伝いをしたら傷病手当金は打ち切ら
　　　れるか？　79

Q76　傷病手当金と出産手当金を同時に受けられるか？　79

Q77　傷病手当金の差額を事業主が支払うとどうなるのか？　80

Q78　傷病手当金の支給はいつからいつまでか？　81

Q79　傷病手当金受給者が障害厚生年金を受けられるようになるとど
　　　うなるか？　81

Q80　傷病手当金の支給は1年6カ月分ではないのか？　82

Q81　待期期間の計算は，いつが起算日か？　83

Q82　有給休暇は待期期間に含まれるか？　83

Q83　傷病手当金を受給していた者が配置転換により従前の業務より
　　　軽い業務に就いた場合，以前同様に支給されるか？　84

Q84　休業補償給付受給中の者が同時に傷病手当も受けられるか？
　　　85

6　目　次

Q85　傷病手当金と雇用保険の基本手当とを同時に受けられるか？
86

Q86　労務可能時の昇給差額が支給された場合，傷病手当金から控除
されるのか？　87

9　死亡に関する給付

Q87　自殺の場合，埋葬料（費）は支給されるか？　88

Q88　犯罪行為と因果関係がある場合でも，埋葬料（費）は支給され
るか？　88

Q89　埋葬料と埋葬費はどう違うのか？　89

Q90　埋葬料の請求者は誰か？　89

Q91　死産の場合，家族埋葬料は支給されるか？　90

Q92　海外で死亡した場合でも埋葬料は支給されるのか？　91

Q93　保険給付の受給者が死亡し，まだ支払われない保険給付は，誰
が受給できるのか？　91

10　出産に関する給付

Q94　健康保険での出産とは？　92

Q95　出産育児一時金・家族出産育児一時金の直接支払制度とは？
93

Q96　双児を出産した場合，出産育児一時金と出産手当金の額は？
94

Q97　人工妊娠中絶の場合にも保険給付が受けられるのか？　95

Q98　被保険者が出産中に死亡した場合，出産育児一時金・出産手当
金は支給されるのか？　96

Q99　出産以前に出産手当金の請求はできるか？　96

Q100　出産前に請求した出産手当金は，出産予定日と出産の日がずれ
た場合，どうなるのか？　97

目　次　7

Q101　出産手当金受給中に家事従事をすると支給されないのか？
98

11　資格喪失後の給付

Q102　退職後に傷病手当金を受けられるか？　99

Q103　資格喪失日が労務不能になった日から4日目の場合，傷病手当金は受けられるか？　100

Q104　退職しても出産手当金を受けられるか？　100

Q105　退職後でも，出産育児一時金は受けられるか？　101

Q106　資格喪失後に傷病手当金・出産手当金を受けていた者が死亡した場合，埋葬料は支給されるか？　102

12　給付制限

Q107　自殺未遂の場合に健康保険からの給付があるか？　103

Q108　自動車の無免許運転による事故での治療は給付が受けられるか？　104

Q109　飲酒運転による事故での治療は給付が受けられるか？　105

Q110　争議行為による事故での治療は給付が受けられるか？　105

Q111　第三者行為による事故と保険給付の関係は？　106

13　保　険　料

Q112　傷病手当金から本人負担分の保険料を控除してもよいか？
108

Q113　40歳になった者の健康保険の保険料額はどのように計算されるのか？　109

Q114　1カ月間に二度転職した場合の保険料はどうなるか？　110

Q115　標準賞与額に係る保険料はどのように計算されるのか？　111

8　目　次

Q 116　2以上の事業所に勤務する被保険者の保険料の事業主負担分は
　　　　どう計算するのか？　112

Q 117　資格取得年月日の誤りがあった場合，さかのぼり分の保険料を
　　　　控除してもよいか？　113

Q 118　月末退職者の保険料は，どのように控除すればよいか？　114

Q 119　産前産後休業期間中の保険料は免除されないのか？　114

Q 120　育児休業期間中の保険料の免除はいつからいつまでか？　116

Q 121　協会けんぽの保険料率はどのように決められるのか？　117

14　その他の事項

Q 122　社会保険審査官等に審査請求ができる者は誰か？　119

Q 123　審査請求ができる事項は何か？　119

Q 124　保険給付を受ける権利の消滅時効は何年か？　120

Q 125　不当利得返還請求権の消滅時効は何年か？　120

15　健康保険組合関係

Q 126　健康保険組合と全国健康保険協会（協会けんぽ）との差異は何
　　　　か？　122

Q 127　健康保険組合の特色は何か？　123

Q 128　健康保険組合の事業はどのように運営されているか？　124

Q 129　健康保険組合の一般保険料率と介護保険料率は協会けんぽと違
　　　　うか？　125

Q 130　健康保険組合が解散するとどうなるか？　125

目　次　9

第2編　健康保険法（日雇特例被保険者関係）

① 日雇特例被保険者の資格取得

Q131　6カ月～9カ月間のみ雇用する場合，日雇特例被保険者になるのか？　128

Q132　日雇労働者が適用除外になる場合とは？　129

Q133　保険料の納付と保険料額は？　131

Q134　1日において2カ所の事業所に勤務した場合の保険料納付は2回か？　133

Q135　加入させなければならない日雇特例被保険者を放置した場合はどうなるか？　133

Q136　日雇特例被保険者の適用事業所とは？　134

Q137　午前0時をはさんで連続勤務した場合，勤務日数は何日か？　135

② 保険給付

Q138　手帳交付されて6カ月足らずの場合，受けられる給付はあるか？　136

Q139　治療を受けるに当たり，給付期間に制限はあるのか？　138

Q140　療養の給付を受けるためにはどのような手続が必要か？　139

Q141　日雇特例被保険者と一般の被保険者とでは療養の給付の内容に違いはあるか？　139

Q142　傷病手当金の受給要件と支給額は？　140

10　目　次

第3編　厚生年金保険法

1　日本年金機構

Q143　日本年金機構とは　144

Q144　被用者年金一元化による被保険者の種別　146

Q145　マイナンバー制度　146

Q146　年金分野のマイナンバー利用　148

Q147　マイナンバー未収録の厚生年金保険被保険者　149

Q148　「ねんきんネット」と「マイナポータル」　150

2　被保険者の資格

Q149　被保険者の資格　151

Q150　短時間労働者に対する社会保険の適用拡大　153

Q151　短時間労働者に対する健康保険・厚生年金保険の適用拡大の適用単位　155

Q152　マイナンバーによる届出と様式変更　157

Q153　育児休業等の保険料免除　158

Q154　社会保障協定　159

3　被保険者期間の計算

Q155　被保険者期間の計算方法　160

4　保険給付

Q156　給付を受ける手続　164

Q157　年金の支払方法　165

Q158　年金額の端数処理　166

目　次　11

　　Q 159　未支給の保険給付　167

⑤　時　　効

　　Q 160　年金の消滅時効　169

⑥　老齢厚生年金

　　Q 161　老齢厚生年金の支給要件　171
　　Q 162　60歳から支給される老齢厚生年金　172
　　Q 163　老齢年金受給資格期間25年から10年に短縮　173
　　Q 164　老齢年金受給資格期間10年に短縮と合算対象期間　174
　　Q 165　在職中に受ける老齢厚生年金　175
　　Q 166　70歳到達時の被保険者等の届出　178
　　Q 167　短時間労働者に対する社会保険の適用拡大と長期加入者・障害
　　　　　　者特例　179
　　Q 168　雇用保険の基本手当との調整　181
　　Q 169　老齢厚生年金の額と計算方法　182
　　Q 170　老齢厚生年金の額の改定　192
　　Q 171　加給年金額がもらえる場合　193
　　Q 172　老齢厚生年金を遺族が請求する場合　197
　　Q 173　老齢厚生年金の受給権の消滅　198
　　Q 174　老齢厚生年金と厚生年金基金との関係　198
　　Q 175　老齢厚生年金の請求手続　199
　　Q 176　老齢厚生年金の支給の繰下げ　200
　　Q 177　老齢厚生年金の支給の繰下げと加給年金　201
　　Q 178　老齢厚生年金の受給権者の手続　202

7 障害厚生年金

Q179 障害厚生年金の受給要件　205

Q180 障害の程度の等級区分　206

Q181 障害厚生年金の受給資格と期間の通算　207

Q182 2つ以上の障害厚生年金の受給権の調整　208

Q183 障害厚生年金の額の計算　209

Q184 障害認定日以後の厚生年金保険被保険者期間　211

Q185 障害厚生年金の改定請求　211

Q186 障害厚生年金の受給期間と消滅事由　212

Q187 障害認定後に傷病が重くなった場合　213

8 障害手当金

Q188 障害手当金の受給要件　215

Q189 障害手当金の目的　216

Q190 障害厚生年金の併合改定と障害手当金　216

Q191 障害手当金の額の計算　217

9 遺族厚生年金

Q192 遺族厚生年金の目的　218

Q193 遺族厚生年金の支給要件　218

Q194 受給資格期間短縮と遺族厚生年金の受給要件　220

Q195 障害厚生年金の受給権者が死亡したときの遺族厚生年金の支給　221

Q196 遺族厚生年金を受給できる遺族の範囲　221

Q197 夫が妻の遺族厚生年金を受けられる場合　223

Q198 遺族厚生年金の額の計算　223

Q199 労働基準法の遺族補償と厚生年金保険の遺族厚生年金　225

目　次　13

Q 200　支給停止と遺族厚生年金裁定請求　226

Q 201　損害賠償金の受領と遺族厚生年金の支給停止　227

Q 202　遺族厚生年金の併給調整　228

Q 203　遺族厚生年金と老齢厚生年金の併給の調整　228

Q 204　遺族厚生年金と老齢基礎年金の併給の調整　230

Q 205　遺族厚生年金の受給権の消滅事由　230

Q 206　内縁関係の遺族厚生年金受給　232

Q 207　遺族厚生年金受給の優先順位　232

Q 208　配偶者の再婚と子供の遺族厚生年金受給権　233

Q 209　養父母の遺族厚生年金受給権　234

Q 210　死亡当時胎児であった子の遺族厚生年金　234

Q 211　遺族厚生年金受給権者と先順位者の出現　235

Q 212　遺族厚生年金受給権者の養子縁組　235

Q 213　死亡の推定と遺族厚生年金の支給　236

Q 214　死亡とみなされた場合の遺族厚生年金の支給　237

⑩　厚生年金基金関係

Q 215　厚生年金基金制度の解散・移行　238

Q 216　企業年金連合会（存続連合会・新連合会）　239

⑪　離婚時の厚生年金の分割

Q 217　離婚時の厚生年金の分割の仕組み　240

Q 218　離婚時の厚生年金の分割の効果　241

Q 219　事実婚の取扱い　241

Q 220　複数の婚姻期間がある場合の離婚分割　242

Q 221　按分割合　243

Q 222　年金分割の合意書と代理人　244

14　目　次

12　第3号被保険者期間における厚生年金の分割

Q 223　第3号分割の仕組み　246

Q 224　具体的な分割方法　247

Q 225　年金額の改定　248

Q 226　第3号分割と離婚分割との関係　248

第4編　国民年金法

1　被保険者の資格

Q 227　被保険者　252

Q 228　マイナンバー制度　253

Q 229　加入の手続　254

Q 230　被保険者と各種の給付　255

Q 231　妻の国民年金への加入と保険料　255

Q 232　第3号被保険者の届出の特例　256

Q 233　第3号被保険者期間の特例　257

2　保　険　料

Q 234　保険料の免除　259

Q 235　保険料の納付の特例　262

Q 236　学生納付特例制度　263

Q 237　国民年金保険料の産前産後期間の免除制度　263

Q 238　産前産後の国民年金保険料免除期間中の付加保険料　264

Q 239　産前産後期間中の保険料免除とその他の免除・猶予　265

Q 240　失業等による特例免除　266

目　次　15

　　　Q241　配偶者のDV被害による特例免除　266

3　保険給付

　　　Q242　年金受給権者の氏名変更　268
　　　Q243　受給権の発生と請求手続　269
　　　Q244　年金生活者支援給付金　270
　　　Q245　給与収入がある場合の年金生活者支援給付金　272
　　　Q246　障害年金生活者支援給付金　272

4　老齢基礎年金

　　　Q247　老齢基礎年金の支給要件と年金額　274
　　　Q248　老齢基礎年金の受給資格の取得と脱退　280
　　　Q249　厚生年金保険の老齢厚生年金と国民年金の老齢基礎年金の併給
　　　　　　281
　　　Q250　老齢基礎年金の受給資格期間の特例　282

5　障害基礎年金

　　　Q251　障害基礎年金の支給要件と年金額　286
　　　Q252　障害基礎年金の失権・年金額の改定請求　287
　　　Q253　離婚に伴う障害基礎年金の子の加算　288

6　遺族基礎年金

　　　Q254　遺族基礎年金の支給要件と年金額　290

7　国民年金基金関係

　　　Q255　制度の目的　292

16　目　次

Q 256　年金の種類と掛金　292

Q 257　年金のモデル　293

Q 258　遺族一時金　301

Q 259　中途脱退の給付　301

Q 260　掛金などの税法上の取扱い　302

Q 261　iDeCoと国民年金基金　302

8　年金担保貸付事業

Q 262　年金担保貸付事業の趣旨・背景　304

Q 263　年金担保貸付事業の申込受付終了　305

第5編　高齢者の医療の確保に関する法律

Q 264　後期高齢者医療制度（長寿医療制度）とはどんな制度か？　308

Q 265　加入の手続は必要か？　309

Q 266　後期高齢者医療制度の保険医療機関等での負担はどのように決められているか？　310

Q 267　高額療養費および高額介護合算療養費の自己負担限度額はどのように計算されるか？　312

Q 268　傷病手当金を受けていた者が75歳になると受けられなくなるか？　314

Q 269　後期高齢者医療制度の費用はどこが賄っているのか？　315

Q 270　後期高齢者医療制度の保険料はどのように決められるのか？　316

目　次　17

第6編　介護保険法

Q271　制度の概要は？　320

Q272　要介護・要支援の認定はどのように行われるか？　322

Q273　介護保険の保険給付にはどのようなものがあるか？　323

Q274　介護保険の保険料の算定基準，納付方法は？　324

第1編 健康保険法
（一般被保険者関係）

1 事業所の適用等

Q1 「協会けんぽ」とは？

「協会けんぽ」という組織について，現在，健康保険の運営はどのようになっているのか教えてください。

A 現行の健康保険法に基づく適用業務，保険給付および保険料の徴収等の運営を行っている保険者は，全国健康保険協会（全国健康保険協会管掌健康保険）と健康保険組合（組合管掌健康保険）です。

健康保険組合については後述しますので，ここでの説明は省きます。

法律改正により，平成20年10月に，従前の政府管掌健康保険が全国健康保険協会（以下「協会けんぽ」という）に改変されました。

協会けんぽの組織は，東京都に本部，各都道府県に1つずつ支部が置かれております。本部には運営委員会，支部には評議会が設置され，事業主および被保険者の意見に基づく自主自立の運営が行われています。

保険給付や保健事業の内容については，法律改正以前と同様ですが，各種の申請書および届出書の提出先が，次のようになっています。

〈協会けんぽの都道府県支部に提出〉

- 保険給付関係（各種保険給付の申請書）
- 任意継続被保険者関係（資格得喪申出書・被扶養者届・住所変更届等）
- 健康保険被保険者証関係（再交付申請書等）
- 保健事業関係（健診・保健指導の申込）

- 貸付事業関係（高額医療・出産費貸付の申込）

〈日本年金機構の年金事務所に提出〉

- 事業所関係（新規適用届・事業所関係変更届等）
- 被保険者資格関係（資格取得届・資格喪失届・被扶養者（異動）届・報酬月額変更届・報酬月額算定基礎届・賞与支払届等）
- 事業所の保険料納付関係（保険料口座振替納付（変更）申出書）

　保険料計算をするための保険料率については，支部被保険者（各支部の都道府県に所在する適用事業所に使用される被保険者および当該都道府県に居住する任意継続被保険者）を単位に決められます。そのうち一般保険料率は，1000分の30から1000分の120までの範囲で都道府県単位保険料率として協会が決定します。

　なお，詳細については，管轄の日本年金機構の年金事務所（以下「年金事務所」という）および協会けんぽの都道府県支部にお問い合わせください。

Q2 厚生年金保険には加入せず，健康保険のみ加入は可能か？

　健康保険だけ適用を受け，厚生年金保険に入らないことができますか。

Ⓐ　事業所の強制適用事業所については健保法第3条第3項に，厚年法には第6条第1項に，また任意適用事業所については健保法第31条，厚年法第6条第3項に表現の仕方に違いはありますがそれぞれ同じ内容の規定があり，その事業所に使用される者を被保険者とする旨定めています。

　しかしながら，任意適用事業所は従業員の2分の1以上の同意と厚生労働大臣の認可（日本年金機構に委任）により適用されるものでありますから，健康保険の適用事業所となることを希望するが厚生年金保険の適用を希望しないことも，またはその逆についても選択ができます。したがって，理論的には健康保

4　第1編　健康保険法〔Q2〕〔Q3〕

険の被保険者であるが厚生年金保険の被保険者でないということもあり得ます。

　ところで国民は何らかの公的医療保険制度と公的年金制度に加入しなければ
ならないことになっていますので，原則として健康保険と厚生年金保険には一
緒に加入することとされます。ただ当該事業所が国民健康保険組合に加入して
いるときは健保法の適用除外となりますので，特例的に厚生年金保険のみ適用
する場合があります。

　また，健保法第3条第3項の適用事業所については，原則として片方のみの
適用はあり得ないことであり，健康保険の適用を受ける被保険者は厚生年金保
険の適用を受ける被保険者（厚生労働省令で定める要件に該当する「70歳以上
の使用される者」を含む）でもあるわけです（例外として厚生年金保険では，
適用事業所以外の事業所に使用される者が事業主の同意を得て被保険者になれ
る道が開かれております。これを任意単独被保険者といいます）。

　なお，2分の1以上の従業員が健康保険の任意適用を希望していても，事業
主が任意適用について申請しない限り（労災保険の場合は過半数，雇用保険で
は2分の1以上の従業員の希望があると事業主に申請義務があります），適用
を受けられないので，このような事情にあっては，事業主の理解と協力が必要
でしょう。

Q3　本社と支社を一括適用とすることができるか？

　東京に本社がありますが，埼玉県，千葉県など近県に支店や出張
所を有しております。健康保険は本社でまとめて1つの適用事業所
としてよろしいでしょうか。

Ⓐ　健康保険では事業所（事務所・工場・事業場・店舗など）を単位とし
て適用することになっています（昭和18年4月保発905）。しかもその事
業所では一定の事業が行われる場所であるという前提にたっています。すなわ
ち，そこに使用される被保険者の身分関係，指揮監督，報酬の支払関係等人事

管理が行われているか否かに基づいて判断すべきものとされております（昭和18年4月保発892）。

　しかしながら，2以上の適用事業所の事業主が同一である場合には，当該事業主は，厚生労働大臣（日本年金機構に委任）の承認を受けて，当該2以上の事業所を1つの適用事業所にすることができることとされています（健保法34条1項）。

　厚生年金保険も同様に，厚生労働大臣の承認を受けて1つの適用事業所とすることができます（厚年法8条の2）。

　一括が承認される基準として，下記のいずれにも該当する場合とされています。

　　a．一括しようとする複数の事業所に使用されるすべての人の人事，労務および給与に関する事務が，電算システムにより集中的に管理されており，事業主が行うべき事務が所定の期間内に適正に行われること
　　b．その事業所が一括適用承認申請を行う事業主の主たる事業所であること
　　c．一括適用承認を受けようとする事業所について，健康保険の保険者が同一であること
　　d．協会けんぽ管掌の適用となる場合は，健康保険の一括適用の承認申請も合わせて行うこと
　　e．一括適用承認により厚生年金保険事業および健康保険事業の運営が著しく阻害されないこと

　手続は，「（健康保険・厚生年金保険）一括適用承認申請書」を，一括する適用事業所の所在地を管轄する年金事務所（健康保険組合の場合は，健康保険組合）に提出します。

　また，承認申請書の他に，一括する適用事業についての人事・労務および給与に関する事務の範囲とその方法を説明した文書などの添付書類の提出が求められます。

　一括適用が承認されると，一括された適用事業所間で人事異動があっても，一括される前のように被保険者資格の取得・喪失手続を行う必要がなくなり，事務の効率化が図られます。

6 第1編 健康保険法〔Q4〕〔Q5〕〔Q6〕

Q4 家族従業員も健康保険の適用を受けられるか？

特例有限会社の製本所を経営していますが，非常勤の役員のほか従業員は4人です。そのうち2人は私の子どもですが，健康保険が適用されますか。

A 法人の場合は，従業員が1人でも適用事業所となります。

したがって，従業員が4人であれば，当然健康保険は適用事業所となります。また，法人の場合は事業主（役員）も法人に使用される者として，被保険者になります。

家族従業員については，同一の世帯に属するという事情があったとしても，法人との間に労務の提供とその対償としての報酬の支払がきちんと行われていれば，他の従業員と同様に使用される者と考えられます。ただ，家族従業員の場合は家庭内の仕事の区分がつけ難い場合が多いので，使用関係については特に考慮しなければならないと思います。

また，非常勤の役員は事実上の使用関係がなければ被保険者になれません。厚生年金保険も同様です。

Q5 個人経営商店は健康保険に加入できないのか？

私は，従業員が3人の個人経営の文房具販売店に勤務しています。現在，国民健康保険に入っていますが，健康保険に入ることはできないでしょうか。

A 健康保険の適用には，法律上当然に適用される場合（健保法3条3項）と，厚生労働大臣の認可（日本年金機構に委任）を得て任意に適用される場合（健保法31条）の2通りがあります。

さて，個人事業所の場合，法律で定められた業態で，しかも常時5人以上の従業員を使用していると強制適用事業所になります。あなたが勤めている事業所は個人経営の商店ですから，法律で定められた16の業態の中には入りますが，常時5人以上使用している条件に該当しませんから適用事業所ではありません。

しかしながら，事業主が従業員の2分の1以上の同意を得て，厚生労働大臣に対し任意加入の認可申請（日本年金機構に委任）をすることができます。この結果認可されれば，取扱いは適用事業所の場合と全く同じになります。

なお，法人ではなく個人経営とのことですので，事業主は健康保険の適用は受けられません。

Q6 外国人が事業主でも健康保険は適用されるか？

外国人が経営する事業所であっても健康保険の適用が受けられますか。

A 法律の建前は，属地主義をとっておりますから，事業所が日本国内にあれば，経営者の国籍によって健康保険の適用が左右されるようなことはありません（昭和23年12月保発151）。法に定める業態に該当する事業所であれば適用されます。厚生年金保険も同様です。

また，外国人が経営する事業所が法人であれば，当然適用事業所になります。

被保険者資格取得手続等を行うときは，外国籍の人の年金記録を適正に管理するため，資格取得届と一緒に「ローマ字氏名届」を添付することになっています。

ただし，外国から短期派遣（5年以内）されている人または日本人で外国に短期派遣されている人については，二重加入等の不都合を解消するため，その国と社会保障協定を結び，母国での規定により社会保険に加入することになっています。内容については，国により違いがありますので，日本年金機構に確認してください。

8　第1編　健康保険法〔Q7〕

Q7　新規加入の申請手続は？

事業所が新規の適用を受ける場合の申請について教えてください。

Ⓐ　事業所が，健康保険・厚生年金保険について新規に適用を受ける場合は，次の書類を準備します。届出方法は，郵送，窓口持参，電子申請のいずれも可能です。郵送または窓口の場合は，事業所の所在地を管轄する年金事務所に提出します。

(1)　提出する書類

①　新規適用届

事業所の概要を記入します。裏面には状況を記入します。

②　被保険者資格取得届

法人の場合は社長以下全員の届が必要であり，個人事業の場合は事業主を除いた全員を記入します。

③　被扶養者届

16歳以上の者については，扶養の事実を確認できる証明書（在学証明書，住民税の非課税証明書，民生委員の調査書，別居している場合は仕送りしていることが分かるもの等）。

※　所得税法の規定による控除対象配偶者または扶養親族となっている者は，事業主の証明があれば，収入証明に関する添付書類は不要です。

直系尊属・配偶者・子・孫・兄弟姉妹以外は，この証明のほかに住民票が必要です。

④　保険料口座振替依頼書

保険料の納入については，原則として，口座振替制度を採用していますから，所定の用紙に記入のうえ，金融機関の確認印を受けて提出することになります。

⑤　法人登記簿謄本（提出日から遡って90日以内に発行されたもの）

謄本の法人所在地と異なるところで適用を受ける場合は，所在地の確

認できるもの（賃貸借契約書の写し等）を添えることになっています。

　　また，個人経営の場合は，事業主の住民票（世帯全員のもの）を添付します。

　⑥　法人番号指定通知書のコピー

適用を受けようとする事業所が，任意適用事業所の場合は，これらの書類のほかに，任意適用申請書・同意書（従業員の2分の1以上の同意が必要です）・事業主世帯全員の住民票・公租公課の領収証（原則1年分）を提出しなければなりません。

　(2)　確認をする書類等

　①　出勤簿またはタイムカード

　②　労働者名簿（従業員の履歴が記入されているもの）

　③　個人番号

　　年金手帳（基礎年金番号→個人番号が記入できない場合に基礎年金番号を記入する）。

　④　賃金台帳または給料支払明細のわかるもの

　⑤　源泉所得税の領収書（最近3カ月位のものを確認します。事業開始直後で給与支払がない場合は，法人については法人事業の開業届書（国税），個人については個人事業の開業届出書（国税），事業開始等申告書（都道府県税））

　⑥　就業規則（給与規程）

　⑦　賃貸借契約書（事務所を借りている場合）

なお，平成30年3月より社会保険関係の個人番号制度の導入が始まり，『健康保険・厚生年金保険　被保険者資格取得届』，『健康保険　被扶養者（異動）届・国民年金　第3号被保険者関係届』等について，原則として個人番号を記載することになりました。その関係で，本人確認のための書類添付が必要になりました（事業主が確認する場合は不要です）。

　また，会社を設立した時等のように，新規適用届を「労働保険関係成立届」や「雇用保険適用事業所設置届」等と一緒に提出する場合は，統一様式にて一カ所の役所に提出できるようになりました。

Q8 70歳以上の社長のみの会社でも，社会保険の適用事業所か？

私は72歳ですが，この度会社を立ち上げました。70歳も過ぎているので，公的年金も受給していますし，社会保険には加入する必要はないと思っていました。ところが年金事務所から，社会保険の加入手続を行うように手紙が届きました。社会保険に加入しなければならないのでしょうか。

A 適用事業所に該当するところは，健康保険法では第3条，厚生年金保険法では第6条に規定があります。

ところで，健康保険では後期高齢者医療の被保険者は適用除外ですから，健康保険の被保険者は75歳未満ということになり，適用事業に使用される人は社長でも被保険者になることは異論のないところでしょう。

厚生年金保険法は第9条で「70歳未満を被保険者とする」と規定をしていますから，被保険者になるのは70歳未満であることは異論のないところですが，同法第27条で，「適用事業所の事業主は，被保険者（被保険者であった70歳以上の者であって当該適用事業所に使用されるものとして厚生労働省令に定める要件に該当するものを含む。）の資格及び喪失……を厚生労働大臣に届出なければならない」と規定しています。したがって，上記に該当する70歳以上の人がいるのであれば，厚生年金保険でも適用事業所になります。したがって，従業員が0人で72歳の社長さん1人でも適用事業所になり，健康保険も厚生年金保険も新規加入の手続をしなければなりません。

Q9 事業所廃止時の手続は？

事業所を閉鎖した場合は，健康保険ではどのような手続を必要と
しますか。

A 　事業の閉鎖（倒産，解散等），事業の休業，合併，他の事業所との一
括適用により適用事業に該当しなくなった場合は，「適用事業所全喪届」
を，被保険者資格喪失届と共に年金事務所（または健康保険組合）に提出しま
す。

添付書類としては，事業所を廃止する理由により異なりますが，下記のよう
な書類です。

① 解散登記の記載がある法人登記簿謄本のコピー（破産手続廃止または
終結の記載がある閉鎖登記簿謄本のコピーでも可）
② 雇用保険適用事業所廃止届（事業主控）のコピー
③ 給与支払事務所などの廃止届のコピー
④ 合併，解散，休業等異動の記載がある法人税，消費税異動届のコピー
⑤ 休業等の確認ができる雑誌，新聞等のコピー
⑥ その他，適用事業所に該当しなくなったことを確認できる書類

上記の書類のうち，該当するいくつかの書類が必要です。また，健康保険証
（被扶養者がいた場合は該当者の分も）を返却しなければなりません。

「適用事業所全喪届」は，事業所の所在地を管轄する年金事務所に郵送する
かまたは窓口に持参します。電子申請で行うこともできます。

なお，任意適用事業所の適用取消認可申請手続の場合は，「任意適用取消申
請書」の提出も同時に必要です。この場合には被保険者の4分の3以上の同意
が必要ですので，同意を得たことを証明する書類が必要です。

12　第1編　健康保険法〔Q10〕〔Q11〕

Q10　特定適用事業所に該当しなくなった場合はどうなるのか？

　　当社は，企業として従業員を600人程雇用していましたので，特定適用事業所でした。しかし，この度子会社化等組織変更を行い，当社としては従業員が500人に満たなくなりました。その場合，社会保険関係の事業所としてはどうなるのでしょうか。

A　　特定適用事業所の被保険者（短時間労働者を除く）が500人以下となり特定適用事業所に該当しなくなっても，引き続き特定適用事業所とみなされます。ただし，同意対象者※の4分の3以上の同意があれば，特定適用事業所でなくなることができます。その同意対象者の同意とは，下記のとおりです。

　①　4分の3以上の同意対象者で組織する労働組合の同意
　②　上記の労働組合がない場合は，下記のaまたはbのいずれかの同意
　　　a．4分の3以上の同意対象者の4分の3以上を代表する者の同意
　　　b．4分の3以上の同意対象者の4分の3以上の同意

※「同意対象者」とは，厚生年金保険の被保険者（短時間労働者および各共済組合の組合員を含む）と70歳以上の被用者をいいます。

　したがって，もし希望であれば，貴社の中で上記の同意が得られれば，特定適用事業所でなくなることができます。

① 事業所の適用等　13

Q11 従業員数500以下の事業所でも，特定適用事業所になれるのか？

　当社は，役員含めて従業員が100人しかいないのですが，従業員からの希望もあり，この人手不足の折でもあり，福利厚生部分の充実を図る意味でもパートさん達を社会保険に加入させたいと思っています。加入するための条件や手続を教えてください。

Ⓐ　被保険者数が常時500以下の事業所は，労使が合意すれば特定適用事業所（任意特定適用事業所）として社会保険に加入できます。

　加入が可能になる短時間労働者の要件については，強制適用の特定適用事業所と同じで次のすべての要件に該当することです。

- ① 週の所定労働時間が20時間以上であること
- ② 雇用期間が1年以上見込まれること
- ③ 賃金の月額が88,000円以上であること
- ④ 学生でないこと

※Q17を参照してください。

労使合意については，次のいずれかに該当することです。

- ① 従業員※の過半数で組織する労働組合の同意
  （上記の労働組合がない場合は，次の②又は③の同意）
- ② 従業員の過半数を代表する者の同意
- ③ 従業員の2分の1以上の同意
- ※「従業員」とは，厚生年金保険の被保険者，70歳以上の被用者及び加入することになる短時間労働者をさします。

　手続ですが，「任意特定適用事業所申出書」に「同意書」を添付して日本年金機構に提出します。健康保険組合に加入の事業所の場合は，健康保険組合に提出します。そうすると申出書の写しを申出書として日本年金機構に回送して

14　第１編　健康保険法〔Q11〕〔Q12〕

くれます。"従業員の２分の１以上の同意"を得た場合の同意書は，一人ごとに作成する必要があります。

　なお，短時間労働者の資格取得日は，申出書が受理された日となります。したがって，受理日を確認した上で該当する短時間労働者の「被保険者資格取得届」を提出します。

Q12　健康保険の手続は，電子申請でなければ受け付けてもらえないのか？

　当社は，健康保険の適用事業所ですが，2020年４月から健康保険に関する手続が電子申請でなければならないと聞きました。当方，未だに機械に弱く，手続できるような社員もいません。どうしたらよろしいでしょうか。

Ⓐ　政府は，行政手続コスト削減のため，電子申請の利用促進を図っており，その取組みの一環として，「特定法人の事業所」については，社会保険・労働保険の一部の手続について，2020年４月より電子申請が義務になりました。

　その「特定法人」とは，下記の①〜④のいずれかに該当する法人です。

① 資本金額，出資金額若しくは銀行等保有株式取得機構がその会員から銀行等の株式等の保有の制限等に関する法律第41条第１項および第３項の規定により納付された同条第１項の当初拠出金額および同条第３項の売却時拠出金額の合計額が１億円を超える法人

② 保険業法第２条第５項に規定する相互会社

③ 投資信託及び投資法人に関する法律第２条第12項に規定する投資法人

④ 資産の流動化に関する法律第２条第３項に規定する特定目的会社

　注：2020年４月以降の各法人の事業年度開始日以降から義務になります。

「特定法人」に該当するか否かの判断は，適用事業所ごとではなく，法人単

位で判断します。資本金の額等については，「事業年度の開始時」で判断します。したがって，年度の途中で資本金の額等に変更があっても，その年度中は特定法人か否かの区分に変更はありません。

なお，電気通信回線の故障や災害等の理由により，電子申請が困難と認められる場合は，電子申請によらない方法による届出が可能です。その場合は，担当役所にその旨を申し出ることになっています。

貴社は，「特定法人」に該当しますか。該当しなければ，今までどおりの手続方法で構いません。

なお，健康保険と厚生年金保険に関して，電子申請が義務になる対象手続については，下記の3つの届出だけです。

① 被保険者報酬月額算定基礎届

② 被保険者報酬月額変更届

③ 被保険者賞与支払届

16　第1編　健康保険法〔Q13〕〔Q14〕〔Q15〕

② 被保険者の資格取得と喪失

Q13 代表取締役は被保険者になれるか？

株式会社の代表取締役は被保険者の資格がありますか。

A 健康保険法においては，民法または商法の規定と異なり法人の代表取締役等の法人の代表者であっても，その法人の業務の一端を担当し，労務を提供して，その対償として報酬を得ている以上は，被保険者とすることとしています。考え方は一般の被保険者の場合と同様であり，労務の対償として報酬の支払を受けない場合には，実質上の使用関係がないものと判断され被保険者になれません。したがって，実費弁償程度の水準，例えば会議に出席するための旅費，業務を行うために必要となった経費について一旦立て替え払いし事業所が弁償等のみのために支払う場合等は，「労務の対価」に該当しないと考えられます。ただし，弁償額を超えて定期的に支払われているような場合は，「報酬」とみるべきでしょう。

なお，個人が経営する事業所のいわゆる個人事業主の場合は，あくまで使用する者であって，使用される者ではありませんので，被保険者になれません。

② 被保険者の資格取得と喪失　17

Q14 | 自宅待機，一時帰休等の場合の被保険者資格は？

いわゆる自宅待機の場合，およびいわゆる一時帰休の場合の被保険者資格の取扱いについて教えてください。

A 　新たに使用されることになった者が，当初から自宅待機（新たに使用することとした者をある期間就労させないこと）とされた場合の被保険者資格については，雇用契約が成立しており，かつ，労働基準法第26条の規定に基づく休業手当または労働協約等に基づく報酬が支払われるときは，その休業手当または報酬の対象となった日の初日に被保険者の資格を取得するものとされています。また，一時帰休中（被保険者を一時的に休業させること）の者の被保険者資格については，労働基準法第26条の規定に基づく休業手当または労働協約等に基づく報酬が支払われるときは，被保険者の資格は存続するものとされています。

Q15 | ２つの会社に勤務した場合，健康保険はどうなるのか？

２つの会社に勤務していますが，両方の健康保険に加入しなければなりませんか。

A 　いずれも健康保険の適用を受けている２以上の事業所に勤務した場合で，いずれの事業所も同一の保険者が管轄していれば，それぞれの事業所について事業主の氏名および住所・事業所の名称および所在地を管轄する年金事務所に届け出ることになっています（健保則37条）。

この届出によって保険者は各事業所から受ける報酬を合算して保険料を計算しそれぞれの事業主から報酬に比例して算出したものを徴収することとしてい

18 第1編 健康保険法〔Q15〕〔Q16〕〔Q17〕

ます。また，保険者（協会けんぽまたは健康保険組合）が異なったり，管轄する年金事務所が異なったりする場合は，保険者あるいは業務分掌年金事務所を選択して，その選択した保険者等に氏名および住所・事業所の名称および所在地を届け出ることになっています（健保則1条・2条）。

なお，2以上の事業所を所轄する保険者が異なった場合については，年金事務所が異なった場合に準じて，自分が希望（選択）する保険者を定めて，そこへ提出することになります。被保険者証は選択した保険者から交付されますので1葉ですが，前述のとおり保険料は各事業所から受ける報酬を合算した額に基づいて徴収されます。

各事業所の保険料計算方法については，Q113を参照してください。

Q16 新規適用時，長期病欠者は加入できるか？

このたび従業員が5人以上になりましたので健康保険の適用を受けようと思いますが，従業員の中に長期に病欠となっている者がおります。この者も被保険者資格が認められますか。

A 健康保険は事業所単位に適用されるものであり，ご質問の中の適用を受けようとする事業所の業態が，健保法第3条第3項に定められたものであれば，個人経営の場合，5人以上の従業員を有することにより適用事業所になります。さらに，その事業所と実態雇用関係があれば，本人の意思如何を問わず被保険者にならなければなりません。

ここで問題になるのは，長期に病欠の状態にある者を被保険者にできるかということであります。これは事実上の雇用関係，すなわち，報酬の支払状況・稼働の状況・人事管理の関係・今後の就労の見込み等に基づいて，総合的に判断すべきものと思われます。事実上の使用関係があると認められれば，病欠者が資格を取得することは差支えありませんし，取得前からの病気についても取得以後は健康保険で治療が受けられます。

Q17 パートタイマーも加入できるか？

パートタイマーを使用していますが，健康保険に加入させねばなりませんか。

A 最近のパートタイマーという言葉は，使う人によって，いろいろな雇用の状態をさしているようです。例えばアルバイトと同一の意味に使ってみたり，臨時職員のことであってみたり，さらには半日くらい毎日出勤するような状態の人を含んでいる場合もあります。

パートタイマーであっても適用事業所との間に使用関係があり，その提供した労務の対償として報酬を受けていれば，被保険者になります。特に拘束される時間の長短だけで被保険者資格の有無を考えることはできません。

現在，原則的には通常の就労者の1週間の所定労働時間が4分の3以上であり，1月間の所定労働日数が4分の3以上であれば被保険者として取り扱うこととされています。

また，パートタイマーは日雇特例被保険者と関係が深いわけですが，例えば日々雇い入れられる者とか2カ月以内の期間を定めて使用される者は，原則として，日雇特例被保険者として健康保険の適用を受けることになります。

しかし，被用者保険関係の法律改正により，平成28年10月より，一定の規模の適用事業所（「特定適用事業所」という）に勤務する短時間労働者は，同一の事業所に使用される通常の労働者の1週間の所定労働時間又は1カ月の所定労働日数の4分の3に満たない者でも，次のすべての要件に該当する場合は，被保険者になることになりました。

〈加入条件〉

a．1週間の所定労働時間が20時間以上であること
（所定労働時間を1カ月単位で定めている場合は，52分の12を乗じます。1年単位で定めている場合は52で割って算定します）
b．賃金月額が88,000円（年収106万円）以上あること

（上記の金額の中には賞与，臨時に支払われるもの，残業・休日・深夜手当，最低賃金法で算入しない通勤手当・精皆勤手当・家族手当等は含みません）
　c．雇用期間が1年以上見込まれること（期間が1年未満でも契約書に更新されることが明示されている場合や，同様の雇用契約で1年以上更新された実績がある場合も含みます）。
　d．学生でないこと（大学，高等学校，専修学校，各種学校など修業年限が1年以上の課程のものは被保険者になりませんが，大学の夜間学部や休学中のものなどは被保険者になります）。

　この「特定適用事業所」とは，法人の場合，同一の法人番号を有するすべての適用事業所に使用される厚生年金の被保険者総数が常時500を超える適用事業所のことです。個人事業所の場合は，適用事業所ごとに使用される厚生年金の被保険者総数が常時500を超える適用事業所です。
　したがって，1週間の勤務時間や1カ月の勤務日数が同じでも，企業規模によって被保険者になる場合とならない場合が生じることになります。
　なお，短時間労働者を被用者保険の適用対象とすべき事業所規模要件について，段階的に引き下げる法案が成立しましたので，2年後ぐらいには改正されることと思われます。

Q18　小さな会社のパートタイマー（週20時間の勤務者）も加入できるか？

　　企業規模として，従業員が500人を超えない場合は短時間労働者が社会保険に加入できないと聞きました。そうすると勤務している会社の規模により加入できる場合とできない場合が生じ，不公平になると思われます。従業員が500人以下での短時間労働者が社会保険に加入する方法はないのでしょうか。

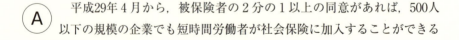

　Ⓐ　平成29年4月から，被保険者の2分の1以上の同意があれば，500人以下の規模の企業でも短時間労働者が社会保険に加入することができる

ようになりました（この適用事業所を「任意特定適用事業所」といいます）。
被保険者の2分の1以上の同意とは，下記のいずれかの同意です。

① 従業員※の過半数で組織する労働組合の同意
② 上記の労働組合がない場合は，次のaまたはbのいずれかの同意
　　a．従業員の過半数を代表する者の同意
　　b．従業員の2分の1以上の同意

※「従業員」とは，厚生年金保険の被保険者，70歳以上被用者（70歳未満なら厚生年金保険に加入しなければならないような勤務の人）および短時間労働者をいいます。

加入できる短時間労働者の条件は，「特定適用事業所」の場合と同じです。Q11を参照してください。

なお，任意特定適用事業所については，同意対象者※の4分の3以上の同意があれば，特定適用事業所でなくなることができます。その同意対象者とは，下記のとおりです。

① 4分の3以上の同意対象者で組織する労働組合の同意
② 上記の労働組合がない場合は，下記のaまたはbのいずれかの同意
　　a．4分の3以上の同意対象者の4分の3以上を代表する者の同意
　　b．4分の3以上の同意対象者の4分の3以上の同意

※「同意対象者」とは，厚生年金保険の被保険者，70歳以上の被用者（上記の「従業員」と同じ）をいいます。

Q19 外国人も加入できるか？

私の会社に外国人が採用されました。健康保険に加入できますか。

Ⓐ　健康保険法では，適用事業所に使用される人については，国籍の如何を問わず適用することになっています。したがって，日本の会社が外国人を採用した場合であっても，その会社が健康保険法上の適用事業所であれば，

22　第1編　健康保険法〔Q19〕〔Q20〕〔Q21〕

使用される者は被保険者になれます。

　しかし，自国との二重加入の弊害を解消するため，他国との社会保障協定が進んでおり，短期の場合（5年以下）は自国の社会保険制度に加入し，日本での社会保険を適用しないのが原則です。その対象社会保険は，年金制度がほとんどなのですが，国によっては医療保険も対象になる場合があり，内容が国ごとに異なりますので，年金事務所に確認をするとよいでしょう。

　なお，日本国内にある事業は，適用事業所としての条件をそなえていれば，外国人経営の事業所であっても適用されます。Q6も参照してください。

Q20　個人で任意加入できる制度はあるのか？

健康保険には個人でも加入できる制度（任意継続被保険者制度）があると聞きましたが本当ですか。

Ⓐ　健康保険では，個人の任意加入を認めており，これを任意継続被保険者（健保法3条4項）と呼んでいます。このような制度を採用したのは，解雇等によって資格を喪失した被保険者が再就職までの間に病気等におかされれば生活が困窮することになるため，この期間被保険者となれる道を開いたものです。

　被保険者が適用事業所に使用されなくなったとき，あるいは適用除外の事由に該当したことにより資格を喪失した場合に限り，資格喪失の日の前日まで継続して2カ月以上被保険者であれば，「任意継続被保険者資格取得申出書」を，居住地を管轄する協会けんぽの都道府県支部，または資格喪失した際の健康保険組合に提出することによって，資格を喪失した日から2年間，被保険者となることができます。任意継続被保険者に対する保険給付は，強制被保険者等の場合と基本的には同様（傷病手当金，出産手当金は除く）であり，継続して被保険者となるわけですから，申出する前の保険事故についても遡及して給付が受けられることになります。

保険料については，事業主の負担がないため保険料の全額を負担することになっています。しかし，会社を退職して一定の収入がなくなったにもかかわらず，保険料が倍額になるのでは負担が著しく増加するため，今まで加入していた保険者の前年または前々年（1月から3月）の9月30日における被保険者全員の標準報酬月額を平均した額を標準報酬月額の基礎となる報酬月額とみなしたときの標準報酬月額（平成31年度における協会けんぽの標準報酬月額の上限額は，30万円です）と，任意継続被保険者になる人が被保険者の資格を喪失したときの標準報酬月額とを比べて，いずれか低い方をその人の標準報酬月額とします。納付義務は任意継続被保険者自身が負うことになります。

また，任意継続被保険者は次のいずれかの事項に該当した場合には資格を喪失し，それ以外の事由では喪失できません（健保法38条）。

① 被保険者となった日から起算して2年を経過したとき。
② 被保険者が死亡したとき。
③ 正当の事由がなく保険料を納付期日までに納付しないとき。
④ 健康保険の被保険者となったとき。
⑤ 船員保険の被保険者となったとき。
⑥ 後期高齢者医療の被保険者等となったとき。

Q21 任意適用事業所の場合における加入を希望しない者の取扱いは？

私の勤務する事業所はサービス業ですが，このたび従業員の2分の1以上の希望があり，健康保険の任意適用事業所となりました。この場合，少数の希望しなかった従業員は被保険者にならないことができますか。

健康保険は，本来，健保法第3条第3項に規定される事業の種類と規模に合致した場合にその事業所に勤務する従業員に適用するいわゆる強

制被保険者を原則としています。健康保険という事業の社会的な意義を考えて，この利益をなるべく多くの人に与えるため，例外として，被保険者になれない者についても被保険者となれる道を開いたのが任意適用事業所という制度です（健保法31条）。

　したがって，事業所が一旦適用されると，その事業所に使用される者はすべて被保険者にならねばなりません。もし個人的な加入を認めれば，弱体者のみが保険に加入し，いわゆる逆選択が生じ，保険財政運営が成り立たなくなるおそれが出てくるからです。したがって，認可があると加入に同意しなかった少数の者についても，その意思にかかわらず包括して強制的に被保険者とされることになります。

　なお，会社つまり法人にあっては，業態や使用される者の人数に関係なく適用事業所となりますので，任意適用事業所の適用は，使用される者が5人未満の適用業種の個人事業主か，使用される者の人数に関係なく法に規定する業態に該当しない個人事業主の場合に限られます。

Q22　任意適用事業所でなくすることはできるか？

　当方は健康保険の任意適用事業所でしたが，最近，従業員の中から健康保険から脱退したいという声が多くなりました。取消しは認められますか。

Ⓐ　強制被保険者の場合は，法に定められた資格喪失事由（健保法36条）に該当しない限り，健康保険を脱退することはできませんが，任意適用事業所の被保険者は加入が任意であるので，その資格喪失事由に該当しない場合であっても，任意適用事業所の取消しができるようになっています（健保法33条）。

　任意適用事業所の取消しは，加入の場合と同様に事業主が認可申請を行いますが，4分の3以上の被保険者の同意を必要とします。また，認可があれば適

用事業所そのものが取り消されますので，同意しなかった個人が勝手に自分の意思で引き続き加入していたいと願ってもそれはできません。任意継続被保険者にもなれないということです。

Q23 日雇特例被保険者から一般被保険者への切替え日はさかのぼるのか？

私の勤務する会社では臨時職員は日雇特例被保険者として健康保険に加入していますが，1カ月間継続して勤務した場合，あるいは2カ月間の雇用契約で採用した者が期間を経過した場合の一般被保険者への切替えは最初にさかのぼって行うのでしょうか。

A 健康保険の資格を取得するのは，いずれの場合も期間終了日の翌日であり，さかのぼる必要はありません（昭和26年11月保文発5177）。すなわち，日々雇い入れられる者が1カ月休むことなく（会社の公休日は労務に服したものとみなされます）勤務した場合は翌日，2カ月以内の期間を定めて雇用した者については，その期間内に出勤しない日があっても，期間終了の翌日が資格取得日になります。ただ，気をつけていただきたいことは，いずれの場合も，期間を経過したことにより，画一的に健康保険の被保険者となるのではなく，あくまでもその使用関係の実態が，常用労働者の性格を帯びたものかどうかを十分認定する必要があります。

なお，臨時に使用される者は，一般の被保険者としては適用除外者でありますから，日雇特例被保険者として健康保険法の適用を受けることになりますが，臨時に使用される者は，事業所が一定しないために，一般の被保険者としての適用が技術的にむずかしいということから適用除外にしているのであって，あくまでも使用関係の実態が臨時的である者をいいます。したがって，臨時社員という名前であっても，使用関係の実態が常用的であれば，最初から健康保険の一般の被保険者にすることが正しい取扱いですので，念のため申し添えます。

26 第1編 健康保険法〔Q23〕〔Q24〕〔Q25〕〔Q26〕

Q24 試用期間中は被保険者にしなくてもよいか？

従業員を採用する場合，3カ月間は試用期間として取り扱い，勤務状態の良好な場合に正社員として健康保険に加入させていますが間違いでしょうか。

A　試みに使用される者は，勤務の永続性が前提となっていますので，いわゆる臨時に使用される者とは性質が異なります（昭和26年11月保文発5177）。

したがって，正社員になってからというように，3カ月の試用期間を経過して健康保険の被保険者にするのではなく，採用した日（試用期間の初日）から5日以内に資格取得の届出をしなければなりません（健保則24条）。

もし，資格取得の届出をしていなければ試用期間の最初の日にさかのぼって，手続をしなければなりませんし，また，3カ月経過した日から資格取得の届出をした場合には，資格取得日の訂正を行わなければなりません。

Q25 採用日と出勤日が異なる場合，資格取得年月日はいつになるのか？

4月1日付で社員を採用しましたが，本人の都合で5月10日から出勤しました。資格取得年月日はどちらになりますか。

A　健康保険の被保険者資格を取得する日は，事業所との間に使用関係が生じた日としています。この場合の使用関係とは，現実に業務に使用されるようになった状態をいいますので，採用の辞令が交付されたことと使用されるに至った日とは必ずしも一致しません（昭和2年2月保理983）。

したがって，4月1日が採用で実際に勤務に服したのが5月10日であっても，

② 被保険者の資格取得と喪失　27

4月1日から会社との間に使用関係が生じ，4月分より給料の支払が行われれば，4月1日が資格取得日になりますし，4月1日より5月9日までは，辞令が交付されたということだけで使用関係の実態がなく，給料の支払も行われず，5月10日になってはじめて使用関係が生じ，給料もその日以降から支給されるような場合は，5月10日が資格取得日になります。

Q26　採用したのに年金事務所への届出を忘れた時は？

　従業員を採用しましたが，うっかりして年金事務所に届出をするのを忘れていました。幸いにも現在まで病気になることもなく来ましたので今日の日付で資格取得として届け出たいと思います。よろしいでしょうか。

Ⓐ　被保険者が健康保険の資格を取得するのは，適用事業所に使用された日（健保法35条）となります。届出を忘れていたとしても事実上の使用関係が生じた日にさかのぼって，資格取得届を提出することになります。現在まで病気になることもなく日時を経過したからといって，その間被保険者としないことはできません。もしこの間に，業務外の事由で病気やケガをした場合は，保険給付が受けられないこととなってしまいます。早速，採用した日にさかのぼって資格取得届を提出してください。

28　第1編　健康保険法〔Q27〕〔Q28〕

Q27 | 4月1日付転勤の場合の資格得喪日はいつか？

今度，本社から支店に4月1日付で転勤する者がいます。資格得喪日はどうなりますか。

A　被保険者資格の喪失の事由は，死亡や事業所に使用されなくなった場合，または船員保険の被保険者になる等健康保険の被保険者の適用から除外された場合です。いずれの場合も原則として，喪失原因のあった翌日をもって資格喪失日としています。すなわち3月31日退職は4月1日が資格喪失日となり，3月15日死亡は3月16日が資格喪失日になるというわけです。

しかしながら，同日をもって転勤があった場合，あるいは退職と同時に別会社に就職したような場合には，例外として資格喪失の原因のある日をもって資格喪失日とします（健保法36条）。

例えば，4月1日付で転勤の場合は，4月1日が資格喪失日であり，転勤先では4月1日をもって資格取得日とします。また，3月31日に退職し，同日に就職した場合は，3月31日を資格喪失日とし，就職先では，3月31日を資格取得日とすることになります。

このような例外の規定を設けたのは，原則として，保険料が資格を取得した月から資格喪失の前月まで計算されることになっている関係上，二重に保険料を払うことになる不合理と，資格取得日の翌日が資格喪失日になるという変則的な状態を生じさせないためです。

Q28 1年間病気休職の場合，被保険者資格を喪失させてよいか？

当社に1年間病気で休職している者がいます。会社より給料の支払もなく，また保険料の控除もできませんので健康保険の資格を喪失させてよろしいでしょうか。

Ⓐ 被保険者資格の喪失は，事業所に使用されなくなった場合（健保法36条）に生じるものですから，欠勤しているとか，給料の支払がないというような理由で，資格を喪失させることはできません。

一方，健康保険の被保険者資格は使用の実態を重んじていますので，長期間休職の状態にあって無給が長く続き，社員待遇は全く形式的であり職場への復帰も見込めないような人は事実上の使用関係がないものとして，喪失させることとしています（昭和6年2月保発59，昭和25年11月保発75ノ2）。

そこでご質問の場合ですが，この被保険者は病気欠勤のため一時的に給料の支払が停止されている状態だと思われますので，使用関係が消滅しない限り被保険者資格は存続するものと思われます。給料の支払がなくても被保険者資格がある限り，被保険者には被保険者負担分の保険料を負担する義務があり，事業主には当然保険料の納付義務があります。したがって，被保険者から保険料の控除ができない場合は，事業主は，被保険者と被保険者負担分の保険料の徴収方法について，相談して処理していただくことになります。

30　第1編　健康保険法〔Q29〕〔Q30〕〔Q31〕

Q29 月の中途退職者に月末まで給与支払がある場合，資格喪失の年月日はいつか？

5月15日付で退職しましたが，給料は月末分まで支給しております。資格喪失はいつの時点になりますか。

A 健康保険の資格の喪失は，事実上の使用関係がなくなった日の翌日となります。

したがって，お尋ねの5月15日付退職の場合には，それ以後全く出勤しない状態であれば16日から月末までの給料が支給されたとしても，使用関係の実態がありませんので，5月16日をもって資格喪失日とします。

しかし，給与を支払うということは有給休暇の消化のためのような場合もありますから，使用関係の実態を把握して判断することになります。

Q30 関連会社へ出向した場合の被保険者資格はどうなるか？

関連会社に出向する場合は被保険者資格を喪失することになりますか。

A 出向という意味は，従来勤務していた事業所における使用関係が消滅し，出向先の事業所との間に新たに使用関係が生じる場合をいいますが，この場合であれば，従前の事業所において資格を喪失し，出向先の事業所において資格を取得することになります。しかしながら，同じ出向であっても，従前の事業所における使用関係も存続させながら，出向先においても使用関係を生じさせる場合があります。

このような場合，2以上の事業所に勤務する場合の取扱いとして，保険者を

選択するか，場合によっては年金事務所を選択することになります。ただし，従前の事業所においても使用関係が存続するということは，ただ単に身分が残っているとか，一定の期間を経過した後に帰る予定になっているとか，従前の事業所と退職金の期間計算がされる等の理由ではなく，事実上の使用関係が残っているかどうかを，判断していただくことになります。

Q31 定年到達後，嘱託として雇用された者の被保険者資格はどうなるのか？

定年に達した者を一旦退職させ，引き続き嘱託として勤めてもらおうと思っていますが，資格の喪失と取得の手続をする必要がありますか。

Ⓐ 健康保険では，一定の事業所に使用される者が事業主との間に事実上の使用関係が消滅したと認められる場合にその被保険者の資格を喪失するものと解されています。したがって，ご質問のように同一の事業所において雇用契約上，一旦，退職した者が1日の空白もなく引き続き再雇用された場合は，退職金の支払の有無または身分関係もしくは職務内容の変更の有無にかかわらず，その者の事実上の使用関係は中断することなく存続していますから，被保険者の資格も存続し，得喪の手続は必要ありません。

ただし，60歳以上の者で，退職後継続して再雇用される者については，使用関係が一旦中断したものとみなし，事業主から被保険者資格喪失届および被保険者資格取得届を提出させる取扱いとして差支えないこととされています。なお，この場合には，被保険者資格取得届にその者が退職した後，新たな雇用契約を結んだことを明らかにできる書類（就業規則の写し，退職辞令の写し，事業主の証明等）を添付することとされています（平成25年1月保保発0125第1号）。

ところで，「高年齢者の雇用の安定等に関する法律」により，原則として，

32　第1編　健康保険法〔Q31〕〔Q32〕

①定年の引き上げ，②継続雇用制度の導入，③定年の定めの廃止のいずれかの措置を講じなければなりません。①～③の措置のうち，多くの事業所では継続雇用制度の導入により対応しているため，高齢者の継続雇用をさらに支援し，同日得喪の取扱いを行って差し支えないことになっています。

　この取扱いは，特別支給の老齢厚生年金の受給開始年齢が段階的に引き上げられることに対応するため，今までの取扱いに加え，60歳以降に継続して再雇用される場合に取扱いが拡大されました。この取扱いは，2013年4月より実施されています。

　なお，継続雇用する際に，数日，間が空くことがあったときの取扱いとして，次のような通達があります。

　「有期雇用契約又は任用が1日ないし数日の間を空けて再度行われる場合においても，任用終了時に予め事業主と被保険者との間で次の雇用契約又は任用の予定が明らかであるような事実が認められるなど，事実上の使用関係が中断することなく存続していると，就労の実態に照らして判断される場合には，被保険者資格を喪失させることなく取り扱う必要がある」（平成26年1月保保発0117第2号）。

③ 報酬および標準報酬月額

Q32
健康保険と厚生年金保険における「報酬」と「賞与」の範囲はどのようになっているか？

当社は，社員に対して月々の給与の他に，業績給として1年間に4回ほぼ決まった時期に「賞与」として支給しています。「賞与」という名称ならば，月々の報酬に含めなくてよろしいのでしょうか。

A 社会保険上の「報酬」と「賞与」についての考え方は，以前からのものと変更はないのですが，取扱いを徹底し明確化を図るため，平成30年7月に通知が出されました。

報酬や賞与とは，労働者が労働の対償として受けるすべてのものであり，経常的かつ実質的に受けるものです。被保険者の通常の生計に充てられるすべてのものを包含します。現実に提供された労働に対する対価に加え，給与規定等に基づいて使用者が定期的に支払うものは「報酬」や「賞与」に該当します。労働の提供と対償の支払が時間的に一致する必要はなく，将来の労働に対するものや，病気欠勤中や休業中に支払われる手当であっても労働の対償となります。

雇用契約を前提として支給されるものですから，現物給与も「報酬」や「賞与」に含まれます。

「報酬」と「賞与」は，名称の如何にかかわらず，2以上の異なる性質を有するものであることが諸規定または賃金台帳等から明白な場合には，同一性質

34　第1編　健康保険法〔Q32〕〔Q33〕〔Q34〕

を有すると認められるものごとに判別されます。

　「報酬」の範囲ですが，毎年7月1日現在における賃金，給料，手当または賞与およびこれらに準ずべきもので毎月支給されるものは「通常の報酬」になります。それ以外のものの支給実態が次のいずれかに該当する場合は，「報酬」に該当します。

- ① 支給が給与規定等の諸規定によって年間を通じて4回以上の支給につき客観的に定められているとき
- ② 支給が7月1日前の1年間を通じ4回以上行われているとき

　なお，支給回数の算定は，名称は異なっていても同一性質を有すると認められるものごとに判別し，例外的に賞与が分割支給された場合は，分割分をまとめて1回として算定します

　したがって，名称にとらわれず，上記の基準に基づいて実質的に判断してください。

Q33　年度の途中から，賞与を年間4回支給する場合は，いつから報酬に含めるのか？

　当社は，今まで業績給を賞与として年3回支給していました。しかし，安定的に支給すべく，来年度から年4回の支給にしようと考えています。その場合，社会保険上は「賞与」ではなく「報酬月額」に含めるのはいつからでしょうか。

A　平成30年7月の通知によれば，賞与の支給が7月1日前の1年間を通じて4回以上行われている場合に「通常の報酬」となりますが，当該年の7月2日以降新たに年間を通じて4回以上または4回未満に変更された場合は，次期標準報酬月額の定時決定（7月，8月または9月の随時改定を含む）による標準報酬月額が適用されるまでの間は，報酬に係る当該賞与の取扱いは変更しません（Q34も参照してください）。

③ 報酬および標準報酬月額　35

なお，賞与の支給回数の算定は，次により行われます。

① 名称は異なっていても同一性質を有すると認められるものごとに判別
する

② 例外的に賞与が分割支給された場合は，分割分をまとめて１回として
算定する

③ 当該年に限り支給されたことが明らかな場合は，支給回数に算定しな
い

Q34　２つの事業所に勤務した場合の標準報酬月額はどうなるのか？

私は２つの事業所に勤務して報酬を得ています。ただし１カ所は
健康保険の適用をされない事業所ですが，報酬は合算するのでしょ
うか。

A　同時に２以上の事業所に勤務する被保険者については，両方の事業所
における報酬を合算して報酬月額を算出し，それを基礎にして標準報酬
月額を決定します（健保法44条３項）。

しかしながら，この取扱いは，同時に使用される２以上の事業所が，いずれ
も健康保険の適用事業所である場合に限りますので，ご質問の場合は該当しま
せん。すなわち，適用事業所において支給される報酬のみで届出することとな
ります。

36　第1編　健康保険法〔Q35〕〔Q36〕〔Q37〕

Q35　病気療養中の者への見舞金は報酬か？

　病気療養中の者に対し事業主から見舞金が支払われることになっています。先日傷病手当金の請求をした際に報酬の一部が支給されているとして傷病手当金の支給額から控除されましたが，見舞金は報酬に入るのでしょうか。

Ⓐ　事業主から支払われる見舞金は，それが全く恩恵的に支給されるものであれば報酬とは認められませんが，給料として支給できないため，労働協約で名目を見舞金として一定額を支給するとか，通常の給料の何割かを支給するような場合は，事業主が雇用関係に基づいて従業員の生活を保障しようとするものですから，報酬と考えられます（昭和32年8月保文発6737）。このような事実があれば，たとえ見舞金という名目であっても，傷病手当金の支給額から控除されることになります（健保法108条）。

Q36　傷病手当金支給の際，通勤手当の取扱いは？

　傷病手当金が支給されましたが，定期代が支給額から控除されました。協会けんぽに聞いたところ手当とみなされるとのことでしたが，私は定期代の支給と同時に定期券を購入していますので通常の手当とは違うと思うのですが，いかがでしょうか。

Ⓐ　通勤手当は原則として，毎日の通勤に対し支給され，被保険者の通常の生計費の一部にあてられているものでありますから，報酬の範囲に含めることとなります。また，これが3カ月または6カ月ごとに支給されるものであっても，同様の考え方から報酬に包含されます（昭和27年12月保文発7241）。

　通勤手当の代わりに，定期券を事業主が購入して支給する場合であっても，

③ 報酬および標準報酬月額　37

被保険者が事業主より受ける利益の1つであり，労働の対償となり得るものとして報酬に含めています（昭和32年2月保文発1515）。

　定期代はすぐ定期券を購入してしまうため，病気等で休んでいる間，定期券は事業主より受ける利益の機能が停止されることになり，報酬の意味がないということで，ご質問の趣旨はわかりますが，現時点においては，通勤手当が報酬の範囲とされている限り，定期が解約されることなく，賃金台帳等のうえで定期代が支給されていれば，当然報酬の一部が支払われているとして，傷病手当金の支給額から控除されることはやむを得ない取扱いとなります。

Q37　病気療養中で無給の者の標準報酬月額はどのように決定されるのか？

　　病気療養中の者で無給の者について定時決定はどうなりますか。また給与規程に基づいて減額支給されるようになった者の月額変更届（随時改定）は必要ですか。

Ⓐ　定時決定は，7月前3カ月間に支払われた給与をもとに算定しますので，この期間が病欠の無給者は算定のしようがありませんが，算定基礎届による標準報酬月額の決定が原則として9月1日以降有効になることを考えますと，無給だからといって実情に合わない決定はできません。そこでこのような場合は，保険者において決定することとしています。原則として，従前の標準報酬月額とされます。

　つぎに，病気で欠勤し給料が減額された場合に，月額変更の対象になるかということですが，標準報酬月額が通常の状態で労働の対償として得る報酬を基にしている点を考えると，病気という一時的な現象で増減する報酬は，継続的なものとは判断できませんので，ご質問の場合，月額変更届（随時改定）に該当しません。

Q38 定時決定等の際，有給休暇取得日数は，支払基礎日数に含めるのか？

算定，月額変更届に記入する際，支払基礎日数に有給休暇も含まれますか。

A

支払基礎日数というのは，「報酬」の支払の基礎となった日数です。「報酬」とは，『賃金，給料，俸給，手当，賞与その他いかなる名称であるかを問わず，労働者が労働の対償として受けるすべてのもの……』と健保法第3条第5項で規定しています。

ところで，有給休暇は本来労働日である日について有給休暇を与えることによって労働義務が消滅するので，支払われた金銭は賃金になります。同様に，「一時帰休に伴う休業手当等が支払われた場合に，その休業手当等をもって報酬月額を算定し……」と通達で述べているように，労働の対償として受けるものと言えます。したがって，有給休暇日数は算定，月額変更届いずれの場合においても支払基礎日数に含まれます。

Q39 算定基礎届に関する支払基礎日数について，夜勤労働者等で日をまたぐ勤務の場合の支払基礎日数の数え方

当社は，警備の業務を行っているので，夜勤労働をする社員がおります。日をまたいで労務に就く場合の支払基礎日数の計算の仕方を教えてください。

夜勤勤務者の給与が月給の場合は，各月の歴日数を支払基礎日数にします。

③ 報酬および標準報酬月額　　39

　夜勤勤務者の給与が日給で支払われている場合は，出勤回数を支払基礎日数とします。ただし，変形労働時間制を導入している場合は，各月の総労働時間をその事業所における所定労働時間で除して得られた日数を，支払基礎日数とします。

Q40 定時決定の際，４・５・６月の平均報酬額ではなく，年間平均報酬額で算定する方法はないのか？

　当社は，小・中学校の教科書の販売を行っています。業務の性質上，営業担当者は毎年，春になると残業が多くなり，その他の時期については残業はほとんどありません。そのため，算定基礎届の結果の標準報酬月額等級が異常に高くなってしまいます。このような場合，何か手立てはないものでしょうか。

A　定時決定の際に，４・５・６月に支払われた報酬月額で算定をすることが困難な場合，保険者が算定することができることになっています。その保険者算定の方法として，通達で４つの場合が示されています（平成23年３月保発0331第17号）。

⑴　４・５・６月の３カ月間に，３カ月以前の給料の遅配分を受け，またはさかのぼった昇給によって数カ月分の差額を一括して受ける等通常受けるべき報酬以外の報酬を当該期間に受けた場合

⑵　４・５・６月のいずれかの月に低額の休職給を受けた場合

⑶　４・５・６月のいずれかの月にストライキによる賃金カットがあった場合

⑷　４・５・６月の３カ月間に受けた報酬の月平均額から算出した標準報酬月額と，前年の７月から当年の６月までの間に受けた報酬の月平均額から算出した標準報酬月額に２等級以上の差を生じた場合であって，その差が業務の性質上例年発生することが見込まれる場合

40　第1編　健康保険法〔Q40〕〔Q41〕

　以上のうち，(4)がご質問の場合に該当します。この場合には，将来の年金額に影響する可能性があるため，以上の条件の他に，被保険者が同意していることが必要です。

　算定の仕方は，4・5・6月の3カ月間に受けた報酬の月平均額を算出・記入し，修正平均額を記入する欄に年平均額を記入すると共に，備考欄に「年間平均」と記入します。さらに，「年間報酬の平均で算定することの申立書」と，「保険者算定申立に係る例年の状況，標準報酬月額の比較及び被保険者の同意書」を添付しなければなりません。その他の点については，一般的な算定基礎届と同じです。

　この算定の方法により，貴社の社員は標準報酬月額等級が不当に高くなることはなくなるでしょう。

Q41 借り上げ社宅の家賃は，標準報酬月額に算入すべき報酬か？

　当社では，転勤する社員に対して借り上げ社宅を提供しています。本人には家賃の一部を負担させています。この場合，会社負担分の家賃について，標準報酬月額に算入しなければならないのでしょうか。

A　労働の対償として通貨以外で支払われるものも，標準報酬月額に算入すべき報酬であることについては，健保法第3条，第46条により当然のことですが，その価額の評価に関しては，地方の時価によって，厚生労働大臣が定めることになっています。その評価額は，平成29年2月6日厚労省告示第30号で食事と住居（畳1畳当たり）について，都道府県ごとに示され，平成29年4月1日から適用されています。具体的な額については次頁の表のとおりです。

　また，通達によれば，住宅の価額算出に当たっての取扱いを次のように示しています。

令和2年4月からの現物給与の価額

報酬や賞与の全部または一部が，通貨以外のもので支払われる場合（現物給与）の価額は，厚生労働大臣が定めることとされています。厚生労働省告示により現物給与の価額が改定され，令和2年4月1日から適用されています。

(単位：円)

都道府県名	食事で支払われる報酬等					住宅で支払われる報酬等	その他の報酬等
	1人1月当たりの食事の額	1人1日当たりの食事の額	1人1日当たりの朝食のみの額	1人1日当たりの昼食のみの額	1人1日当たりの夕食のみの額	1人1月当たりの住宅の利益の額（畳1畳につき）	
北海道	20,700	690	170	240	280	1,000	
青　森	20,100	670	170	230	270	940	
岩　手	20,100	670	170	230	270	1,030	
宮　城	20,100	670	170	230	270	1,380	
秋　田	20,100	670	170	230	270	1,010	
山　形	20,700	690	170	240	280	1,180	
福　島	20,700	690	170	240	280	1,070	
茨　城	20,400	680	170	240	270	1,270	
栃　木	20,400	680	170	240	270	1,310	
群　馬	20,400	680	170	240	270	1,170	
埼　玉	20,700	690	170	240	280	1,750	
千　葉	21,000	700	180	250	270	1,700	
東　京	21,300	710	180	250	280	2,590	
神奈川	21,000	700	180	250	270	2,070	
新　潟	20,700	690	170	240	280	1,280	
富　山	21,000	700	180	250	270	1,200	
石　川	21,300	710	180	250	280	1,250	
福　井	21,300	710	180	250	280	1,160	
山　梨	20,700	690	170	240	280	1,230	
長　野	19,500	650	160	230	260	1,150	時　価
岐　阜	20,100	670	170	230	270	1,180	
静　岡	20,400	680	170	240	270	1,410	（自社製品
愛　知	20,100	670	170	230	270	1,470	通勤定期券
三　重	21,000	700	180	250	270	1,200	など ）
滋　賀	20,700	690	170	240	280	1,360	
京　都	20,700	690	170	240	280	1,670	
大　阪	20,400	680	170	240	270	1,620	
兵　庫	20,700	690	170	240	280	1,460	
奈　良	19,800	660	170	230	260	1,170	
和歌山	20,700	690	170	240	280	1,080	
鳥　取	21,000	700	180	250	270	1,110	
島　根	21,000	700	180	250	270	1,030	
岡　山	20,700	690	170	240	280	1,270	
広　島	21,000	700	180	250	270	1,320	
山　口	20,700	690	170	240	280	1,040	
徳　島	20,700	690	170	240	280	1,100	
香　川	20,400	680	170	240	270	1,080	
愛　媛	20,700	690	170	240	280	1,080	
高　知	21,300	710	180	250	280	1,050	
福　岡	19,500	650	160	230	260	1,310	
佐　賀	20,400	680	170	240	270	1,080	
長　崎	20,400	680	170	240	270	1,070	
熊　本	21,000	700	180	250	270	1,120	
大　分	20,400	680	170	240	270	1,080	
宮　崎	19,800	660	170	230	260	1,040	
鹿児島	20,400	680	170	240	270	1,040	
沖　縄	21,300	710	180	250	280	1,110	

※　住宅，食事以外の報酬等の価額について，労働協約に定めがある場合はその価額を「時価」とします。

① 居間，茶の間，寝室，客間，書斎，応接間，仏間，食事室など居住用の室を対象とし，玄関，台所（炊事場），トイレ，浴室，廊下など居住用以外の室，また，店，事務所，旅館の客室などの営業用の室は含めないこと

② 同居世帯がある場合には，同居世帯が使用している室数も含め，被保険者数で除して1人分の価額を算出すること

③ 洋間など畳を敷いていない居住用の室については，3.3㎡を2畳の割合で畳数に換算すること

④ 居住用と居住用以外が混在している室（ダイニング・キッチン等）は，居住用以外の空間を除いて算定すること

　貴社の社員に対する借り上げ社宅の賃料については，上記のように算定した額から，社員が負担している額を差し引いた額を報酬月額に算入することになります。

　なお，今まで適用事業所の所在地がある都道府県の価額を適用する取扱いになっていましたが，現物給与の価額は生活実態に即した価額となることが望ましいことから，被保険者の勤務地が所在する都道府県の現物給与の価額を適用することが原則となり，この取扱いについては，平成25年4月1日から適用されています（平成25年2月保険発0204第1号）。

Q42 特定適用事業所の短時間労働者の算定基礎届はどのように行うのか？

　当社は，企業規模が従業員が500人を超えるので，特定適用事業所です。被保険者になった「短時間労働者」もかなりいます。ところで，定時決定の時期が近いのですが，「短時間労働者」の場合の算定基礎届はどのように行えばよろしいのでしょうか。

3 報酬および標準報酬月額　43

A 　算定基礎届は，毎年，7月1日現在に使用される被保険者について，原則としてその年の9月以後1年間の標準報酬月額を決定するものです。算定方法は，原則として，4月・5月・6月に支払われた報酬月額の平均を算出して決定します。平均を算出するに当たり，報酬支払の基礎となった日数が17未満の月がある場合は，その月を除いて平均を算出します。特定適用事業所の「短時間労働者」の場合は，報酬支払の基礎となった日数がいずれも11以上ある月で算定します。その他の点については，特定適用事業所の「短時間労働者」以外の被保険者と基本的には同じです。

　また，随時改定，育児休業終了時改定，産前産後休業終了時改定を行う際の報酬支払基礎日数について，11以上の月について算定することは，定時決定の場合と同様です。

Q43 随時改定の際，年間平均の額で報酬月額を改定することはできないのか？

　当社は，主に子ども向けの書籍・学習用器材・工作用材料等を企画および販売している会社です。そのため，次年度小学校入学者向け担当者は，夏以降秋にかけて一番忙しく，残業も多い時期です。また当社は9月が決算のため従業員に対する査定の結果は，10月から反映され固定的賃金が変動し，随時改定に該当することが多くなります。しかし，その時期を過ぎると急に給与額が下がってしまうのですが，何か良い方法はありませんでしょうか。

A 　原則的随時改定は，固定的賃金の変動または給与体系の変更等によって標準報酬月額の基礎となった報酬月額に著しい高低（2等級以上の変動）を生じた場合に，昇（降）給のあった月以後の3カ月間（いずれの月も支払基礎日数が17日以上必要。特定適用事業所の短時間労働者は11日）の報酬をもとにして，改定をすることにしています。この改定を随時改定と呼び，保険

者に提出する届書は月額変更届といいます。

　例えば4月に昇給して，4月から昇給した額で報酬の支払がされれば，4月・5月・6月の3カ月間の報酬を平均して，従前の標準報酬月額との間に2等級以上の変動があった場合に，7月から標準報酬月額が改定されます。

　しかし，貴社の担当者のように，その時期だけの報酬額と年間平均額とでは報酬額が著しく異なるような場合は，本来の報酬額を反映しているとはいえないため，2018年から年間平均額による随時改定が可能になりました。

　まず，年間平均による随時改定が可能になるには条件があります。その対象になる場合とは，業務の性質上例年発生することが見込まれ，かつ，報酬月額の変動（固定的賃金の変動）も，例年発生していることが見込まれ，さらに，被保険者が同意していることが必要です。つまり，定期昇給ではなく，単年度のみの特別な昇給改定，業務の一時的繁忙と昇給が重なったための改定，別の手当の支給に伴う改定等は対象になりません。

　その上で，次の(1)から(3)の要件にすべて該当した場合に，年間平均による随時改定が可能になります。

(1)　現在の標準報酬月額と通常の随時改定による標準報酬月額との間に2等級以上の差があること

(2)　次の①と②の間に，2等級以上の差があること

　①　通常の随時改定による標準報酬月額

　②　昇給（降格）月以後の継続した3カ月間に受けた固定的賃金の平均額と，昇給（降給）月前の継続した9カ月間および昇給（降給）月以後の継続した3カ月間に受けた非固定的賃金の月平均額（それぞれの平均額）を加えた額から算出した標準報酬月額（年間平均額から算出した標準報酬月額）

　※　「年間平均額から算出した標準報酬月額」とは，固定的賃金の部分は報酬額が変動した月以後3カ月間の平均額であり，非固定的賃金の部分は，報酬が変動する月前9カ月間の平均と変動月以後3カ月間の平均を加えた額であって，単純に年間の平均額から算出した額ではない。

(3)　現在の標準報酬月額と年間平均額から算出した標準報酬月額との間に1等級以上の差があること

③ 報酬および標準報酬月額　45

　かなり複雑な仕組みですので，貴社の方が該当するか否か，よく計算してみてください。また，手続をする場合には，「年間報酬の平均で算定することの申立書」と，「保険者算定申立に係る例年の状況，標準報酬月額の比較及び被保険者の同意等」の書類が必要です。

Q44 産前産後休業終了後に職場復帰したが，給与が下がってしまった場合，今までと同じ保険料額を支払わなければならないのか？

　当社の社員が産前産後休業を終了後，職場復帰したのですが，勤務時間を1時間短くしたためか，給与額が下がってしまいました。しかし，給与の単価が変更になったわけではないので，随時改定には該当しません。だとすると，標準報酬月額を変更することはできないのでしょうか。

Ⓐ　産前産後休業を終了した被保険者が，終了した日において産前産後休業に係る子を養育する場合には，随時改定に該当しない場合でも，事業主を経由して標準報酬月額の改定を申し出ることができます。

　改定することができるのは，下記の条件のすべてに該当する場合です。

① 従前の標準報酬月額と改定後の標準報酬月額との間に，1等級以上の差があること
② 産前産後休業終了日の翌日が属する月以後3カ月のうち，少なくとも1カ月における賃金支払基礎日数が17（特定適用事業所の「短時間労働者」は11）以上あること
③ 産前産後休業終了日の翌日に育児休業等を開始していないこと

　標準報酬月額は，産前産後休業終了日の翌日が属する月以後3カ月間の報酬の平均額に基づき算出します。その平均額は，賃金支払基礎日数が17以上ある月の合計額をもとに算出します。短時間就労者の場合で賃金支払基礎日数がい

46　第1編　健康保険法〔Q44〕〔Q45〕〔Q46〕

ずれの月も17未満の場合は，15以上17未満の月の報酬月額の平均によって算出
します。平均額の算出の仕方は算定基礎届の場合と同様です。

　標準報酬月額の改定は，産前産後休業終了日の翌日が属する月の4カ月目に
なります。改定後の標準報酬月額は，改定月が1〜6月の場合は，その後随時
改定がない限り，当年の8月まで適用されます。改定月が7月〜12月の場合は，
翌年の8月までです。

　手続ですが，被保険者が申し出ることが条件になっていますので，申出人記
載欄には必ず本人の署名または記名押印が必要です。

Q45　育児・介護休業法に基づく育児休業を終了した際の標準報酬月額はどのように改定されるのか？

　従業員が出産し，育児休業を取りました。

　その後，その従業員が職場に復帰することとなりましたが，「出
産前と同じ時間帯ではしばらく働けない。」との申出があり，就業
時間数を減らして勤務することになりました。これに伴って，給与
が減額されることになりますが，この場合の標準報酬月額はどのよ
うになりますか。

Ⓐ　育児・介護休業法（平成3年法律110）第2条第1号の規定に基づく育
　児休業および同法第23条第2項または第24条第1項（第2号に限る）に
規定する育児休業の制度に準ずる措置による休業を終了した健康保険の被保険
者が，保険者に申出をしたとき，これらの育児休業等を終了した日の翌日が属
する月以後の3カ月間に受けた報酬の平均を基準として標準報酬月額を改定す
ることになっています。この場合，育児休業終了日の翌日が属する月以後3カ
月のうち，少なくとも1カ月は，報酬支払基礎日数が17（特定適用事業所の短
時間労働者は11）以上あることが必要です。

　また，この標準報酬月額は，育児休業等を終了した日の翌日から起算して2

カ月を経過した日の属する月の翌月からその年の8月（その翌月が7月から12月までの場合は，翌年の8月）まで有効となります（健保法43条の2）。これを例示すると，

〈4月30日に育児休業が終了した場合，その翌日は5月1日〉

したがって，

① 5月・6月・7月の報酬月額の平均を算出する。

② ①の平均報酬月額から標準報酬月額を算出する。

③ 育児休業等取得前の標準報酬月額と1等級でも差がある場合，標準報酬月額を改定する。

④ この場合の標準報酬月額は8月から適用されることとなる。また，この標準報酬月額は，随時改定等がなければ，翌年8月まで有効となる。

したがって，ご質問の内容からすると，該当する場合があると考えられますので，育児休業等取得日の翌日の属する月から3カ月間の報酬の平均を算出し，従前の標準報酬月額の等級と差が出た場合には，「育児休業等終了時報酬月額変更届」を年金事務所（または健康保険組合）に提出してください。

なお，会社等の役員は労働者ではないため，いわゆる「育児・介護休業法」による育児休業は取得することができません。したがって健康保険法第43条の2に規定する「育児休業等を終了した際の改定」は行うことはできません。

Q46 年2回，1回300万円支給の賞与の場合，標準賞与額はいくらになるのか？

私は，会社から年俸制によって，1,200万円の報酬を受け取ることになります。

これを，毎月の報酬として50万円，賞与として年2回に分けて1回に300万円ずつ支払われますが，この場合の標準報酬月額と標準賞与額は，どのようになりますか。

A まず，あなたの標準報酬月額は第30級の50万円で決定されます。

つづいて，標準賞与額ですが，2回に分けてそれぞれ300万円ずつ受け取られているとのことですから，1回目の標準賞与額は300万円となります。しかし，2回目の標準賞与額は273万円となります。

これは，年度（毎年4月1日から翌年3月31日まで）の賞与額の累計が573万円を超えるとき，それ以降は標準賞与額を0円とされるためです（健保法45条1項）。ですから，年度における標準賞与額は573万円が上限ということになりますので，あなたもこの規定が適用されることになります。

なお，厚生年金保険の標準賞与額は，支給1回につき150万円が上限ですから，あなたの場合も1回ごとに150万円の標準賞与額となります。

標準賞与額に対する保険料については，標準報酬月額に乗じられている料率を標準賞与額に乗じて算出します。ただし，厚生年金保険とは異なり，健康保険の場合には，傷病手当金・出産手当金の給付額には反映されません。

4 被扶養者

Q47 配偶者に内職収入がある場合，被扶養者になれるか？

配偶者に内職の収入がありますが，被扶養者になれますか。

A 　配偶者の内職収入が年間どのくらいかによって，被扶養者になれるか，なれないかが決められます。現在の取扱いでは，

①　配偶者の年間収入が130万円未満（60歳以上の者か障害厚生年金の受給要件に該当する程度の障害者は180万円未満）で，被保険者の年間収入の2分の1未満であれば，配偶者は被保険者の被扶養者になれます。

②　たとえ，配偶者の年間収入が130万円未満（60歳以上の者か障害厚生年金の受給要件に該当する程度の障害者は180万円未満）で，被保険者の年間収入の2分の1を超えていても被保険者の年間収入を上回らない場合には，世帯の生計状況を総合的に勘案して，被保険者が世帯の生計維持の中心的役割を果たしていると認められるときは，配偶者を被保険者の被扶養者とすることになっています。この取扱いは，船員保険や日雇特例被保険者にも準用されます（昭和52年4月保発9・庁保発9）。

50　第1編　健康保険法〔Q48〕〔Q49〕

Q48　年収が106万円以上ある場合は被扶養者になれないのか？

　　私の妻は，被扶養者になれる範囲（年収130万円未満）で短時間労働者として勤務しています。会社の従業員が500人を超えるので，この度，会社から社会保険に加入するように言われました。毎年，年収が130万円未満になるように計算して働いているのですが，被扶養者ではいられないのでしょうか。

A　ご存知のように，平成28年10月の法律改正により，企業規模で社員が500人を超える特定適用事業所の場合，次の条件にすべて該当する短時間労働者（詳細は，Q17を参照ください）は社会保険に加入しなければなりません。

　　a．1週間の所定労働時間が20時間以上であること
　　b．賃金月額が88,000円（年収106万円）以上あること
　　c．雇用期間が1年以上見込まれること
　　d．学生でないこと

　貴方の妻は加入条件に該当したのですね。加入条件のうちの「b．賃金」ですが，賃金月額が88,000円（年収106万円）以上とされ，被扶養者で収入がある場合の基準とは異なるので疑問を持たれたのでしょう。

　社会保険に加入するか否かの基準としては，年収もさることながら，まず，勤務時間や勤務日数が問題であって，年収130万円以上であることは，次の条件になります。つまり，条件のうち，aからdまで順番に検討していきます。すべての条件に該当したときに社会保険に加入しなければなりません。1つでも該当しない事項があった場合は加入できません。その加入条件に該当せず，被扶養者の要件に該当したときに，被扶養者と認められるわけです。ですから，被扶養者になれるか否かは，年収基準がありきではなく，社会保険に加入できない場合で，年収基準等被扶養者の要件に該当した場合に被扶養者になれることになります。

Q49

妻が勤めを辞めた時，被扶養者の届出は？

今月末をもって妻が会社を退職します。雇用保険の失業給付（基本手当）を受けるつもりのようです。被扶養者になれるでしょうか。

A 被扶養者になれるか否かは，年間収入が130万円未満（60歳以上と一定の障害者の場合は180万円未満）で，かつ，被保険者の年間収入の2分の1未満であることが原則になっています。この年間収入というのは，退職者の場合，退職前の収入ではなく，退職後の見込み収入により判断されます。

そこで，退職すると雇用保険の失業給付が受けられる場合が多いと思います。収入見込みには，雇用保険からの失業給付や公的年金，健康保険からの傷病手当金，出産手当金等も含まれますので，給付額をよく確認してください。

失業給付（求職者給付）を受ける場合，基本手当日額が3,611円以下の場合には，収入見込額は130万円未満になり，被扶養者になれることになります（130万円÷360＝3,611.111円，健康保険法では，暦月は30日とみなします）。また，もし基本手当日額が3,611円より高いため被扶養者になれなくても，受給終了後はなることが可能です。その場合には受給資格者証のコピーを添付します。

届出については被扶養者を有するとき，または被扶養者を有するに至ったときは，5日以内に，「被扶養者（異動）届」を事業主を経由して，年金事務所または健康保険組合に提出することになっています（健保則38条）。なお，配偶者が20歳以上60歳未満の場合，国民年金第3号被保険者（被扶養配偶者）に該当すると思われますので，その届書がセットになっている様式のものを提出することになります。

添付書類についてですが，一般的には退職の場合，退職証明書または雇用保険被保険者離職票のコピーなどとなっています。

52　第1編　健康保険法〔Q50〕〔Q51〕〔Q52〕

Q50　三男が両親を被扶養者にすることは可能か？

　私は三男ですが，事情があって両親の面倒をみています。郷里には長男，次男がおりますが，両親を私の被扶養者にできますか。

A　主としてあなたにより両親が生計を維持していれば，両親と同一世帯にあるか否かにかかわらずあなたの被扶養者になります。

　ご質問の場合，郷里に扶養能力のある長男，次男がいるのだから，その人達が扶養するのが筋道だということはいえても，それを理由にしてあなたの被扶養者にしないことはありません。それから，もし両親が公的年金等受給していないのであれば，無職無収入の証明，あるいは住民税の非課税証明等を添付することになっています。

Q51　大学生の妹を被扶養者にできるか？

　現在，大学へ行っている妹を扶養していますが，健康保険の被扶養者にできますか。妹は大学の寮で生活していますが，仕送りはすべて私が行っています。

A　弟妹は，主として被保険者であるあなたにより生計を維持していれば同一の世帯に属していなくても被扶養者となります（健保法3条7項1号）。別居している場合は，手続の際，仕送りをしていることを証明するものを添付する必要があります。

　なお，兄姉については，被保険者と同一世帯に属し主として被保険者により生計を維持していなければ被扶養者になれませんでしたが，平成28年10月より弟妹と同様に，主として被保険者により生計を維持されていれば被扶養者になれるよう法律が改正されました。

④ 被扶養者　53

Q52 夫婦共働きの場合，子どもは誰の被扶養者にするのか？

　4月30日に妻が出産する予定になっています。わが家は共働きで，妻も会社の健康保険組合に加入していますし，私は協会けんぽに加入しています。生まれてくる子どもは私の被扶養者とするのか，妻の被扶養者とするのか，教えてください。

　また，実際の手続についても併せてお願いします。

（A）　夫婦が共同して扶養している場合における被扶養者の認定に当たっては，次のことを参考として，家計の実態，社会通念等を総合的に勘案して行われることとなっています。

① 被扶養者とすべき者の員数にかかわらず，年間収入（当該被扶養者届が提出された日の属する年の前年分の年間収入とする。以下同じ）の多い方の被扶養者とすることを原則とすること。

② 夫婦双方の年間収入が同程度である場合は，被扶養者の地位の安定を図るため，届出により，主として生計を維持する者の被扶養者とすること。

③ 共済組合の組合員に対しては，その者が主たる扶養者である場合に扶養手当等の支給が行われることとされているので，夫婦の双方またはいずれか一方が共済組合の組合員であって，その者に当該被扶養者に関し，扶養手当またはこれに相当する手当の支給が行われている場合には，その支給を受けている者の被扶養者として差し支えないこと。

④ ①から③の場合において，この取扱いにつき，被用者保険関係保険者（共済組合を含む。以下同じ）に異議があるときは，とりあえず年間収入の多い方の被扶養者とし，その後に関係保険者間における協議に基づき，いずれの者の被扶養者とすべきか決定すること。

　なお，協議によって行われた被扶養者の認定は，将来に向かってのみ効力を有するものとすること，などが示されています。

　したがって，あなたの場合には，この通達（昭和60年6月保険発66・庁保険発

54　第1編　健康保険法〔Q52〕〔Q53〕〔Q54〕〔Q55〕

22) のように，原則的には収入の多い方の人の被扶養者とすべきでしょう。

Q53 里子を扶養とすることはできるか？

私は，Ａとわが子同様に生活していますが，養子縁組をしていません。この場合，被扶養者にできますか。

Ａ　子には，法律上の子（養子を含みます）や配偶者（内縁の場合も含まれます）の連れ子の場合があり，前者は生計維持関係があればよく，後者の場合は生計維持関係のほか同一世帯に属していることが必要となります。

いわゆる里子のような場合は，民法上の親族関係がありませんので被扶養者となることはできません。その里子が被保険者と養子縁組を行えば，当然被保険者の子となりますし，被扶養者として認められます。

Q54 妻の両親を被扶養者にすることはできるか？

妻の両親を私の被扶養者にすることができますか。

Ａ　妻の両親は，被保険者の三親等内の親族に該当しますから，被保険者と同一の世帯に属し，主として被保険者によって生計が維持されていれば，被扶養者となることができます。

④ 被扶養者　55

Q55 外国に住んでいる外国人の妻を被扶養者にすることはできるか？

当社には国際結婚をした社員がいます。その妻は事情があり外国に住んでいます。しかし，当社の社員が仕送りをして養っているので，被扶養者にできないかと聞かれました。この場合，被扶養者にできるのでしょうか。

A 被扶養者の要件が色々ありますね。例えば，年齢は75歳未満であるか，一定の親族の範囲であるか，収入要件は該当するか等々の要件が該当すれば，国籍要件はありませんから，要件が該当すれば被扶養者になることは可能です。しかし，健康保険法の改正により2020年4月より国内居住要件が追加されました。法律に規定されている「国内に住所を有する者」とは，住民基本台帳に住民登録がされていることを指します。外国人であるならば，外国人登録がしてあるか否かということになります。貴社社員の妻の方が，外国人登録をしてあれば被扶養者に認定可能ですが，登録をしていなければ被扶養者にはなれません。

ところで，国内居住要件には例外（「海外特例要件」といいます）があり，次の場合は国内居住要件に該当するとみなされます。

海外特例要件に該当する者	添付書類
①海外に留学する学生	査証（ビザ），学生証，在学証明書，入学証明書等の写し
②海外に赴任する被保険者に同行する者	査証（ビザ），海外赴任辞令，海外の公的機関が発行する居住証明書等の写し
③観光，保養またはボランティア活動その他就労以外の目的で一時的に海外に渡航する者	査証（ビザ），ボランティア派遣機関の証明，ボランティアの参加同意書等の写し
④被保険者が海外に赴任している間に当該被保険者と身分関係が生じた者で②	出生や婚姻等を証明する書類等の写し

と同等と認められる者（海外赴任中に結婚した場合の配偶者，出生した子等）	
⑤①～④以外で渡航目的その他の事情を考慮して日本国内に生活の基礎があると認められる者	個別に判断

　貴社社員の方が，海外特例要件のいずれかに該当するのであれば，被扶養者として認められることがあろうかと思います。

5 業務上・業務外

Q56 業務上・業務外の判断基準はあるのか？

業務上あるいは業務外を判断するうえで何か基準がありますか。

A　業務上であるか業務外であるかの判定は、なかなか困難な場合が多いわけですが、業務上であるという判定は、労働者災害補償保険法の保険者が行うものであり、健康保険の保険者は、あくまでも業務外の事由による保険事故であるか否かを判定することになります。したがって、健康保険の保険者が、業務外の事由によるものでないと判定しても、必ずしも業務上の事由によるものとはなりませんし、また逆に、労働者災害補償保険法の保険者が、業務上の事由によるものでないと判定しても、必ずしも業務外とならないような場合が生じて、被保険者に対する給付が両方から拒否されるようなことも考えられます。

このようなときには被保険者に不安を与えないために、第一線の機関相互間でまず連絡を密にし、両方の機関が請求人の申立てと異なる決定を行うような場合には、お互いに通報し合い、意見の調整を図って、被保険者がどちらからも給付されないような事態を生じさせないように図ることになっています（昭和30年6月基発359）。

業務上・業務外の判定をする際は、労働者が、通常の作業場所において、通常の作業時間内で、使用者の指揮命令下におかれている状態（作業状態）のもとで、その状態に起因して発生したか、あるいは、使用者の指揮命令との関連

58　第1編　健康保険法〔Q56〕〔Q57〕〔Q58〕

でなく，設備の瑕疵・労務管理の不注意から生じた事故であるか否かが，典型的な基準となります。

　このように一応の基準はありますが，事故の事例によって，状態はまちまちですので，それぞれの事故が発生した都度，その状態に基づいて，業務外の事由による事故であるか否かを判定してゆかねばならないことになります。

　上記のように，基本的には業務外の事由による事故に対して保険給付するのですが，平成25年の法律改正により，労働者災害補償保険からの給付がない場合には健康保険から給付するようになりました。

　なお，通勤災害による事故については，労働者災害補償保険法によって，業務上の災害に準じた給付を行うことになっていますので，健康保険では給付しない（健保法55条）こととされています。

Q57 請負仕事中にケガをした場合は，給付を受けられるのか？

　当社の社員の被扶養者が，請負仕事を委託され，作業中に怪我をしてしまいました。業務上による怪我ですので，健康保険からの給付はないのでしょうか。

Ⓐ　健康保険は，業務外の事由による疾病，負傷もしくは死亡または出産に対して保険給付を行うのが原則で，基本的な考え方としてはQ56にあるとおりなのですが，請負業務，インターンシップ，シルバー人材センターの会員等が業務を行っているときに負傷した場合，労災保険に加入していないと健康保険からは保険給付がなく，労災保険からの給付もない状態になってしまい，不都合が生じていました。そこで，平成25年10月から，このような場合に健康保険から保険給付を行うよう法律改正がされました。つまり，被保険者またはその被扶養者の業務災害（労災保険の給付対象になるもの）以外の疾病，負傷もしくは死亡または出産について保険給付をすることになりました。

右上: ⑤ 業務上・業務外　59

したがって，ケガをした方が労災保険からの給付がないのであれば，健康保険からの給付が受けられます。

Q58 被保険者5人未満の会社の役員が業務上ケガをした場合の取扱いは？

当社は，役員以下被保険者が4人の会社です。役員の業務上の事由による場合の保険給付内容が変更になったと聞いたのですが，その点について教えてください。

A 被保険者が5人未満の適用事業所に使用される役員についての取扱いについては，平成15年の通達がありました。しかし，平成25年の健康保険法の一部改正により，「労災保険法に規定する業務災害以外の事由による疾病，負傷若しくは死亡又は出産に関して保険給付する」ことになりましたので，従来の通達は廃止されました。

健康保険法改正で，「被保険者が5人未満の適用事業所に使用される被保険者又はその被扶養者が法人の役員である場合に，その法人の役員としての業務に起因する傷病等は保険給付の対象外とする」ことが明記されました。その内容は，業務上の負傷について，労災保険の給付対象とならない場合は，法人の役員としての業務に起因する疾病，負傷または死亡を除き，健康保険の給付の対象とすることを明記したものです。したがって，従来の「法人における従業員が従事する業務と同一であると認められるものについて，労災保険から給付がない場合には健康保険の給付対象であること」については，異なるところはありません。

また，以前は傷病手当金は給付対象ではありませんでしたが，健康保険法の改正により，法人の役員としての業務に起因する疾病，負傷または死亡を除き，労災保険法に規定する業務災害以外の事由による傷病等に関して健康保険の給付の対象となったことにより，傷病手当金も保険給付の対象となりました。

60 第1編 健康保険法〔Q59〕〔Q60〕

Q59 勤務時間中の私用による事故は業務上か？

当方は運送会社ですが，私のところの運転手が貨物運送中に，煙草のないのに気づき，車を止めて道路の向側の煙草屋に煙草を買いに行こうとして，車にはねられ大けがをしました。この事故は業務上の事故になりますか。

A 業務上・外の判定は，その事故が通常の作業場所において，通常の作業時間内で，使用者の指揮命令下におかれている状態（作業状態）のもとで，その状態に起因して生じたものであるかどうかを一応の基準としています。これを，「業務起因性」と呼びます。

例えば，従業員が，会社の業務のため出張している間の事故については，必要な順路の限度において，業務上の事故となると解されております。これは，必要な順路の限度においては，業務遂行中であり，かつ業務に起因するものと認められるからです。そこで，運転手が煙草を買うために煙草屋へ行ったことは，事業主の命令による場合でない限り，一般に私的用事と解釈されますので，業務の遂行に中断があり，業務の遂行性・起因性は認められません。

事業主の命令については，例えば，事業所の特命によって競技会等に参加した場合，または，これの準備訓練中の事故は，業務上として取り扱いますが，事業主の特命と関係のない事業主主催の運動会やハイキング等の場合の事故は，業務外の事故として取り扱うことになっている（昭和23年12月基発575）ことを考えれば，ご質問の事故は，業務外の事由による事故として取り扱うことが妥当と思われます。

6 療養の給付

Q60 資格取得前からの傷病も給付が受けられるか？

　資格を取得する前からあった傷病について療養の給付が受けられますか。

Ａ　健康保険法においては，被保険者の業務災害以外の事由による疾病・負傷もしくは死亡または出産に関して保険給付を行い，あわせて被扶養者に関して保険給付を行うことを定めています（健保法1条）が，その傷病の発生した日については特別の定めをしていません。したがって，被保険者の資格取得が適正であれば，その病気が資格取得前からあったものでも，資格取得後にその状態がありさえすれば，被保険者として受け得る期間，療養の給付を受けることができます（昭和26年10月保文発4111）。

　ただ注意しなければならないのは，資格取得前の傷病が入院を要するほど重いときは，そのような者が，新たに資格を取得するというのは不自然なケースであるため，その者と事業所の使用関係の調査が慎重に行われることがあるということです。

62　第1編　健康保険法〔Q61〕〔Q62〕〔Q63〕

Q61 健康診断は給付の対象か？

健康保険で健康診断が受けられますか。

A 健康保険法の目的として，第1条に「……疾病，負傷若しくは死亡又は出産に関して保険給付を行い，……」と規定していますので，単なる健康診断は，治療の対象ではありませんから，保険給付の対象にはなりません。

また，「保険医療機関及び保険医療養担当規則第20条第1項」に「健康診断は，療養の給付の対象として行ってはならない」と規定されていますので，健康保険では，被保険者証を提示して健康診断を受けることはできません。しかし，保健事業の一環として健康診断・結核検診等を行っていますので，実施の時期に協会けんぽ（または健康保険組合）に申し込んでいただき，利用されるとよいと思います。

健康診断を受けた結果，疾病が発見され，治療の必要があると認められた場合は，その時から療養の給付の対象となります。

Q62 病院の室料に違いがあるのは何故か？

入院した場合，病院により室料が違い，一部負担金の外に料金を徴収されますが，なぜでしょうか。

A 健康保険で取り扱う入院料は，保険医療機関であればどこでも同額です。室料について，保険医療機関の間で違いが出るとすれば，部屋代の差額徴収の関係ではないかと思われます。

最近の傾向として，入院する際に，患者が個室を希望したりする例が多いことから，各医療機関では特別室を用意しているようです。この特別室の室料が，各医療機関によって異なるわけで，この特別室を利用する場合は，各医療機関

で定められた室料から，健康保険の入院料（保険外併用療養費）を引いたものが，差額として被保険者に請求されるわけです。

このいわゆる差額ベッドの室料は保険給付の対象とはなりませんので，高額療養費の支給もされません。

ただし，本人の意思に基づかないで特別室に入れた場合は，本人から差額を徴収することはできません。したがって，入院差額負担に関する手続としては，医療機関は被保険者等からの申出書を提出させ，これを，後々の争いにならぬよう保存することとしています。

Q63 同一疾病か再発かの判断基準は？

同一疾病か，別疾病による再発かを判断する場合，何か基準のようなものがありますか。

A 同一疾病であるか再発であるかについては，判定に困難をきたす場合が多くありますので，具体的な事例の都度，慎重に判定することが大切になります。したがって，明らかな基準というようなものは示されませんが，取扱い上における考え方は，次のとおりです。

再発とは，まず疾病が一度治癒したと認められることが必要です。この場合の治癒の認定は，必ずしも医学的な判断のみによらず，社会通念上の判断として治癒したものと認められれば足ります。また，症状を認めずして相当期間就業後，同一病名で治療を受けるようになった場合であり，これは別個の疾病とみなされます。通常，再発の場合は，前症の受給中止時の所見，その後の症状経過，就業状況等調査の上，認定することとしています（昭和30年2月保文発731）。

また，結核性疾患については，症状が固定し自覚的および他覚的にも病変や異常を認めず，医療を行う必要がなくなった程度，すなわち，社会通念上治癒したものと認めることができる状態にある場合を治癒と認定しています。した

64　第1編　健康保険法〔Q63〕〔Q64〕

がって，その後通常の勤務に服したにもかかわらず，一定期間経過後再び結核性疾患が発生したときは，再発として取り扱っています（昭和29年6月保文発7334）。逆に，断続して療養を受けていても，同一疾病の継続しているものは同一疾病であり，医師の付した病名が異なる場合でも，疾病そのものが同一なることが明らかなときは，同一疾病に該当するものとしています（昭和4年8月保現45）。

　結局，
①　自覚的症状がなくなること。
②　医師の診断により客観的病状も認められないこと。
③　診療が終了したこと。
④　医師が就業可能と認めたこと。
⑤　一般的に日常生活に異常がないと認められること。
⑥　療養を中止してから相当期間労務に服していること。

等の要件が満たされていたものが，後日同一部位が悪くなり，療養を必要とするに至った場合には，別疾病すなわち再発として取り扱われるといえます（昭和26年12月保文発5698）。

Q64　一部負担金と自己負担額の割合は？

　年齢によって医療機関で支払う金額が違うそうですが，その内容を教えてください。

Ａ　療養の給付等を保険医療機関等で受ける際に，その窓口で一部負担金または自己負担額を支払わなければなりません。

　被保険者が療養の給付の際に支払うものを一部負担金，被保険者が保険外療養費，療養費，訪問看護療養費について負担するものと被扶養者が支払うものを自己負担額と一般的に言っています。

　その負担割合は，被保険者の標準報酬月額，収入額や年齢によって，また，

被扶養者は年齢によって異なっています。実際には，次のとおりとなっています（健保法74条1項・110条2項）。

① 　0歳から小学校修学前（6歳に達する日以後の最初の3月31日以前）の被扶養者

　　　2割負担（8割給付）

② 　小学校修学時から70歳未満（70歳に達する日の属する月以前）の被保険者および被扶養者

　　　3割負担（7割給付）

③ 　70歳以上75歳未満（ただし，後期高齢者医療制度の被保険者となる場合は除かれる）の被保険者および被扶養者

　(1) 　※一定所得以上の場合　　　3割負担（7割給付）

　(2) 　(1)以外の場合　　　　　※2割負担（8割給付）

　※ 「一定所得以上の場合」とは，療養の給付を受ける月の被保険者の標準報酬月額が28万円以上で，かつ，被保険者および被扶養者（70歳に達する日の属する月の翌月以後である者，または後期高齢者医療制度の被保険者に限られる）の収入額が520万円（被扶養者がいない者は383万円）以上の場合です。詳しくは，「高齢者の医療の確保に関する法律」（第5編）を参照してください。

　※ 　③の(2) 　2割負担（8割給付）は，緊急措置として，平成20年度から1割負担に据え置かれていましたので，その方々は従来どおり1割負担です。昭和19年4月2日以降生まれの方から2割負担になります。

7 療養費

Q65

自費診療を受けた場合，後日治療費が返還されることがあるのか？

保険医療機関以外の医療機関に自費で診療を受けた場合は，協会けんぽに請求すれば現金で自費支払相当額が返還されると聞きましたが，ほんとうですか。

A 健康保険では，被保険者および被扶養者に対する療養の給付は，現物給付を原則としています。しかしながら，現物給付を受けようとしても受けられない場合もありますので，このような場合に被保険者が一時費用を立て替えておき，後日保険者より「療養費」（被扶養者の場合は家族療養費）として現金給付を受ける制度がとり入れられております。

　したがって，療養費の支給は，現物給付の補完的な役割を果たすものであり，被保険者に選択させるものではなく，保険者が現物給付を行おうとしても，行うことが困難であると認めた場合，あるいは，被保険者が，本来ならば現物給付を受けるところであるが，やむを得ない事由があって，保険医療機関・保険薬局以外の医療機関・薬局や柔道整復師等において，診療・薬剤の支給もしくは手当を受け，しかも，保険者がその事由を認めた場合に限られています（健保法87条）。

　そこで，困難その他のやむを得ない事由とは，疾病または負傷等に際し，直ちに診療または手当を受けなければならないため，保険医のところに行って診

療または手当を受ける時間的余裕のない場合等，通常の場合において，保険医を選定することが不能または著しく困難と認められる状態をいいます（昭和24年6月保文発1017）。ご質問の場合，被保険者側にこのような特殊事情があって，保険医療機関以外の医療機関で診療を受け，保険者がその必要を認めれば，療養費が支給されます。

つぎに療養費として支給される額は，自費で診療を受けた内容について，健康保険法の規定による療養に要する費用の額の算定方法（昭和33年厚生省告示177）に基づき算定した額から，一部負担金（療養に要した費用の1割・2割・3割）に相当する額を控除した額を標準として，この額が自費として支払った額より高額の場合は，自費で支払った額を，逆に低額の場合は標準とする額をもって支給額とする（健保法87条）ことになっていますから，必ずしも，医療機関への支払相当額が償還されるわけではありません。

Q66 資格取得届の提出忘れをした場合は自己負担か？

事業主が資格取得届の提出を忘れていた間に病気にかかってしまいました。この場合の治療費は自己負担でしょうか。

Ⓐ 事業主は従業員を採用した場合，5日以内に被保険者資格取得届を提出することになっています（健保則24条）が，その義務を怠っていたことにより，被保険者が不利益をこうむることがあってはいけませんので，健康保険では，被保険者証に基づき療養の給付をすることが困難であったとして，療養費を支給することとしています。したがって，診療費の全額を医療機関に払ったのち，協会けんぽの各都道府県支部（または健康保険組合）に請求してください。

また，療養費の支払額は，Q65でも説明しましたように，場合によると実際にかかった費用より少ない場合がありますから，この差額については，事業主との間で解決していただくことになるかと思います。

68 第1編 健康保険法〔Q67〕

Q67 高額療養費はどのように支給されるのか？

私は3カ月前から入院しています。入院費用が相当かかりますが，
高額療養費はどのような場合に支給されるのでしょうか。

A 高額療養費とは，簡単に説明しますと，被保険者や被扶養者が，同一の月に同一の保険医療機関等に支払った一部負担金等の額（入院時食事療養標準負担額および生活療養標準負担額を除く）が，政令で定める高額療養費算定基準額（自己負担限度額）（健保令42条）を超える場合に，その超えた額を支給する制度のことです。この自己負担限度額は，一暦月ごと，一保険医療機関ごと，入院と通院は別にし，歯科とそれ以外の診療科は別にし，保険の対象になった療養の自己負担額が自己負担限度額を超えた場合に超えた額が高額療養費として支給されるものです。この自己負担限度額は，所得や年齢により異なります。

また，同一世帯で（被保険者または被扶養者）が同一月内に21,000円以上の自己負担が複数あるときは，それらを合算して自己負担限度額を超えたときも超えた額が支給されます。同一人が同一月内に複数の医療機関にかかり，それぞれ21,000円以上ある場合もそれらを合算して自己負担限度額を超えれば超えた額が支給されます。

自己負担限度額は，下記のようになっています。

【70歳未満の場合】

所得区分	自己負担限度額	多数該当
①区分 （標準報酬月額83万円以上の方）	252,600円＋（総医療費 －842,000円）×1%	140,100円
②区分 （標準報酬月額53万～79万円の方）	167,400円＋（総医療費 －558,000円）×1%	93,000円
③区分 （標準報酬月額28万～50万円の方）	80,100円＋（総医療費 －267,000円）×1%	44,400円

④区分 （標準報酬月額26万円以下の方）	57,600円	44,400円
⑤区分（低所得者） （被保険者が市区町村民税の非課税者等）	35,400円	24,600円

注：「①区分」または「②区分」の該当者が市区町村民税が非課税であっても，標準報酬
　　月額での「①区分」または「②区分」の該当になります。

【70歳以上75歳未満の場合】

2018年8月より

所得区分		上限額（世帯ごと）　　　　単位：円	
現役並み所得者	標準報酬月額83万円以上で高齢受給者証の負担割合が3割の人	252,600 +（医療費 − 842,000）×1% （多数該当：140,000）	
	標準報酬月額53万円以上79万円以下で高齢受給者証の負担割合が3割の人	167,400 +（医療費 − 558,000）×1% （多数該当：93,000）	
	標準報酬月額28万円以上50万円以下で高齢受給者証の負担割合が3割の人	80,100 +（医療費 − 267,000）×1% （多数該当：44,400）	
所得区分		外来 （個人ごと）	外来・入院 （世帯ごと）
標準報酬月額26万円以下 （一般所得者）		18,000 （年間上限： 144,000）	57,600 （多数該当： 44,400）
住民税非課税者 （被保険者が非課税者）		8,000	24,600
住民税非課税 （被保険者と扶養家族が所得無し）			15,000

※現役並み所得者の場合は，市区町村民税が非課税であっても現役並み所得者に該
　当することになります。

　高額療養費の支給方法ですが，原則として現物給付によって行われ，保険医
療機関等の窓口で1カ月ごとの自己負担限度額（高額療養費算定基準額）まで
支払うことにより，その余の額は，その保険医療機関が保険者に診療報酬と合
算して請求することとされています。現物給付として受給するためには，事前

70 第1編 健康保険法〔Q67〕〔Q68〕

に「健康保険 限度額適用認定申請書」(市区町村民税が非課税の人は「限度額適用・標準負担額減額認定申請書」)を提出することにより発行される『健康保険限度額適用認定証』を病院等で提示することにより高額療養費が現物給付される仕組みです。

なお,高額療養費算定基準額は所得の状況などの要件によって変更されるため,差額が生じる場合がありますが,そのときは事業所を管轄する協会けんぽの都道府県支部や加入している健康保険組合に申請の手続をする必要があります。

Q68 療養費として支給されるものにはどんなものがあるのか？

次のものは療養費として支給されますか。
①歩行補助器 ②翻足矯正器 ③コルセット ④松葉杖 ⑤輸血代 ⑥眼鏡 ⑦補聴器 ⑧脱腸帯 ⑨人工肛門 ⑩義眼 ⑪義手・義足

A 療養費として支給されるもの等については,それぞれ下記のようになっています。

① 歩行補助器

装着が療養上必要と認められる場合には,療養の給付のうち治療材料の支給の範囲に入るものであり,療養費として支給されます(昭和18年9月保険発145)。

② 翻足矯正器

疾病が治療を必要とし,その治療上必要であれば,療養費として支給されます。

③ コルセット

疾病の治療上装着を必要とするものであれば,療養費として支給されま

す（昭和24年 4 月保険発167）。

④　松葉杖

　　療養の必要があれば，貸与するものであって，療養費としては支給され
ません。

⑤　輸血代

　　保存血を使用した場合は，保存血および輸血料共に現物給付となります。
生血による場合は，生血代は一般に妥当と認められる実費について，療養
費払いがされます（昭和25年11月保険発22）。

⑥　眼鏡

　　傷病の治療を目的とする療養の給付の範囲内に入りませんから，当然，
療養費としても支給されません。

⑦　補聴器

　　眼鏡に準じて，健康保険の給付外とされています（昭和25年11月保険発
235）ので，療養費払いはされません。

⑧　脱腸帯

　　健康保険の給付外とされています（昭和26年 7 月保険発193）ので，療養
費払いはされません。

⑨　人工肛門

　　健康保険の給付外とされています（昭和27年 4 月保険発117，昭和30年 3
月保険発62）ので，療養費払いはされません。

⑩　義眼

　　眼球摘出後，眼窩保護のため装用を必要とする場合は給付の対象として
コルセットに準じて療養費を支給します（昭和25年 2 月保険発 9 ）。

⑪　義手・義足

　　義手・義足は，療養の過程において，その傷病の治療のため必要と認め
られる場合に，療養費として支給する取扱いがなされていますが，症状固
定後に装着した義肢に要する費用およびその修理に要する費用を，療養費
として支給することは認められていません（昭和26年 5 月保文発1443）。

72   第1編　健康保険法〔Q69〕〔Q70〕

Q69 柔道整復師による施術は保険給付対象か？

　山歩きの途中で足を捻挫したため最寄りの柔道整復師の手当を受け，費用を払いました。療養費の請求ができますか。

A 　一般的には，保険者と都道府県柔道整復師協会の会長との間で，施術の範囲・限度・療養費の受領委任等の協定が結ばれていますから，被保険者は被保険者証を提示すれば，後日療養費として支給される金額どおりの費用で，施術を受けることができます。そして，その療養費も，柔道整復師に受領を委任することになっていますから，実際上，費用の関係は，保険者と柔道整復師との間でやりとりをし，被保険者は，ちょうど，保険医療機関で診療を受ける場合のように，被保険者証の提出と，一部負担金の支払をするだけですむわけです。

　しかしながら，旅行中で被保険者証を持参していなかったため，自費で診療を受けたり，あるいは柔道整復師がその地区の柔道整復師会の会員でなかったために，自費診療になる場合が考えられますが，いずれの場合も，健保法第87条に該当するか否かを保険者が判断した上で，その必要を認めれば，療養費として支給されることになります。また，骨折，脱臼の場合には保険医の同意を受ける必要があります。

Q70 海外旅行中に病気やけがで治療を受けた場合は，保険の対象にならないのか？

　私は，家族と海外旅行中にけがをし，現地の病院で治療を受けました。その場合，健康保険に治療代を請求することはできないのでしょうか。

7 療養費　73

Ⓐ　けがや病気に関して，健康保険からの給付は，保険医療機関等で受ける現物給付である療養の給付等が原則です。しかし，近くに保険医療機関がない等療養の給付等が受けられない場合もあるので，療養費の支給も認めています。

療養費の支給は，療養の給付等を受けることが困難な場合（例：資格取得届の手続中で被保険者証がまだ交付されていない場合，療養のため医師の指示によりコルセットを装着した場合等）とやむを得ない事情のため保険診療が受けられず医療機関で診察・治療を受けた場合があります。海外旅行中で保険医療機関がなくやむを得ず自費診療を受けた場合がこれに当たります。療養費はあくまでも，療養の給付等を受けることが困難な場合とやむを得ず保険医療機関等以外で診療を受けた場合のどちらかでなければ受けられません。

海外旅行中にやむを得ず診療を受けた場合は，申請により一部医療費の支払を受けられます。あくまでも健康保険の対象になるものが原則ですから，治療目的ではない美容整形や日本国内では保険適用となっていない治療等は対象になりません。

支給額ですが，国内の医療機関等で治療した場合に係る治療費を基準に計算した額（海外で実際に支払った額の方が低いときはその額）から自己負担相当額を控除した額が支給されます。外貨で支払われた額については，支給決定日の外国為替換算率で円に換算して支給額を算出します。

手続ですが，療養費支給申請書に記入の上，下記のような添付書類が必要です。

① 診療内容明細書
（審査を行うに当たり重要なためできるだけ詳細に証明してもらうことと，日本語訳が必要です。翻訳者の氏名・住所・記名押印も必要です）
領収明細書（日本語訳が必要です）
③ 領収書原本
④ 渡航期間が分かるパスポート等のコピー

74　第1編　健康保険法〔Q71〕

Q71 入院時食事療養費および入院時生活療養費の支給の内容は？

　　　私の夫は72歳ですが現在も働いており健康保険の被保険者です。その夫が認知症を患って，保険医療機関である病院に入院することになりました。その際に，窓口で3割の自己負担額の他にも健康保険による支払が必要と言われましたが，いくら位支払わなければならないものでしょうか。

　　　また，「数カ月経過後に療養病床のある病院へ転院することになるかもしれません。」という説明を受けましたが，そのことについても併せて教えてください。

Ⓐ　　　療養の給付に伴う一部負担金等の支払についてはQ64のとおりですが，保険医療機関や療養病床へ入院した場合，別途，食事療養標準負担額や生活療養費標準負担額をその窓口で支払わなければなりません。その内容と負担額は，次のとおりです。

①　入院時食事療養費の支給

　保険医療機関に入院した際に，療養の給付に併せて食事療養を受けた場合，その食事療養に要する費用から食事療養標準負担額を控除した額を，入院時食事療養費として，被保険者に現物給付として支給されます。

　保険医療機関の窓口で支払わなければならない食事療養標準負担額は，次のとおりです。

一　　般　　の　　人		1食につき　460円
住民税非課税世帯に属する者	申請を行った月以前12月の入院日数が90日以下である者	1食につき　210円
	申請を行った月以前12月の入院日数が90日を超えた者	1食につき　160円
	70歳以上で基準所得が一定未満の者	1食につき　100円

標準負担額の軽減措置を受ける場合（市町村民税非課税世帯に属する人）は，「健康保険限度額適用・標準負担額減額認定申請書」を提出し，認定されると「健康保険限度額適用・標準負担額減額認定証」が交付されます。その認定証と被保険者証を医療機関の窓口に提出することで標準負担額が軽減されます。

なお，入院時食事療養費の標準負担額は，高額療養費の自己負担限度額の算定対象になりません。

②　入院時生活療養費の支給

65歳に達する日の属する月の翌月以後の被保険者（特定長期入院被保険者）が療養病床に入院した際に，療養の給付と併せて，食事の提供である療養および温度，照明，および給水に関する適切な療養環境の形成である療養（生活療養）を受けた場合に，生活療養に要する費用から生活療養費標準負担額を控除した額が，入院時生活療養費として，現物給付により特定長期入院被保険者に支給されます。

療養病床のある病院の窓口で支払わなければならない生活療養標準負担額は，下の表のとおりとなっています。

なお，入院時生活療養費の標準負担額も，高額療養費の自己負担限度額の算定対象になりません。

区　　　分		負　担　額
一　般	入院時生活療養を算定する医療機関Ⅰに入院している者	（食　費）1食につき 460円（管理栄養士等配置していない保険医療機関に入院は，420円）（居住費）1日につき 370円
	入院時生活療養を算定する医療機関Ⅱに入院している者（医療の必要性の高い人）	（食　費）1食につき 260円（居住費）1日につき 370円

※(Ⅰ)　厚生労働大臣が定める基準に適合しているものとして届出のある医療機関
　(Ⅱ)　上記以外の医療機関

低所得者	低所得者Ⅱ（住民税非課税世帯）	（食　費）1食につき 210円（居住費）1日につき 370円
	低所得者Ⅰ（年金額80万円以下等）	（食　費）1食につき 130円（居住費）1日につき 370円

※上記の他，病状の程度，治療の内容を斟酌して負担が軽減される人がいます。

76　第1編　健康保険法〔Q72〕〔Q73〕

8 傷病手当金

Q72 傷病が重複した場合，傷病手当金の支給は2倍になるのか？

5月6日に高血圧症で労務不能の状態になり，傷病手当金を受給していますが，胃の具合がおかしいので9月15日に胃腸科で診療を受けたところ，胃潰瘍になっているので十分静養が必要だといわれました。胃潰瘍についても傷病手当金がもらえますか。もし，もらえるのなら重複している間は両方もらえるのでしょうか，それとも高血圧症の受給期間が満了してから1年6カ月間でしょうか。

A 傷病手当金は，任意継続被保険者を除く被保険者に対して，1日につき支給開始日以前の直近の継続した12カ月間の標準報酬月額から算定した平均額の30分の1の3分の2に相当する額が，支給開始の日から1年6カ月支給されます（健保法99条）。複数の疾病が重なった場合，支給期間は各々別個に計算されます。重複した期間については，支給額の高い方が支給されます。それぞれの疾病について重複支給されるのではありません。

ご質問について具体的に説明しますと，5月6日に高血圧症で労務不能ですから，高血圧症については5月9日より支給が開始され，翌年の11月8日で期間満了になります。一方，胃潰瘍でも9月15日から労務不能の状態であると認められれば，胃潰瘍については9月18日より支給が開始され，翌々年3月17日をもって期間満了となります。したがって，9月18日から翌年の11月8日まで

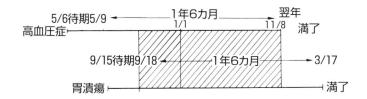

の期間は，高血圧症と胃潰瘍のそれぞれについて別個に支給されるのでなく，支給額の高い方の傷病手当金として支給されることになります（上図参照）。翌年11月9日の時点で胃潰瘍について傷病手当金の支給要件に該当するのであれば，翌々年3月17日まで受けられます。

なお，支給額の計算の仕方については，Q73を参照してください。

Q73 傷病手当金はいくらもらえるのか？

会社から給料が出なくなったので傷病手当金のお世話になっています。ところで支給される額が変わったと聞きました。どのような計算をするのでしょうか。

A 傷病手当金の支給額算定方法は，平成28年4月1日より変更になりました。1日当たり，支給開始日の属する月以前の直近の継続した12カ月間の各月の標準報酬月額を平均した額を30で除した額（その額に，5円未満の端数があるときは切り捨て，5円以上10円未満の端数は10円に切り上げる）の3分の2です。計算式にすると，次のようになります。

（支給を始める日の属する月以前の直近の継続した12カ月間の各月の標準報酬月額を平均した額） ÷ 30 ×（2／3）＝ 1日当たり

（計算された額に1円未満の端数があるときは，50銭未満を切り捨て，50銭以上を1円に切り上げる）

標準報酬月額の平均額を算定するに当たり，支給開始日の属する月以前の継

続した期間が12カ月ない場合は，下記のうち，低い方の額で算定します。

①支給開始日の属する月以前の継続した各月の標準報酬月額の平均額
②支給開始日の属する年度の前年度の9月30日における全被保険者の同月の標準報酬月額を平均した額を，標準報酬月額の基礎となる報酬月額とみなしたときの標準報酬月額

「支給開始日」とは，実際に支給を開始した日を指し，計算された1日当たりの支給額は，その後標準報酬月額に変動があっても変更されません。

また，傷病手当金の支給事由に該当していても，給与が支給されていたため，支給停止されていて，退職日の翌日が支給開始日になった場合は，退職日の月の標準報酬月額とそれ以前の標準報酬月額で平均額を算定します。

また，休んでいる期間中に，報酬と認められる手当が支給されている場合は，傷病手当金の支給額から控除されます（健保法108条1項）し，初回の請求の際には，待期期間として，最初に休み始めた日から連続した3日間は支給されません（健保法99条1項）。

Q74 同一疾病の場合，傷病手当金の支給期間は？

慢性胃炎で傷病手当金を受けていますが，悪化して胃潰瘍になったので入院することになりました。傷病手当金は慢性胃炎で受け始めてから1年6カ月で支給打切りになりましたが，胃潰瘍で受けることはできませんか。

A 傷病手当金の支給期間は，1年6カ月です（健保法99条2項）。慢性胃炎は，1年6カ月で支給打切りになったわけですが，この支給期間は，同一の疾病または負傷およびこれによって発した疾病について支給をはじめた日より計算されますので，慢性胃炎が悪化して胃潰瘍になったものであれば，同じ疾病が治癒していないわけですから，胃潰瘍を別疾病として傷病手当金を支給することはできません。

⑧ 傷病手当金　79

　ただし，同じ病名でも一旦治癒し新たに罹患したと認められれば，受給することはあり得ます。

Q75 傷病手当金受給中に家事手伝いをしたら傷病手当金は打ち切られるか？

　傷病手当金を受給中に家の仕事を少し手伝いました。この場合，傷病手当金は打切りになりますか。

Ⓐ　傷病手当金の支給は被保険者が療養のため労務に服することができない場合が１つの要件になりますが，労務に服することができないという基準は必ずしも医学的な基準によらず，その被保険者の従事する業務の種別を考え，その本来の業務に耐えうるか否かを標準として，社会通念に基づいて認定することにしています（昭和31年１月保文発340）。

　したがって，家の仕事を少し手伝った場合であっても，病気の状態が職場における労務不能の程度であれば支給されます（昭和３年12月保理3176）。

　しかしながら，また，家事に従事することも程度問題であって，あまり頻繁に従事することになりますと，労務可能の状態になったとも思われますし，もし病状が療養を必要としているのに，このような状態が発生すれば，患者は医師の正当な指示に従っていないということにもなり，傷病手当金が打ち切られたり，給付を制限されたりすることも考えられます。

Q76 傷病手当金と出産手当金を同時に受けられるか？

　療養をしながら傷病手当金を受給していましたが，受給期間中に出産したところ出産手当金も給付される旨，教えられました。両方とも受給できますか。

80　第1編　健康保険法〔Q76〕〔Q77〕〔Q78〕〔Q79〕

Ⓐ　　疾病に関する傷病手当金と，出産に関する出産手当金とが同時に支給されるような状態が生じた場合は，いずれの手当金も給料に代わるべき生活保障の性格をもつ給付ですから重複して支給されることはありません。ご質問の場合には，原則として出産手当金を優先して支給しその間，傷病手当金は支給しないことになります（健保法103条）。

　　ただし，傷病手当金の額が出産手当金の額より多ければ，その差額が支給されます。

Q77 傷病手当金の差額を事業主が支払うとどうなるのか？

傷病手当金で支給される額に給料との差額を事業主が負担して支払うことは差支えありませんか。

Ⓐ　　傷病手当金は，報酬の全部または一部を受けることができる場合は，支給されないことになっています（健保法108条）。そこで事業主が，通常の給料の額と傷病手当金で支給される額との差額を支給して，10割の支給額にしようとしても，その差額は報酬が支払われたことになりますので，傷病手当金の支給額から控除されることになります。

　　またこの差額を見舞金として支給した場合でも，これは事業主と被保険者との雇用関係に基づいて，被保険者の生活を保障するため，その報酬の一部を支給するものですから，単なる恩恵的な見舞金と異なり，報酬のなかに含まれます（昭和32年8月保文発6737）。この点，業務上の事故または通勤災害による労働者災害補償保険法の休業補償給付または休業給付とは考え方が異なりますので注意が必要です。

　　しかし，給与・報酬ではなく，恩恵的な「見舞金」と認められるようなものであれば，給与に当たりませんから傷病手当金が調整されることはありません。

8 傷病手当金　81

Q78 傷病手当金の支給はいつからいつまでか？

　　癌で健康保険の療養の給付を受けると同時に会社を休む状態になりました。幸い会社の規則で2年間は給料が全額支給されますが，その後は無給になります。給料の支払がなくなった時から傷病手当金は1年6カ月間支給されると考えてよろしいでしょうか。

Ⓐ　傷病手当金は，その支給をはじめた日より起算して1年6カ月間のうち支給要件に該当した日数分が支給されます（健保法99条）。したがって，ご質問の場合，給料の支給がなくなったときより起算して1年6カ月間ということになります。

Q79 傷病手当金受給者が障害厚生年金を受けられるようになるとどうなるか？

　　傷病手当金の受給中に障害厚生年金を受けられることになりましたが，傷病手当金は引き続き従来どおりの額で受けられるのでしょうか。

Ⓐ　支給期間が残っていても，原則として傷病手当金は，同一の疾病または負傷およびこれによって発した疾病により障害厚生年金を受けられることになったときには打ち切られますが，障害厚生年金の額（障害基礎年金と同時に受けられるときは，障害厚生年金の額との合算額）の360分の1の額が，1日当たりの傷病手当金の額より少額であればその差額が支給期間の満了するまで支給されます。

　なお，資格喪失後の傷病手当金の継続給付を受けている者について老齢（退職）を支給事由とする年金給付を受けることができる場合にも，同様の調整が

82   第1編   健康保険法〔Q79〕〔Q80〕〔Q81〕〔Q82〕

行われます。

　また，傷病手当金の受給中に障害手当金を受けることになりますと，障害手当金を受けた日以後，受給した障害手当金の額に達するまでの間，傷病手当金は支給されませんが，その後，支給期間内残余の傷病手当金は支給されます。

　さらに，平成19年4月1日から任意継続被保険者については，傷病手当金が一切支給されないことになりました。

Q80　傷病手当金の支給は1年6カ月分ではないのか？

　私は血圧が高く，ずっと医者に薬をもらいながら勤務していますが，具合が悪くなると休むようにしています。私の給料は日給であるため休むと支給されませんので，その間は傷病手当金をいただいております。先日いつものとおり傷病手当金を請求しましたら，法定期間満了による不支給の通知が来ましたので驚いています。実際は2カ月位しかもらっていないのになぜ不支給になるのでしょうか。法律では1年6カ月支給すると書いてありますが。

Ⓐ　健保法第99条第2項には，傷病手当金の支給期間は，1年6カ月と規定しています。この1年6カ月とは，1年6カ月分傷病手当金を支給するということでなく，1年6カ月間という期間（その間に労務可能となった期間を含みます）を意味するものであり，この期間内に傷病手当金の支給要件に該当した日分だけ支給するということなのです。

　したがって，高血圧症で傷病手当金が支給された日から，暦で計算して1年6カ月間経過してしまえば，その間にもらえない期間があっても，法定期間満了となります。

8 傷病手当金　83

Q81　待期期間の計算は，いつが起算日か？

　勤務時間中に体の具合が悪くなったので会社の近所の医師にかかりました。すぐ安静にした方がよいとのことでしたので，会社を早退してそれ以後会社を休んでいます。早退した日は傷病手当金の待期に含まれますか。

A　就労時間中に，業務外の事由で発生した傷病について，労務不能となったときは，その日を待期の初日として考える場合にのみ労務不能の日とされ，待期期間中に算入されてその起算日となります（昭和32年1月保文発340）。

　ただし，就労時間終了後に労務不能になった場合は，その翌日から待期は起算されます。

　2日間労務不能の状態が続いていたが，3日目に出勤して午後具合が悪くなり帰ったような場合は，その日は労務不能とは認められず，待期は完成しないことになります。

Q82　有給休暇は待期期間に含まれるか？

　労務不能になって休み始めてから3日間有給休暇で処理しましたが，待期に含まれますか。

A　待期の起算は労務不能が要件であり，この要件を満たせば報酬の支払を得たか否かは問いません。療養のため欠勤したものであり，欠勤開始の日より3日間が年次有給休暇として処理された場合でも待期は完成します（昭和26年2月保文発419）。

　したがって，傷病手当金は給与計算上の欠勤控除開始日（第4日目）から支

84 第1編 健康保険法〔Q82〕〔Q83〕〔Q84〕

給されます。

Q83 傷病手当金を受給していた者が配置転換により従前の業務より軽い業務に就いた場合，以前同様に支給されるか？

私はしばらく労務不能で休職していました。本来の業務（配送係）にまではとても体力が回復していませんが，伝票の整理くらいはできるので出勤しようかと思います。いままで受けていた傷病手当金の支給はどうなりますか。

Ⓐ 傷病手当金は，「療養のため労務に服することができないとき……」に支給されます。その「労務に服することができないとき」についての解釈運用が平成15年に通達（保保発0225007）で示されています。

それによると，「被保険者がその本来の職場における労務に就くことが不可能な場合であっても，現に職場転換その他の措置により就労可能な程度の他の比較的軽微な労務に服し，これによって相当額の報酬を得ているような場合は，労務不能には該当しないものであるが，本来の職場における労務に対する代替的性格を持たない副業ないし内職等の労務に従事したり，あるいは傷病手当金の支給があるまでの間，一時的に軽微な他の労務に服することにより，賃金を得るような場合その他これらに準ずる場合には，通常なお労務不能に該当するものである。したがって，被保険者がその提供する労務に対する報酬を得ている場合に，そのことを理由に直ちに労務不能でない旨の認定をすることなく，労務内容，労務内容との関連におけるその報酬額等を十分検討の上労務不能に該当するかどうかの判断をされたい。」と示しています。

その通達を参考に考えてみると，配置転換により以前より軽微な職務に就いたとのことですので，労務不能の状態には該当しないと思われます。したがって，傷病手当金は支給されなくなります。

8 傷病手当金　85

Q84 休業補償給付受給中の者が同時に傷病手当も受けられるか？

業務上の事故を起こし，現在，労災保険より休業補償給付の支給を受けていますが，この間に肺炎を起こしたので別の医療機関に通っております。医師は肺炎は十分労務不能になるといっていますが，健康保険の傷病手当金は支給されますか。

Ⓐ　労働者災害補償保険法による休業補償給付を受けている者が，その期間中に健康保険法上の傷病手当金の受給権を得た場合の併給の取扱いについては，健康保険法上，給付を否認したり制限したりする規定がなかったのですが，最近の法改正（第55条）で，「……傷病手当金……について，労働者災害補償保険法……これらに相当する給付を受けることができる場合には行わない。」と規定されました。

つまり，労働者災害補償保険による休業補償給付も健康保険の傷病手当金も，傷病の原因が業務上によるか業務外によるかの違いはあっても，その傷病により働けなくなった労働者の生活保障のために支給されるものであるということからみると，その法的機能を全く同じくするものであり，働けなくなったことにより，報酬が喪失するという状態そのものが全く同一である場合，労働者に労働者災害補償保険法による休業補償給付を支給することは，健康保険法による傷病手当金を支給する同一の法的機能を果し，制度の社会的目的を達成している。したがって，すでに健康保険法による傷病手当金を支給すると同一の法的機能が果されているにもかかわらず，重ねて傷病手当金を支給することは，制度の本旨に照らし，その趣旨とするところでない，ということです。

しかし，傷病手当金の額の方が高い場合もありますので，労働者災害補償保険法による休業補償給付を受給している健康保険の被保険者が，業務外の事由による傷病によっても労務不能となった場合には，休業補償給付の額が，傷病手当金の額に達しないときにおけるその部分にかかわるものを除き，傷病手当金は支給されません。

86　第1編　健康保険法〔Q85〕〔Q86〕

Q85 傷病手当金と雇用保険の基本手当とを同時に受けられるか？

雇用保険の基本手当を受けながら傷病手当金の支給を受けることができますか。

Ⓐ　雇用保険の目的は，被保険者が失業した場合に，必要な給付を行うことにより，生活の安定を図ること（雇保法1条）にありますが，雇用保険法における失業とは，被保険者が労働の意思と能力があるにもかかわらず職業につくことができない状態をいいます（雇保法4条）から，失業等給付を受けること自体，労働の意思および能力があると認められることになります。したがって，失業等給付を受ける同期間内に，労務不能を要件とした健康保険法の傷病手当金は支給されません。すなわち，労務不能とは考えられないわけです。

また，雇用保険法では，疾病または負傷のための労務不能は，その期間が継続して15日未満であれば，一時的労働力の喪失として，基本手当の支給の対象にしています（雇保法15条4項1号）から，これに該当して失業等給付（基本手当）を受けた者が，傷病手当金を請求するには，離職前から現在まで，療養のため労務不能でかつ療養の給付を引き続き受けている旨証明して，失業給付金（基本手当）を返納したうえで，改めて傷病手当金の支給を申請しなければなりません（昭和29年3月保文発2864）。

なお，失業等給付の受給資格者が，公共職業安定所に求職の申込みをしたあとで，比較的長期（継続して15日以上）の疾病または負傷により，職業につくことができない場合は，雇用保険法から傷病手当が支給されます（雇保法37条）。ただし，健康保険法の傷病手当金の支給を受けることができる場合は，雇用保険法の傷病手当は支給されません。

8 傷病手当金　87

Q86 労務可能時の昇給差額が支給された場合，傷病手当金から控除されるのか？

傷病手当金の受給期間中に労務可能であった時の昇給差額が支給されました。これは傷病手当金の支給額から控除されるのでしょうか。

A　傷病手当金の支給と報酬の関係について，健保法第108条では，傷病手当金を受給している期間中に報酬の支払があった場合に，不支給または報酬と傷病手当金の差額を支給する旨定めております。療養のため労務不能となる前の就労に基づく報酬が，傷病手当金の受給可能期間中に支給されたものとは解釈し難く，この報酬は，健保法第108条に規定する報酬には該当しませんので，傷病手当金の支給額より控除されることはありません。

⑨ 死亡に関する給付

Q87 自殺の場合，埋葬料（費）は支給されるか？

自殺の場合，埋葬料（費）は支給されますか。

A 　当初，自殺は故意に基づく事故として，給付制限をしておりましたが，その後，自殺は故意に基づく事故であるが，死亡は絶対的な事故であるとともに，この死亡に対する保険給付としての埋葬料は，被保険者であった者に生計を依存していた者で埋葬を行う者に対して支給されるという性質のものであるから，健保法第116条後段に該当しないものとして取り扱う（昭和26年3月保文発721）こととなりました。したがって，埋葬料（費）は，死亡の原因にかかわりなく支給されます。

なお，自殺未遂による傷病に関しては，Q107を参照してください。

Q88 犯罪行為と因果関係がある場合でも，埋葬料（費）は支給されるか？

無免許運転で，しかも信号無視をして事故を起こし死亡した場合は埋葬料（費）は支給されませんか。

⑨ 死亡に関する給付　89

A　死亡事故が，犯罪行為と相当因果関係があると判断される場合であっても，死亡が1回限りの絶対的な事故であること，また，埋葬料は，埋葬を行う者に支給される性質のものであること等の理由により，健保法第116条前段の規定に該当しないものとして，埋葬料（費）は支給されます。

Q89　埋葬料と埋葬費はどう違うのか？

埋葬費として支給されるのは，どんな場合ですか。

A　被保険者が死亡した場合，被保険者により生計を維持した者で埋葬を行う者に対し，政令で定める金額（5万円）を埋葬料として，支給することにしています（健保法100条1項）が，身寄りのないような被保険者が死亡した場合は，埋葬料の支給を受ける者がいないことになりますので，知人または近隣者で，現実に死亡した被保険者の埋葬を行った者すなわち経済的責任を負担し，実際にその費用を支出した者に対し，政令で定める金額（5万円）の範囲で埋葬に直接要した実費額相当の埋葬費が支給されます（健保法100条2項）。

また，死亡した被保険者との間に，全然生計維持関係のなかった父母・兄弟姉妹または子等が，現に埋葬を行った場合も，埋葬費を請求することができます（昭和26年6月保文発2162）。

Q90　埋葬料の請求者は誰か？

被扶養者に認定されていないと埋葬料の請求はできないでしょうか。

A 　埋葬料の受給権者は，被扶養者として認定されている必要はありません。被扶養者に該当するには，主として被保険者により生計が維持されていること，一定の親族関係にあり場合によっては同一世帯に属していることが必要ですが，埋葬料の受給権者の場合は，被保険者との間の生活維持関係は生計の一部でも依存していた事実があれば該当し，また一定の親族関係，同一世帯の関係も必要ありません。

Q91 死産の場合，家族埋葬料は支給されるか？

死産児の場合，家族埋葬料は支給されますか。

A 　健康保険において，家族埋葬料が支給されるのは，被扶養者が死亡した場合だけであります。したがって，死産児の場合は，被扶養者となり得ませんから，妊娠4カ月以後において出産した死産児については，埋葬認可証の交付を受けて埋葬を行うことが必要であっても，家族埋葬料は支給することはできません。

　しかしながら，出産後わずかな時間を経過して生産児が死亡した場合は，この間，親は法律上の扶養義務を負うことになり，通常の場合は事実上の扶養も行いますから，被扶養者として認定されます。

　したがって，戸籍上氏名が記載されなくても，生産児が死亡した事実が立証されれば，家族埋葬料が支給されます（昭和22年7月保発797）ので，このような場合は，請求の際に被扶養者届を提出する必要があると思われます。

9 死亡に関する給付　91

Q92 | 海外で死亡した場合でも埋葬料は支給されるのか？

　　海外に出掛けていた被保険者が死亡した場合，埋葬料はどうなりますか。

Ⓐ　　健康保険では，被保険者が健康保険法の「施行区域外」（海外）での事故であっても，保険給付をすることとしておりますので，ご質問のように海外に出掛けている際に被保険者が死亡した場合でも，埋葬料は支給されます。

Q93 | 保険給付の受給者が死亡し，まだ支払われない保険給付は，誰が受給できるのか？

　　当社の社員が癌で闘病中に亡くなりました。傷病手当金を受給していたのですが，1カ月ごとに請求していましたので，前月分から亡くなるまでの分が残っているはずです。誰ももらえないのでしょうか。

Ⓐ　　健康保険法では，受給権者が死亡した場合の未支給分について，受給できる人に対する規定がありません。したがって，一般法である民法の規定に従い，相続財産になり相続人が受給することになります。

　　国民年金法（第19条）や厚生年金保険法（第37条）には，未支給の場合の規定があり，受給権者が規定されているので，相続財産ではなく，それぞれの規定による受給権者が受給できます。そこが公的年金の場合と違うところです。

92　第1編　健康保険法〔Q94〕〔Q95〕

10 出産に関する給付

Q94 健康保険での出産とは？

健康保険で出産の給付が行われるのは，妊娠4カ月を超える出産とされていますが，具体的にどういう意味ですか。

Ⓐ　健康保険で，出産に関する給付を行うのは，4カ月を超える妊娠による生産，死産，人工妊娠中絶の場合に限られます。

そこで，4カ月を超える出産とは，妊娠1カ月を28日間として計算した場合に3カ月を経過して4カ月に入った妊娠をさしますから，妊娠85日以上の出産のことです（昭和3年3月保発11）。このように定めたのは，医師法第21条の標準によったものです。したがって，妊娠85日未満のものにあっては，療養の給付のみを対象にします（昭和27年9月保発56）が，4カ月を超えるもの（妊娠85日以上）であれば生産・死産・流産（人工流産も含む）・早産たるを問わずに出産があったものとし，出産に関する給付の対象になります（昭和27年6月保文発2427）。

10 出産に関する給付　93

Q95
出産育児一時金・家族出産育児一時金の直接支払制度とは？

　5月に被扶養者である妻が出産することになっていますが，かかっている病院で「直接支払制度を採っています。そこで，直接支払制度の利用に合意する文書が必要です。」と言われましたが，どのような制度なのか，また，実際に私が受け取れる額はどのようになるのかを伺います。

Ⓐ　まず，保険給付の金額のことですが，被保険者が出産した場合の出産育児一時金と被扶養者が出産した場合の家族出産育児金の額については，いずれも次のとおりとなっています。

⑴　産科医療補償制度に加入している医療機関等の場合　　1子につき42万円
　　（ただし，在胎週が22週に達していない出産（死産を含む）の場合　　1子につき404,000円）

⑵　⑴以外の医療機関等の場合　　　　　　　　　　　　　　1子につき404,000円

　なお，出産育児一時金・家族出産育児一時金ともに，出産による経済的な負担を軽減するための制度として設けられたものです。

　次に，「直接支払制度」について説明します。

　これは，出産にかかる費用に出産育児一時金を充てることができるよう，協会けんぽまたは健康保険組合から出産育児一時金を医療機関等に直接支払う仕組みのことで，出産にかかるまとまった費用を事前にご用意いただく必要がないよう設けられた制度です。

　ただし，厚生労働省へ届出を行った一部の医療機関等については，「受取代理制度」があります。

　受取代理制度は，本来，被保険者が受け取るべき出産育児一時金を被保険者に代わって受け取る制度ですので，被保険者と医療機関等との間で委任契約を結ぶことになります。しかし，給付の請求者は被保険者ですので，直接支払制度とは手続するときの用紙が異なります。

94 第1編 健康保険法〔Q95〕〔Q96〕〔Q97〕

　また，出産にかかった費用が出産育児一時金の支給額の範囲内であった場合
には，協会けんぽまたは健康保険組合に対して，差額申請書の提出により，そ
の差額分が支給されることとなります。逆に，出産にかかった費用が出産育児
一時金の支給額を超える場合には，その超えた額を医療機関等に支払うことに
なります。

　さらに，出産育児一時金・家族出産育児一時金が医療機関等に直接支払われ
ることを望まない方は，出産後に被保険者の方に支払う従来の方法を利用する
ことも可能になっています（ただし，出産にかかった費用を医療機関等に，一
旦，支払うことになります）。

　以上が制度の内容となりますが，どのようにするのかは，かかっている病院
でよくご相談ください。

Q96 双児を出産した場合，出産育児一時金と出産手当金の額は？

　双児を出産した場合の出産育児一時金，出産手当金はどうなりますか。

Ⓐ　出産育児一時金および家族出産育児一時金は，出産に伴う出費を補償
することを目的とした保険給付です。現在は1出産につき一定額を支給
する形態をとっています。したがって，双児を出産した場合においては，胎盤
数にかかわらず，1産児排出を1出産と認め，胎児数に応じて出産育児一時金
を支給する（昭和26年3月保文発72）取扱いになっています。被保険者の出産
であれ，被扶養者の出産であれ，1子につき，一定額（額については，Q95参
照）が支給されることになり，双児の場合には2人分の金額となります。

　しかしながら，出産手当金は，出産のため労務に就けないことが原因となる
収入減の補償を目的としたものでありますから，出産の日にずれがあった場合
には第1児の出産以前98日間，第2児の出産後56日間と第1児と第2児との出

産の間の期間について支給され，重複している期間についても出産手当金は支給されますが，二重には支給されません。

出産手当金の1日当たりの支給額算定については，傷病手当金と同じです。支給開始日の属する月以前の直近の継続した12カ月間各月の標準報酬月額を平均した額を30で除した額（結果的に平均した日額になります）の3分の2です。詳しくは，Q73を参照してください。

Q97 人工妊娠中絶の場合にも保険給付が受けられるのか？

人工妊娠中絶を受けた場合，その費用について療養の給付が受けられますか。また出産育児一時金，出産手当金は支給されるでしょうか。

Ⓐ 人工妊娠中絶は，一般に疾病として取り扱い，療養の給付の対象としていますが，母体保護法第14条第1項第1号に規定するもののうち，単に経済的な理由によるものは，療養の給付の対象からはずしています。

人工妊娠中絶のうち，妊娠4カ月以上のものにあっては，療養の給付および出産の給付の対象とし，妊娠4カ月未満のものにあっては，療養の給付のみを対象とすることにしています。

また出産育児一時金については，人工妊娠中絶であっても，妊娠4カ月以後であれば，母体保護の見地から，給付の対象となりますから，出産手当金も支給されることになりますが，通常の出産と実態が異なりますから，実際上，法定期間のすべてに休業するような事例はまれと考えられます。

96　第1編　健康保険法〔Q98〕〔Q99〕〔Q100〕

Q98　被保険者が出産中に死亡した場合，出産育児一時金・出産手当金は支給されるのか？

出産開始とほとんど同時に出産した被保険者が死亡した場合に出産育児一時金，出産手当金が支給されますか。

A　出産開始と同時に死亡したけれども，医師が胎児を娩出させたときは，出産は生存中に開始され，死亡後であっても出産を完了させたものとして，例外的に出産育児一時金または家族出産育児一時金を支給すること（昭和8年3月保現61）としています。

したがって，出産手当金は，出産の事実の発生を支給要件にしていますから，出産の日以前42日間（多胎妊娠の場合98日間）以内で休業した事実があれば，支給されます。また，被保険者が出産に際し，出産以前に死亡した場合であっても，特殊なケースとして，死亡した被保険者が，医師等の指示で出産予定日以前42日（多胎妊娠の場合98日間）以内に休業した事実があれば出産手当金を支給することとしています（昭和4年6月保理1829）。

出産育児一時金にしても，出産手当金にしても，被保険者が死亡していますので，請求権は，相続人が承継することになります。

Q99　出産以前に出産手当金の請求はできるか？

出産以前に出産手当金を請求できますか。

A　健保法第102条には，被保険者が出産した場合において，出産手当金を支給する旨規定しておりますが，出産手当金の制度が，被保険者の出産前後の生活保障である点を考えて，出産の日以前においても出産手当金を請求できることとし，現実にそのように取り扱われています。この場合は，出産

予定日をもって出産の日とし，その日から逆算して42日間（多胎妊娠の場合98日間）請求できることになります。そのため，健保則第87条第1項第2号・第2項第1号には，出産予定月日を記入するよう定められているわけです。

Q100 出産前に請求した出産手当金は，出産予定日と出産の日がずれた場合，どうなるのか？

出産予定日と出産の日がずれた場合の出産手当金の調整はどうなりますか。

Ⓐ 出産手当金は，被保険者が出産したとき出産の日以前42日（多胎妊娠の場合98日），出産の日後56日までの間において，労務に服さなかった期間に対し支給されます（健保法102条）。

そこで，産前の出産手当金について，出産の予定日をもって出産日と推定して受給した場合には，出産日が予定日とずれることによって，問題が生じます。まず，実際の出産が予定日より遅れた場合ですが，この場合は，出産の予定の日以前42日（多胎妊娠の場合98日）間，出産の予定日後から出産の日までの分および出産の日後56日間について，支給されます。

逆に，出産予定日より，実際の出産が早くなった場合は，すでに支給されている42日（多胎妊娠の場合98日）分の中には，実際の出産の日後の期間に相当する部分があることになりますが，これは，出産の日後の出産手当金の支給とみなされます。出産の日後56日までの支給期間が法定されていますから，出産が早くなったことにより短縮されただけの日数を，出産の日後に追加して受給することはできません（昭和31年3月保文発1956）。

98　第1編　健康保険法〔Q101〕〔Q102〕

Q101 出産手当金受給中に家事従事をすると支給されないのか？

出産手当金を支給されている期間，家事に従事しても差支えありませんか。

A 出産手当金は，健保法第102条に「労務に服さなかった期間」と表現しています。これは，被保険者が家事を含む一切の労務に就けるか就けないかを問題としているのではなく，被保険者が適用事業所における労務に就かなかったことをいいます。傷病手当金における労務不能とは全く意味を異にしています。

このように，出産手当金の場合，目的が母体保護にある関係上，被保険者が現実に適用事業所の業務に従事することさえなければ，家事に従事しようとこれに類似した仕事をしようと，その期間は労務に就かなかった期間としています。

11 資格喪失後の給付

Q102 退職後に傷病手当金を受けられるか？

私は腎炎で2カ月間会社を休みましたが，その間は給与規程により全額給料の支給がありました。病状もあまり思わしくないのでこのたび約5年勤務した会社を退職しました。退職後の傷病手当金は支給されませんか。

A 　事業主から給与の支給があったため，健保法第108条の規定に基づき傷病手当金が支給されなかったことは，傷病手当金の受給権が停止されただけであり，消滅したわけではありません。したがって，退職日以前1年以上引き続いて被保険者であれば傷病手当金を受ける者に該当するものとして，退職後の傷病手当金は支給されます。また，同じような例として，傷病手当金の受給要件を満たしたが，出産手当金を受給中であるため，傷病手当金が支給されない（健保法103条）被保険者が資格を喪失した場合も，同様の理由によって，出産手当金の支給期間が満了した時点で傷病手当金を支給すべき状態であれば，継続給付として傷病手当金が支給されます（昭和27年6月保文発3367）。

　なお，傷病手当金を受けることができる資格喪失後の保険給付の受給者が，老齢または退職の年金給付で政令で定めるものを受給できるときには，傷病手当金は支給されません。ただし，その年金給付の額（2以上あるときはその合算額）を360で除して得た額が傷病手当金の額を下回る場合は，その差額が支給されます（健保法108条4項）。

Q103 資格喪失日が労務不能になった日から4日目の場合，傷病手当金は受けられるか？

5月29日に脳溢血で倒れ労務不能となりました。同月末で退職し，6月1日に資格を喪失したわけですが，傷病手当金はいただけるでしょうか。

A 資格喪失後，継続して傷病手当金が支給されるには，まず，退職日において被保険者であった期間が継続して1年以上あり，資格喪失日前に3日間の待期を完成した上，少なくとも1日は傷病手当金を現実に受けているか，受け得る状態にあることが必要です（昭和32年1月保発2）。

すなわち，資格喪失の日前に，療養のための労務不能の状態が連続して4日間以上ある場合には，喪失後，継続して傷病手当金の受給が可能でありますが，5月29日に労務不能となった場合は，29日，30日，31日の3日間が連続しているだけで，傷病手当金を受け得る状態になっていませんから，この場合は，資格喪失後の傷病手当金は支給されません。この例の場合，6月1日付退職（6月2日資格喪失）であれば，受給可能です。

Q104 退職しても出産手当金を受けられるか？

当社の社員が妊娠しているのですが，本人の友人で退職後の出産手当金を受給した人がいると言うのです。本当ですか。

A 健康保険の給付は，被保険者である間に受けるのが原則ですが，公的保険であるため，一定の条件に該当した場合は，退職後にも受給することが可能です。

出産手当金の場合，受給条件は下記のどちらの条件にも該当することです。

11 資格喪失後の給付　101

> ① 被保険者資格喪失日の前日まで引き続き1年以上被保険者であったこと（任意継続被保険者は除きます）
> ② 資格喪失した際に出産手当金を受給していること

「資格喪失した際に受給していること」と言っても，出産手当金を受ける権利があるという意味です。したがって，報酬が支払われていたため受給できない場合は，受給する権利はあり，支給が停止されている状態ですから，「受給していること」に該当します。結果，少なくとも資格喪失日の前日に，出産予定日以前42日以降であることが必要になります。受けられるのは，被保険者として受けるはずであった期間であり，受けることができる金額は，被保険者であったときと同じです。

Q105　退職後でも，出産育児一時金は受けられるか？

私は，退職後国民健康保険に加入しました。市役所の人から出産育児一時金が受けられる旨の説明を受けたのですが，友人からは退職後に出産育児一時金を受けられる制度があると聞きました。どちらも受けられるのでしょうか。

Ⓐ　資格喪失後の給付として，一定の条件の下，傷病手当金，出産手当金同様，出産育児一時金も受けることができます。

資格喪失後の出産育児一時金制度は，法制定当初，女子の被保険者で妊娠によって解雇された人の保護を目的として設けられ，現在も，1年以上健康保険の規定による被保険者であった人が，被保険者資格を喪失した日後6カ月以内に出産した場合に，出産育児一時金が支給されます。

1年以上被保険者であったことの条件については，資格喪失後の傷病手当金や出産手当金の場合と同様です。資格喪失後6カ月以内の出産については，実際の出産であることが条件です。

また，資格喪失後は，被扶養者になっているか，または，国民健康保険の被

保険者等になっているはずで，被扶養者であれば家族出産育児一時金が受けられますし，国民健康保険の被保険者であれば，そちらから出産育児一時金が受けられるはずです。いずれにせよ公的保険からの給付であるので，二重に給付が受けられるのではなく，いずれかを選択して請求することになります。選択に関しては特に制限はありませんから，一番有利な給付を選択したらよいでしょう。

Q106 資格喪失後に傷病手当金・出産手当金を受けていた者が死亡した場合，埋葬料は支給されるか？

資格喪失後継続給付を受けている間に被保険者が死亡しましたが，埋葬料は支給されますか。また被扶養者が死亡したときの家族埋葬料についてはどうなっていますか。

A 資格喪失後3カ月以内，傷病手当金・出産手当金の支給を受けている間，またはこれらの給付を受けなくなった日から3カ月以内に被保険者であった者が死亡したときは，埋葬を行った家族に対し埋葬料が支給されます（健保法105条）。

一方，家族埋葬料については，その支給対象が被保険者である者の被扶養者が死亡した場合に限られるため，被保険者が資格喪失した後にその被扶養者が死亡した場合には支給されません（健保法113条）。

12 給付制限

Q107 自殺未遂の場合に健康保険からの給付があるか？

自殺未遂で病院に収容されましたが，健康保険が使えますか。

A 自殺で死亡した場合は，故意に基づく事故ではありますが，死亡が最終的1回限りの絶対的な事故であることと，死亡によって給付される埋葬料は，被保険者であった者に生計を維持された者で，埋葬を行う者に対して支給される性質から考えて，故意に生じさせた事故（健保法116条）に該当しない取扱いであることは，Q87で説明しておりますが，一方，自殺未遂によって生じた傷病に関しては療養の給付または傷病手当金の支給はしないことになっています（昭和11年1月保規394）。

しかし，その傷病の発生が精神疾患等に起因するものと認められる場合は，「故意」に給付事由を生じさせたことに当たらず，保険給付の対象としています（昭和13年2月社庶131，平成22年5月保保発0521第1号）。

104 第1編 健康保険法〔Q108〕〔Q109〕〔Q110〕

Q108 自動車の無免許運転による事故での治療は給付が受けられるか？

私は自動車の運転免許は持っていませんが，運転に自信があったので車で友人のところへ出掛けました。途中でわき道から飛び出したバイクをよけきれず，相手にケガをさせたうえ自分も道路のわきの溝に車を突っ込み，フロントガラスでけがをしました。私は保険証で医師にかかることはできないでしょうか。

A ご質問は，無免許運転で事故を起こした場合，保険給付について制限を受けるかどうかということになると思います。

被保険者は，自己の犯罪行為によって事故を起こした場合は，保険給付を受けることができないことになっています（健保法116条）。

ここで，犯罪行為によって事故を起こすということは，犯罪行為と保険事故との関係に，因果関係の存することが認められねばなりません。しかも，無免許運転をしなければ事故が起きなかったというような条件的な関係でなく，無免許運転を行えば，このような事故が起きることが通常のことであるというような相当因果関係が存在するものでなくてはなりません。

したがって，無免許運転を行った場合でも，運転技術のすぐれた者であれば，この種の事故は生じなかったかも知れないわけですから，無免許運転と保険事故の間には，必ずしも相当因果関係は認められないことになり，給付は制限を受けないと考えられます。

ただし，無免許運転が著しい不行跡と認められた場合は，給付の全部または一部が受けられない場合があります。

⑫ 給付制限　105

Q109　飲酒運転による事故での治療は給付が受けられるか？

　　酒を飲んだ上，制限速度を超えたスピード運転を行って事故を起こした場合でも，健康保険の給付はされますか。

Ⓐ　　Q108の場合は，単なる無免許運転で事故を起こしたことと，給付制限の関係でしたが，今度のご質問は，飲酒の上，制限以上のスピードで運転中に事故（給付事由）を起こしたわけですから，Q108の場合とは異なります。

　まず，飲酒した上でスピード違反の運転をしたことが，故意の犯罪行為に該当するか否かが問題となります。

　一般に，酒を飲むと通常の場合に比べて注意が散漫となり，危険に対する判断力も鈍くなることは，経験上認識されています。したがって飲酒のうえ運転し，スピード違反をしたということは，単なる過失ではなく故意があったと認定することができます。

　つぎに，この飲酒の上のスピード違反という行為と保険事故との因果関係ですが，このような行為によって事故が発生することは社会通念上予想され得ることであり，相当因果関係が存するものと考えられます。

　したがって，この質問のケースにおいては，健保法第116条の適用により給付が行われません。

Q110　争議行為による事故での治療は給付が受けられるか？

　　会社に対する抗議として労働組合でハンストを行いましたが，最後まで残った2人が体の衰弱がひどいため病院に収容しました。健康保険が使えますか。

106 第1編　健康保険法〔Q110〕〔Q111〕

A 体の衰弱がひどくなったため，入院して保険給付を受けようとする場合に，この事故が直接争議行為に基づいて発生したものであり，かつ，その事故の発生について，あらかじめ行為者が認識していた場合には，健保法第116条後段に規定する「故意に給付事由を生じさせたとき」に該当します（昭和25年6月保発1303）。

したがって，ハンストによる体の衰弱が，直接会社に対する抗議に基づいて発生し，発生についてあらかじめ予知できたものと認められるときは，故意に給付事由を生ぜしめたものとして，健康保険の給付は行われないことになります（昭和27年4月保文発1978）。

Q111 第三者行為による事故と保険給付の関係は？

第三者行為による事故と保険給付の関係について説明してください。

A 保険事故が，第三者の行為により生じた場合であっても，健康保険法上受給の要件を満たしておれば，健康保険による給付がされます。交通事故の場合であっても同様です。ただし，健康保険ではこのような場合，保険者が，保険給付をした価額の限度において，保険給付を受ける権利を有する者（その事故が被扶養者について生じたものであれば，その被扶養者も含まれる）が第三者に対して有する損害賠償請求権を，代位取得することが認められています（健保法57条1項）。

このような制度をとったわけは，被保険者等が，第三者行為による事故について保険給付を受ければ，事実上損害が補償されたことになり，その限度で第三者から損害賠償を受ける必要がなくなります。にもかかわらず，第三者より損害賠償を受ければ，その部分について重複して補償されたことになり，不合理な結果をもたらします。つぎに，加害者である第三者は，被保険者等が保険給付を受けたことによって損害賠償をしなければ，本来行うべき損害賠償を不

当に免れることになります。さらに，保険者は第三者行為による事故の結果，本来ならば行う必要のない保険給付をすることになり，保険者は損失を受けることになるからです。

したがって，第三者行為により事故が生じた場合，被保険者等が保険給付を受けようとするときは，第三者行為の事実・第三者の住所・氏名および被害の状況を，保険者に届け出ることになっています（健保則65条）。

被保険者等が有する損害賠償請求権を代位取得する要件は，

- ① 保険事故が，第三者の行為によって生じたものであること。
- ② 当該事故に対し，保険者が保険給付を行ったこと。
- ③ 保険給付を受けた被保険者等が，第三者に対して損害賠償請求権を有していること。

が必要です。したがって，被保険者が保険給付を受ける前に，第三者に対して，損害賠償債務を免除したり，損害賠償額を全部受領してしまった場合は，損害賠償請求権が消滅したことになりますので，代位取得することはできないことになります。

そこで前述の３つの要件を満たせば，保険給付の価額の限度（健康保険組合の場合は，附加給付部分も含まれます）で，保険給付を受ける権利を有する者が有している損害賠償請求権を，法律上当然に取得することになり，保険者は第三者に対し求償権を行使することになります。

また，保険事故が第三者の行為によって生じた場合に，保険給付を受ける権利を有する者が，第三者から損害賠償を受けたときは，保険者はその価額の限度で保険給付を行う責を免れることになります（健保法57条２項）。

これは，保険給付を受ける前に第三者から損害賠償を受ければ，保険給付を受ける権利を有する者としても実際には損害を補てんされたことになり，したがって，その価額の限度で保険給付を受ける必要がなく，もし保険給付を受けるとすれば二重に補てんされることになるので保険者は保険給付を行う責を免れることとされているわけです。

13 保　険　料

Q112 傷病手当金から本人負担分の保険料を控除しても よいか？

社員が傷病手当金を受給しながら長期にわたり休職しています が，給付される傷病手当金の中から被保険者負担分の保険料を控 除してもよろしいでしょうか。

A 保険料の納付義務は事業主に負わされており（健保法161条2項），事 業主は，原則として金銭をもって報酬を支払う場合には，被保険者の負 担すべき（前月の）保険料をその報酬から控除することができます（健保法 167条）が，金銭以外の報酬（現物給与）または報酬以外のものから控除でき ませんから，傷病手当金からの控除は認められません。報酬の支払がない場合 に，傷病手当金の支給額から控除することは，保険給付の受給権の保護の規定 （健保法61条）の趣旨からしても認められません。

　しかし，休職中であっても使用関係が継続していれば事業主および被保険者 双方の保険料負担義務はありますので，お互いに話し合って保険料を負担する 方法を考えなければなりません。

Q113 40歳になった者の健康保険の保険料額はどのように計算されるのか？

現在，私は39歳ですが来月（5月）1日に40歳の誕生日を迎えます。来月分の給与から健康保険料のほかに介護保険料が天引きされるようになると会社の担当者に言われましたが，そのことについて伺いたいと思います。

最初に，健康保険の保険料額について，ご説明します。
健康保険法では，次のように定められています（健保法156条1項）。

〈介護保険第2号被保険者の場合〉
- 一般保険料額と介護保険料額との合算額
  （標準報酬月額×一般保険料率＋標準賞与額×一般保険料率）＋（標準報酬月額×介護保険料率＋標準賞与額×介護保険料率）

〈介護保険第2号被保険者以外の場合〉
- 一般保険料額
  標準報酬月額×一般保険料率＋標準賞与額×一般保険料率

つぎに，用語の説明をします。

「介護保険第2号」とは，市町村の区域内に住所を有する40歳以上65歳未満の医療保険加入者のことをいいます（介保法9条2号）。

「一般保険料率」とは，「基本保険料率」と「特定保険料率」の合算した率のことをいいます。

「特定保険料率」とは，各年度において各保険者が納付すべき高医法に規定される前期高齢者納付金等および後期高齢者支援金等の額の合算額（前期高齢者交付金がある場合には，これを控除した額）を年度における各保険者が管掌する被保険者の総報酬額の総額の見込額で除して得た率を基準として定める保険料率のことをいいます（健保法160条14項）。

「基本保険料率」とは，一般保険料率から特定保険料率を控除した率を基準として，各保険者が定める保険料率のことをいいます（健保法160条15項）。

110　第1編　健康保険法〔Q113〕〔Q114〕〔Q115〕

「介護保険料率」とは，各年度において各保険者が納付すべき介保法に規定される介護納付金（日雇特例被保険者に係るものを除く）の額を年度における保険者が管掌する介護保険第2号被保険者である被保険者の総報酬額の総額の見込額で除して得た率を基準とした保険料率のことをいいます（健保法160条16項）。

なお，あなたは5月1日が誕生日ということですから，その前日である4月30日に40歳に達することとなり，介護保険第2号被保険者の資格を取得することとなります。そのために，4月分の保険料は，一般保険料額と介護保険料額との合算額が，翌月（5月）分の給与から控除されることになります（健保法156条1項・167条1項）。

また，後述しますが，協会けんぽの場合，一般保険料率は都道府県の支部によって異なります。しかし，介護保険料率は同一となっています。さらに，組合管掌の場合には，組合ごとに一般保険料率・介護保険料率ともに異なるので，実際に控除される保険料額は加入する保険者によって違ってきます。

Q114 1カ月間に二度転職した場合の保険料はどうなるか？

私はA会社を定年で退職し，その月のうちにB関連会社に勤務しましたが，事情があってその月のうちにそこを辞めて，さらにその月のうちに別なC会社に就職しました。保険料の納付はどうなるのでしょうか。

Ⓐ　健康保険の保険料額は，「各月につき定める額とし（健保法156条1項），前月から引き続き被保険者である者が資格を喪失した場合は，その月分の保険料は算定しない」（健保法156条3項）としています。

したがって，あなたの場合，A社では前月から引き続いて被保険者であったのですから，被保険者の資格を喪失した月分の保険料は徴収されません。

13 保　険　料　　111

　B社では，同じ月内に被保険者資格を取得し，かつ，喪失していますので，1カ月分が徴収されます。

　C社では，同じ月に被保険者資格を取得していますので，この場合も1カ月分が徴収されます。1カ月のうちに保険料は2カ月分徴収されることになります。

　健康保険法では，被保険者である各月につき，保険料を徴収します。月を単位に決められていて，被保険者であった期間が1カ月に満たなくても1カ月分を徴収します。つまり，日割り計算はしないということです。したがって，同じ月内に被保険者資格の取得と喪失があった場合は，それぞれ1カ月分の保険料を徴収されることになります。それは，年金保険と異なり健康保険が短期の保険であり，医療保険であるため1日でも被保険者であれば給付が伴うことが多いということ，公的な保険であるため，煩雑な事務を避けるということもあろうかと思います。ただし，前月から引き続いて被保険者である人が資格を喪失した月については，保険料は徴収されません。

　なお，厚生年金保険の場合は，同じ月内に被保険者資格を取得・喪失し，さらにその月内に被保険者資格を取得した場合は，被保険者期間を1カ月と計算し，被保険者期間の計算基礎となる月につき徴収されますので，保険料は1カ月分になります。

Q115　標準賞与額に係る保険料はどのように計算されるのか？

　　私の勤める会社ではボーナスが年に2回（6月，12月）支払われます。ボーナスにかかる保険料はいくらになりますか。

Ⓐ　健康保険の保険料は，標準報酬月額を基礎にして定まりますが，この標準報酬月額の決定においては年3回以下で支給される賞与・期末手当等は報酬として取り扱わないこととされています。

112 第1編 健康保険法〔Q115〕〔Q116〕〔Q117〕

しかし，この標準報酬月額を決めるもとになる報酬には含まれませんが，労働の対償として支払われるボーナス（賞与）については，標準賞与額として保険料算定の対象となります。

標準賞与額の決定は，被保険者が受けた賞与額に基づき，1,000円未満の端数があるときは，これを切り捨てて決定されることとなります。さらに，この標準賞与額が，1年度において573万円を超えるときは573万円を限度として決定されます。

保険料率は，標準報酬月額に乗じる率と同じです。しかし，傷病手当金や出産手当金の算定基準が，標準報酬月額であるため，標準賞与額はそれらの給付額には反映されません。

また，厚生年金保険においては，1回の支給額150万円を標準賞与額の限度としています。

Q116 2以上の事業所に勤務する被保険者の保険料の事業主負担分はどう計算するのか？

2つ以上の事業所に勤務する被保険者の保険料の事業主負担分はどうなりますか。

Ⓐ 同時に2以上の事業所に使用される被保険者について，各事業主の負担する保険料は，各事業所における被保険者の報酬月額に比例して按分した額になります。すなわち保険料額の算出の基礎となる標準報酬月額については，各事業所について算定した報酬月額の合算額をその報酬月額として，標準報酬月額が算出されます（健保法42条1項4号）。

この標準報酬月額に保険料率を乗じて計算された保険料の2分の1ずつを，事業主と被保険者が負担することになりますから，各事業主の負担分について算式で表せば，次のとおりとなります。

13 保 険 料　113

$$A = 甲事業所における報酬月額$$

$$B = 乙事業所における報酬月額$$

$$C = 保険料$$

$$甲事業主の負担する額 = \frac{A}{A+B} \times \frac{C}{2}$$

$$乙事業主の負担する額 = \frac{B}{A+B} \times \frac{C}{2}$$

Q117 資格取得年月日の誤りがあった場合，さかのぼり分の保険料を控除してもよいか？

　社会保険調査官の調査により資格取得年月日の誤りが指摘され，資格が6カ月遡及することになりました。この場合の保険料の控除は翌月分に支払う給料から一度に控除しても差支えありませんか。

A　事業主は，被保険者に支払う報酬から，被保険者負担分の保険料を控除することが認められています（健保法167条1項）が，この場合の源泉控除できる保険料は，前月の保険料に限られています。したがって，被保険者資格の遡及適用によって，事業主が数カ月分の保険料を納付しなければならない場合であっても，報酬から控除することはできません。そこで事業主が2カ月以前分に該当する保険料を納付した場合，被保険者負担分の保険料の支払方法については，事業主と被保険者の話し合いで決めていただくことになります。

114　第1編　健康保険法〔Q118〕〔Q119〕

Q118 月末退職者の保険料は，どのように控除すればよいか？

　月末退職者は翌月1日が資格喪失年月日となるため，退職した月の保険料を納めることになりますが，翌月に支払う給料がないため控除の方法がわかりませんので教えてください。

A　事業主が，被保険者の報酬から控除できる被保険者負担分の保険料は，原則として前月分に限られています（健保法167条1項）が，被保険者が月末に退職したり，あるいは資格を取得した月に喪失をした場合は，その月の保険料が徴収されます。この場合は翌月の報酬から控除することができないため，被保険者が適用事業所に使用されなくなった場合に限り，前月の保険料のほか当月の保険料も，報酬から控除することができる取扱いになっています（健保法167条1項）。

Q119 産前産後休業期間中の保険料は免除されないのか？

　育児休業中は保険料が免除されていますが，産休中は免除されないのですか。

A　いわゆる「育児・介護休業法」による育児休業期間中の保険料は被保険者負担分も事業主負担分も免除されることになっています。
　しかし，女性の場合は，産休が終了しないと育児休業を取得することができません。それでは育児をする労働者の支援に欠けますから，平成26年4月から産前産後休業期間中の保険料も，被保険者負担分も事業主負担分も免除されることになりました。あらましを説明しましょう。

13 保 険 料 　115

(1)　産前産後休業期間とは

　産前産後休業期間とは，妊娠85日（4カ月）以後で，産前42日（多胎妊娠の場合は98日），産後56日のうち，妊娠または出産のため労務に就かなかった期間をいいます。この内容については，出産手当金と同じです。実際の出産が出産予定日より遅れた場合は，遅れた日数分は産前の期間に算入されることも同じです。

(2)　免除される期間

　産前産後休業を開始した日の属する月から産前産後休業が終了した日の翌日の属する月の前月まで免除されます。言い換えれば，休業開始月から休業終了予定日翌日の月の前月（終了日が月末の場合は終了月）まで免除されます。

(3)　免除対象者

　被保険者であれば，免除されます。育児休業期間中の保険料免除については，育児休業そのものが労働者のための休業ですから，労働者でない人（事業主等）は，仮に育児のために休業しても保険料は免除されません。しかし，産前産後休業については，母胎保護の趣旨によるものですから，事業主等であっても被保険者であれば保険料が免除されます。

(4)　手続

　被保険者の申出により，事業主が「産前産後休業取得者申出書」を事業所の所在地を管轄する年金事務所に提出して行います。この書類は，原則として産前産後休業中に提出しなければなりません。しかし，実際の出産はいつも予定日になるとは限りません。そこで，出産前に届出は行ったが予定日前に出産した場合や，予定日後に出産した場合は，「産前産後休業取得者変更（終了）届」を提出することになります。予定日に出産した場合は，「産前産後休業取得者変更（終了）届」の提出は不要です。

(5)　産前産後休業終了後の標準報酬月額の改定

　産前産後休業終了日の翌日が属する月以後3カ月間に受けた報酬月額の平均（報酬支払基礎日数が17日以上の月の平均）額をもとに，標準報酬月額を翌月から改定することができます。つまり，産前産後休業終了後3カ月間の報酬の平均が下がった場合等に，随時改定に該当しない場合でも標準報酬月額を翌月から改定することができます。手続は，「産前産後休業終了時報酬月額変更

届」を提出して行います。

この改定は，産前産後休業終了日の翌日から引き続いて育児休業を取得する場合は行うことができません。

Q120 育児休業期間中の保険料の免除はいつからいつまでか？

育児休業をした場合，その期間中の保険料は免除されると聞きましたが，いつまで免除されるのでしょうか。

Ⓐ 被保険者が，育児・介護休業法による育児休業およびこれに準ずる措置とされる休業を，事業主に申出をした場合，被保険者資格は存続し，保険料については，育児休業を取得した日の属する月以後，育児休業が終了する日の翌日の属する月の前月までの期間，事業主負担分および被保険者負担分の保険料が免除されることとされています。

この育児休業は，いわゆる「育児・介護休業法」の規定による休業ですから，最長で子が3歳に達するまでになります。また，育児・介護休業法自体が労働者（労働基準法に規定する「労働者」）が休業した場合の規定ですから，労働者ではない人（事業主等）が育児のために休暇を取得しても，保険料免除の対象にはなりません。

具体的には，例えば，子供の誕生日が7月1日で，女性が育児休業を取得する場合，産後8週間経過した日の8月27日から育児休業になり，1歳になるまで休業すると，翌年の6月30日に1歳に達するので（「年齢計算に関する法律」により，誕生日の前日），保険料の免除期間は，育児休業取得した日の属する月（8月分）から終了する日の翌日（7月1日）が属する月の前月（6月）までの11カ月分が免除されます。

男性の場合は産休はありませんから，育児休業等を開始した日の属する月から終了日の翌日が属する月の前月まで免除されます。

13 保険料　117

　手続ですが，育児休業を予定通り終了する場合は，最初に「育児休業等取得者申出書」を提出すれば足りますが，育児休業期間を当初の終了予定日より早く終了させる場合，子が1歳以降も育児休業を取得する場合等は，再度手続が必要です。

Q121 協会けんぽの保険料率はどのように決められるのか？

　協会けんぽの保険料率が毎年変更になっているように思うのですが，どのように決められるのですか。

A　協会の保険料率については，健康保険法第160条に規定されています。それによると，「一般保険料率は1000分の30から1000分の130までの範囲で，支部被保険者（各支部の都道府県に所在する適用事業所に使用される被保険者及び当該都道府県内に住所又は居所がある任意継続被保険者をいう。）を単位として協会が決定する。」とされています。したがって，都道府県単位で保険料率が異なることになります。

　また，その保険料率は「毎事業年度において，一定の保険給付に要する費用の額，前期高齢者納付金等及び後期高齢者支援金等に要する費用の予想額，保健事業及び福祉事業に要する費用の額等に照らし，財政の均衡が保つことができるものとなるよう政令で定めるところにより算定する。」としています。

　この保険料率を変更しようとするときは，あらかじめ，理事長が各支部長の意見を聴いた上で運営委員会の議を経なければなりませんし，厚生労働大臣の認可を受けなければなりません。

　平成31年3月分からの各支部の一般保険料率は，次頁の表のようになっています。40歳から64歳までの被保険者（介護保険第2号被保険者）は，全国一律の介護保険料率（1000分の17.9）が加算されます。

118　第1編　健康保険法〔Q121〕〔Q122〕〔Q123〕

令和2年3月分（4月納付分）からの都道府県別一般保険料率

都 道 府 県 名	保 険 料 率	都 道 府 県 名	保 険 料 率
北 海 道	10.41%	滋 賀 県	9.79%
青 森 県	9.88%	京 都 府	10.03%
岩 手 県	9.77%	大 阪 府	10.22%
宮 城 県	10.06%	兵 庫 県	10.14%
秋 田 県	10.25%	奈 良 県	10.14%
山 形 県	10.05%	和 歌 山 県	10.14%
福 島 県	9.71%	鳥 取 県	9.99%
茨 城 県	9.77%	島 根 県	10.15%
栃 木 県	9.88%	岡 山 県	10.17%
群 馬 県	9.77%	広 島 県	10.01%
埼 玉 県	9.81%	山 口 県	10.20%
千 葉 県	9.75%	徳 島 県	10.28%
東 京 都	9.87%	香 川 県	10.34%
神 奈 川 県	9.93%	愛 媛 県	10.07%
新 潟 県	9.58%	高 知 県	10.30%
富 山 県	9.59%	福 岡 県	10.32%
石 川 県	10.01%	佐 賀 県	10.73%
福 井 県	9.95%	長 崎 県	10.22%
山 梨 県	9.81%	熊 本 県	10.33%
長 野 県	9.70%	大 分 県	10.17%
岐 阜 県	9.92%	宮 崎 県	9.91%
静 岡 県	9.73%	鹿 児 島 県	10.25%
愛 知 県	9.88%	沖 縄 県	9.97%
三 重 県	9.77%		

14 その他の事項

Q122 社会保険審査官等に審査請求ができる者は誰か？

社会保険審査官あるいは社会保険審査会に審査請求ができるのは被保険者だけですか。

A 審査請求人は，処分に不服のある者（健保法189条・190条）ですから，処分によって直接的に権利を侵害された者ということになります。したがって，審査請求できるのは，被保険者だけでなく，被保険者資格・標準報酬月額については，被保険者であった者や事業主も含まれます。また，保険給付については，被保険者・被保険者であった者のほか，埋葬料（費）の受給権者・被保険者の受給権を承継した遺族等も含まれます。

Q123 審査請求ができる事項は何か？

年金事務所に被扶養者届を提出しましたが，被扶養者として認定してくれません。社会保険審査官に審査請求ができますか。

社会保険審査官に対して，審査請求ができる事項は，被保険者の資格および標準報酬または保険給付に関する処分についてだけですから，そ

れ以外の場合は，審査請求しても却下されることになります。

　被扶養者の認定に関する不服は，社会保険審査官の審査対象ではないため，行政不服審査法の規定に基づき，審査請求することとなります。

Q124　保険給付を受ける権利の消滅時効は何年か？

保険給付を受ける権利の消滅時効について教えてください。

Ⓐ　　保険給付を受ける権利は2年をもって消滅します。しかし，現物給付（療養の給付等）を受ける権利は，ことの性質上含まれません。ただし，療養の給付に代えて支給される療養費の支給を受ける権利は含まれます。それぞれの給付金の消滅時効の起算日は次のとおりです。

①　療養費

　療養に要した費用を支払った日の翌日（昭和31年9月保険発170）

②　傷病手当金および出産手当金

　労務不能であった日ごとにその翌日（昭和30年9月保険発199）

③　出産育児一時金および埋葬料

　出産，死亡の日の翌日（昭和3年4月保理4147）

　なお，家族出産育児一時金および家族埋葬料についても同様です。

Q125　不当利得返還請求権の消滅時効は何年か？

給付金を過払いされた場合の不当利得返還請求権の消滅時効について教えてください。

⑭ その他の事項　121

Ⓐ　　不当利得の返還請求の場合の時効については，健保法に特段の規定がないため，民法が適用され10年です。また，請求を受けた被保険者は，時効を援用する手続をふまなければなりません。

※「援用」とは，ある事実を自己の利益のために主張することをいいます。法令では時効の場合に最も多く用いられ，時効によって権利を取得しまたは債務を免れる効果を生じさせる意思表示をすることを時効を援用するといいます（学陽書房『法令用語辞典』より）。

15 健康保険組合関係

Q126 健康保険組合と全国健康保険協会（協会けんぽ）との差異は何か？

健康保険組合は，協会けんぽとどのように違うのですか。

Ⓐ　健康保険法の中では，健康保険事業の管理運営を行う保険者として，全国健康保険協会（以下「協会けんぽ」という）と健康保険組合（以下「組合」という）の2つを定めています。

組合の方は，自主的に組合という法人を設立して，健康保険事業を行っているので「組合管掌」と呼んでおります。わが国の健康保険制度の発展の経過をみてみますと，健康保険法ができた当時，すでに三菱，三井，新日本製鉄等においては，一種の独自の健康保険制度があったため，政府がこれらにならって健康保険事業を始めたことから，同じ健康保険事業を行うのに，政府と組合の2つがあったわけですが，既述のとおり，協会けんぽが設立され現在に至っています。

したがって，健康保険法の目的とするところは，2つとも全く同じです。では組合が協会けんぽと違うのはどういう点かといいますと，厚生労働大臣の認可を受けて附加給付が行えるということが一番大きな相違点です。そして，保険料率や事業主と被保険者との保険料負担割合についても，個々の組合の実情に応じて，一定範囲で組合規約で定め，協会けんぽと違った取扱いができることになっていることも大きな相違点です。

15 健康保険組合関係　123

Q127 健康保険組合の特色は何か？

健康保険組合は，協会けんぽに比較してどんな利点がありますか。

A　組合の特色は，法定給付に加えて附加給付と保健事業の積極的実施により，組合員である被保険者とその家族の生活の安定と福祉の増進が図れることにあります。すなわち，以上の2つが，組合加入の直接一番大きい利点であるといえます。組合のほとんど全部が何らかの附加給付を実施しており，また保健事業について，組合においては保険料収入予算額の5％以上を保健事業に投入するよう強力に指導しており，実態としても，協会けんぽとは全く比較にならないくらいの保健事業を行って成果を上げています。

つぎに，組合の利点について述べてみましょう。

⑴　組合は事業主と被保険者とを組合員として，組合会，理事会といった機関を通じて，自主的に運営されている。すなわち組合員が組合の運営に直接参加できる民主的運営形態をもっているので，常に被保険者の日常生活の実態を反映した運営ができる長所をもっている。

⑵　組合は自主的な運営組織をもっているため，経営責任が明確であり，保険経済の推移に応じて適時に対策を講ずることができる。

⑶　小集団であるために，事務管理の面でも組合員の実態把握が容易であり，諸給付も迅速に的確に行われやすく，被保険者サービスが適切に行える。

⑷　自分たちの組合ということで，組合員と事業主の自覚と協力が得られやすい。

⑸　小集団方式であるので，組合員の日常生活の実態に即した疾病予防等の保健事業が，事業主と協調のもとに行われやすい。

なお，従前は，組合の保険料率は平均して協会けんぽよりやや低くなっていたのも利点の1つとして挙げられましたが，近年は平均して協会けんぽよりやや高くなっています。

124　第1編　健康保険法〔Q128〕〔Q129〕〔Q130〕

Q128 健康保険組合の事業はどのように運営されているか？

健康保険組合の事業は，どのようにして運営されますか。

A 組合の事業の運営についての細目については，法令には直接規定がないので，実際の運営は，法令の委任に基づく，組合規約によって定められています。

組合は公法人として特別の権能を与えられその事務が国家事務である健康保険事業を代行しているものであるので，その事業運営にあたっては，わが国の社会保険の中心として，国民生活に寄与している健康保険事業の本旨にそって，事業内容の充実向上につとめ，自主的かつ効果的な運営を行い，被保険者の生活の安定と福祉の増進につとめるべきことが，組合の事業運営基準という通達で示されています。

組合事業の具体的な内容を定めた組合規約は厚生労働大臣の認可が必要であり，組合の事業運営が法令および規約で定めるところにより適正に行われているか否かは，監督官庁の指導監督の対象となっています。

つぎに組合は，事業運営を行っていくうえで，組合の意思を決定する議決機関である組合会と，その決定した意思を効果的に実行する執行機関である理事会をおくことにより，組合の事業運営を行うことを健康保険法施行令で定めています。

組合会の議員は，事業主が選定した選定議員と被保険者から互選した互選議員の同数からなっており，この組合会において，組合の予算，決算，規約の変更，保険料率，その他重要な事項が決定されるわけです。そしてこの組合会議員の中から選定，互選同数ずつの理事が選出され，理事会を構成することになりますが，理事長は選定理事の中から全理事により選出されます。先にも述べましたように，議決機関である組合会が決定したことなど法令で理事の職務として定められている事項を実行に移す執行機関が理事会であります。この理事会は全理事の合議によって事務を執行していくことを原則としています。

15 健康保険組合関係　125

Q129 健康保険組合の一般保険料率と介護保険料率は協会けんぽと違うか？

健康保険組合の一般保険料率および介護保険料率は，協会けんぽと違っているのでしょうか。

A 一般保険料率は，協会けんぽも健康保険組合も1000分の30から1000分の130の範囲内で，それぞれ，厚生労働大臣の認可を受けて定めることになっています（健保法160条）。その負担割合については，組合の場合は規約で事業主の負担割合を増加することが認められています（健保法162条）。

介護保険料率については，その組合の各年度の納付すべき介護納付金を当該年度の介護保険第2号被保険者の標準報酬月額，標準賞与額をみて決定することとされています。また，健康保険組合における介護保険料の徴収方法は，第2号被保険者に対してのみ徴収する方式，介護保険第2号被保険者である被扶養者を有する被保険者を含む方式，定額の特別介護保険料額による方式があります。

負担割合は，協会けんぽは折半ですが，組合の場合は，平均して事業主負担が高く被保険者の負担がその分だけ軽減されています。

なお，保険料額の算出方法は，協会けんぽと同様です。

Q130 健康保険組合が解散するとどうなるか？

健康保険組合が解散したらどうなりますか。

A 組合が解散する場合としては，母体企業体（会社）の消滅により被保険者がいなくなる場合と，組合の事業または財産の状況により健康保険事業の継続が困難である場合の2つが，その主なものといえるでしょう。

126　第1編　健康保険法〔Q130〕

　組合が解散した場合の組合の権利義務（組合の帳簿，書類，現金，準備金，任意積立金，その他の財産，物件は勿論，組合の組合員または第三者に対する債権債務も一切含まれる）は協会けんぽが一切引き継ぐことになっております（健保法26条4項）。

　したがって組合が解散した場合，事業主の滞納保険料の納入とか，被保険者または被保険者であった者が受け得る保険給付や，病院等からの解散前に係る医療費の請求は，解散後はすべて協会けんぽに対して行うことになります。

第2編 健康保険法
（日雇特例被保険者関係）

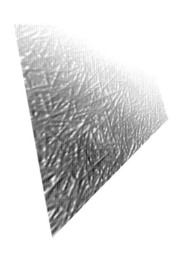

128 第2編 健康保険法〔Q131〕〔Q132〕

1 日雇特例被保険者の資格取得

Q131 6カ月～9カ月間のみ雇用する場合，日雇特例被保険者になるのか？

当社は仕事の内容から，多くの地方からの出稼労働者を使用しています。使用期間はまちまちで，短い者で6カ月，長い者で9カ月から1年となりますが，一般の被保険者として健康保険に加入するのでしょうか，それとも日雇特例被保険者として健康保険に加入させるべきでしょうか。

A　まず，日雇労働者の定義ですが，健保法第3条第8項の規定によって，健康保険の一般被保険者から除外される臨時使用者および短期労務者のことです。具体的には，次のとおり規定されています。

① 臨時に使用される者

　(ア) 日々雇い入れられる者。ただし同一事業所において，1カ月の期間を超えた場合は除かれます。

　(イ) 2カ月以内の期間を定めて使用される者。ただし，所定の期間を超え，引き続き使用されるに至った場合は除かれます。

② 季節的業務に使用される者

　ただし，継続して4カ月を超えて使用される場合は除かれます。

③ 臨時的事業の事業所に使用される者

　ただし，継続して6カ月を超えて使用される場合は除かれます。

① 日雇特例被保険者の資格取得　129

上記の①から③までに該当する者で，次の事業所に使用される場合にのみ，日雇特例被保険者となります。

①　健康保険の適用事業所

②　健康保険の任意適用事業所の認可のあった事業所

そこで，会社の業務内容が具体的にわかりませんが，出稼労働者を多く使用されているとのことで，仮に，土木，建築等の事業所の例とした場合，日雇特定被保険者の範囲について，日雇労働者健康保険法が廃止され現在の健康保険法の中で規定されることになった当時の通達で，「日雇特例被保険者の範囲は，旧日雇労働者健康保険法の被保険者の範囲と同様とされた。なお，土木，建築等の事業に使用される者であって，就労の実態から常用労働者とみることが適当な者については，基幹要員ないしこれに準ずる者以外の者であっても，一般の被保険者（日雇特例被保険者以外の被保険者）として取り扱うこと」と示されています。

したがって，出稼労働者の場合でも，6カ月から1年くらいとなりますと，職種は何であれ，臨時と呼んでいても，さきに述べた日雇特例被保険者の範囲外であれば，むしろ常用労働者とみるべきで，当然のことながら一般の被保険者として加入させるべきです（昭和59年9月保発87）。

Q132 日雇労働者が適用除外になる場合とは？

日雇労働者に適用除外の定めがあるそうですが，どういう理由で定められ，どのような場合に除外を受けられるのですか。

Ⓐ　日雇特例被保険者は，一般の被保険者とは異なり，単に日雇特例被保険者となったばかりでは，特別療養費を除いた本来の保険給付を受けることができません。

給付を受けるためには，その疾病または，負傷について初診を受けた日の属する月の前2カ月間に26日分以上，あるいは6カ月間に78日分以上の保険料を

納付することが要件とされています。

　したがって，この受給要件を満たさないことが明らかな場合は一部の保険料だけを払っても，本来の給付が受けられませんので全く不合理が生じます。また，日雇特例被保険者が他の社会保険から給付を受けられるときに，その給付内容が日雇特例被保険者に係る給付以上のものであれば，強制的に日雇特例被保険者としておくよりは，むしろ他の該当する社会保険の被保険者として，そちらの保険給付を受けさせることの方が適当であるわけです。

　以上のような理由から，適用除外の制度を採り入れております。

　また，適用除外を受けられるのは後期高齢者医療の被保険者等または次の場合に限られています（健保法3条2項）。

① 健康保険の適用事業所において，引き続き2カ月間に通算して26日以上使用される見込みのないことが明らかであるとき。

② 健康保険の任意継続被保険者であるとき。

③ その他特別な事由があるとき。

③の特別の事由としては，具体的には次のような場合が掲げられます。

㋐ 国民健康保険の被保険者であること。

㋑ 農業，漁業等他に本業を有する者が臨時に日雇労働者として使用される場合（このような場合は国民健康保険の被保険者となります）。

㋒ 健康保険等，他の職域医療保険の被扶養者である昼間学生や主婦等が，余暇を利用して内職に類する日雇労働に従事する場合（昭和34年7月保発58，昭和35年7月保発59）。

① 日雇特例被保険者の資格取得　131

Q133　保険料の納付と保険料額は？

　当事業所では，健康保険の適用を受けておりますが，今度初めて日雇労働者を使用することになりました。保険料はどのようにして納めるのでしょうか。また保険料額はどのくらいですか。

Ⓐ　日雇特例被保険者に係る保険料の納付義務は一般の被保険者の場合と同じく事業主に負わせています。日雇特例被保険者を使用する事業主はあらかじめ，管轄する年金事務所に申請して健康保険印紙購入通帳の交付を受け，その通帳に必要枚数等を記入のうえ，日本郵便株式会社の営業所から健康保険印紙を購入しておき，日雇労働者を使用する日ごとにその日雇特例被保険者の提出する日雇特例被保険者手帳に印紙を貼り，消印して保険料を納付することになっています。保険料は，賃金日額によって次頁の表のように区分されています（健保法124条）。

　この場合，日雇特例被保険者の負担すべき保険料額に相当する額を賃金の中から控除することができ，控除したときは，その旨を通知しなければなりません。なお，日雇特例被保険者が1日に2以上の事業所に使用される場合には，はじめに使用される事業所から受ける賃金について保険料が算定され，はじめに使用する事業主が納付義務を負うこととされています。

　また，事業主は健康保険印紙の受払に関する帳簿を備え付け，日雇特例被保険者を使用する都度，これにその受払状況を記載し，毎月における印紙の受払状況を記載した健康保険印紙受払報告書を翌月末日までに管轄する年金事務所に提出することになっています（健保法171条）。

132　第2編　健康保険法〔Q133〕〔Q134〕〔Q135〕

日雇特例被保険者の方の保険料額（令和2年4月分〜）

(単位：円)

標準賃金日額		賃金日額	保険料日額					
			介護保険第2号被保険者に該当しない場合			介護保険第2号被保険者に該当する場合		
			10.00%（平均保険料率）			11.79%（平均保険料率＋介護保険料率）		
等級	日額		金額	日雇特例被保険者が負担する額	事業主が負担する額	金額	日雇特例被保険者が負担する額	事業主が負担する額
第1級	3,000	円以上　円未満　　〜 3,500	390	150	240	450	175	275
第2級	4,400	3,500〜 5,000	570	220	350	670	255	415
第3級	5,750	5,000〜 6,500	740	285	455	880	335	545
第4級	7,250	6,500〜 8,000	940	360	580	1,110	425	685
第5級	8,750	8,000〜 9,500	1,140	435	705	1,340	515	825
第6級	10,750	9,500〜12,000	1,400	535	865	1,650	630	1,020
第7級	13,250	12,000〜14,500	1,730	660	1,070	2,040	780	1,260
第8級	15,750	14,500〜17,000	2,050	785	1,265	2,420	925	1,495
第9級	18,250	17,000〜19,500	2,380	910	1,470	2,810	1,075	1,735
第10級	21,250	19,500〜23,000	2,770	1,060	1,710	3,270	1,250	2,020
第11級	24,750	23,000〜	3,230	1,235	1,995	3,810	1,455	2,355

◆保険料日額（金額）の計算方法
①……標準賃金日額×平均保険料率（注）
②……①の10円未満を切り捨てる
③……①×31／100
④……③の10円未満を切り捨てる
⑤……②＋④＝保険料日額（金額）

◆日雇特例被保険者と事業主の負担額
②×1／2＝日雇特例被保険者負担額
②×1／2＋④＝事業主負担額

◆賞与に係る保険料について
　賞与に係る保険料額は，賞与額の1,000円未満の端数を切り捨てた額（標準賞与額）に，平均保険料率(注)を乗じた額になります。
　また，標準賞与額には，40万円の上限が定められています。
注：40歳以上65歳未満の方（介護保険第2号被保険者）は，医療に係る平均保険料率に介護保険料率が加わります。
注：端数整理により，計算結果が整合しない場合があります。

① 日雇特例被保険者の資格取得　133

Q134　1日において2カ所の事業所に勤務した場合の保険料納付は2回か？

1日に2カ所の事業所に勤務したときはその都度，両方の事業所で保険料を納入することになるのですか。また賃金は合算されるのでしょうか。

Ⓐ　日雇特例被保険者に係る保険給付の受給要件が保険料の何日分以上納入された場合というように規定されております。そこで，仮に1日2回，3回と印紙が貼られ，消印があっても，暦日により1日にわたるものは1日分としか計算しません。したがって，1日において2カ所以上の事業所に使用されるときは，初めにその者を使用する事業主のみに保険料の納付義務を負わせています（健保法169条2項）。

また賃金についても，初めに使用された事業所から受けるものと規定されています（健保法125条1項6号）。

このように，いずれも，初めての事業所で1日1回の納付で足り，賃金の合算はされません（健保法169条）。

Q135　加入させなければならない日雇特例被保険者を放置した場合はどうなるか？

先日，社会保険調査官の調査がありました際に，日雇特例被保険者として加入しなければならない者が放置されている点が指摘され，未適用にかかる保険料と高額な追徴金がかかりびっくりしました。一般の被保険者には追徴金がないと思いますが，日雇特例被保険者には法律で規定しているのでしょうか。

134　第2編　健康保険法〔Q135〕〔Q136〕〔Q137〕

A　健康保険では，保険料の納付義務を事業主に課し，日雇特例被保険者に係る保険料は，日雇特例被保険者を使用する日ごとに，被保険者手帳の印紙貼付欄に健康保険印紙を貼付し，これを消印して行うこととしています（健保法169条3項）。

　この貼付を正当な理由がないにもかかわらず怠ったときは，調査に基づいて保険料の額を決定し，さらにこの保険料の決定額の100分の25に相当する額の追徴金を課すこととされています（健保法170条）。

　また追徴金は決定された日から14日以内に納付しなければなりません。

　この追徴金は逋脱した場合の罰則的な意味合いで設けられたものであり，一般の被保険者にはありません。

Q136　日雇特例被保険者の適用事業所とは？

　私は日雇特例被保険者手帳を持っている者ですが，Ａ社では就労の都度，印紙を貼ってくれましたが，Ｂ事業所では手帳を提出しても，貼ってもらえませんでした。理由を聞いたところ，健康保険に加入していないからとのことです。日雇特例被保険者は健康保険に加入していない事業所には適用されないのですか。

A　日雇特例被保険者の適用事業所は，一般の被保険者に係る健康保険の適用事業所（任意適用事業所を含む）に限定をしています。適用事業所に限定したのは，就労浮動を特性とする日雇労働者を確実に把握できることを考慮に入れたものです。

　したがって，日雇労働者が前述の健康保険の適用事業所に使用されたとき以外は印紙を貼ることができません。

① 日雇特例被保険者の資格取得　135

Q137　午前０時をはさんで連続勤務した場合，勤務日数は何日か？

　私は臨時に使用される者で，日雇特例被保険者として健康保険の適用を受けておりますが，今度，勤務の状態が午後10時から翌朝８時までに変更され，しかも隔日勤務となると班長さんから言われました。このような状態となりますと，１カ月12〜13回前後の勤務となり，２カ月間に26日分以上の印紙が貼付してもらえないように思いますが，この場合，適用除外を受けるべきでしょうか。

Ⓐ　健康保険では日雇特例被保険者が就労する日の計算をする場合に労働時間を単位とした計算は行われず，昼夜連続して勤務したときの保険料は暦日により納付するようになっています（昭和29年２月保文発1342）。

　したがって，夜間から引き続き勤務する時間が午前０時前であれば１日，それ以後にわたるものであれば２日として保険料が納付されなければなりません。

　あなたの場合，隔日勤務であっても，このような取扱いになりますので，２カ月間に26日を下ることはないようです。よって適用除外には該当いたしません。

136 第2編 健康保険法〔Q138〕

② 保 険 給 付

Q138 手帳交付されて6カ月足らずの場合，受けられる給付はあるか？

私は日雇労働者として，日雇特例被保険者手帳の交付を受けて，半年足らずで病気になりました。健康保険印紙は所定の枚数が貼られていませんので受給資格者票に確認印をいただくことができません。このようなときは，健康保険で何か特別に治療を受けられる方法はないものでしょうか。

A 日雇特例被保険者が健康保険で療養の給付または家族療養費の支給を受けるためには，はじめて療養の給付，家族療養費の支給を受ける日の属する月の前2カ月間に通算して26日分以上，またはその月の前6カ月間に通算して78日分以上の保険料が納付されていることが必要とされています。したがって，はじめて被保険者となったあなたのような人達は，当初の2カ月間，つまり受給要件を満たすに足りるだけの保険料納付が行われるまでの間は，医療給付を受けることができないことになります。そこでこのような事態の解消をはかるため，特別療養費の制度が設けられています。

この特別療養費の支給を受けられる者（受給対象者）は次のとおりです。

① はじめて日雇特例被保険者手帳の交付を受けた人

② 2カ月間に通算して26日分以上，または6カ月間通算して78日分以上の保険料が納付されるようになった月に，日雇特例被保険者手帳に健康保険

印紙を貼る余白がなくなり，またはその月の翌月中に日雇特例被保険者手帳を返納した後に，はじめて日雇特例被保険者手帳の交付を受けた人

③　前に交付を受けた日雇特例被保険者手帳に健康保険印紙を貼る余白がなくなった日，または日雇特例被保険者手帳を返納した日から起算して1年以上を経過した後に日雇特例被保険者手帳の交付を受けた人

　また，特別療養費として支給される額は，日雇特例被保険者，被扶養者ともに療養に要する費用の100分の70，80，90に相当する額とされています。この支給方法は，家族療養費の支給と同様に3割，2割，1割相当の自己負担の現物給付の扱いになっています。つまり，日雇特例被保険者または被扶養者は，あらかじめ特別療養費の受給票を，手帳の交付を受けた年金事務所（指定市町村）で交付を受けておき，病気やけがをしたとき，この受給票を医療機関の窓口に提出して給付を受け，費用の1割・2割・3割相当額を自分で負担することになっています。

　また，この特別療養費の支給を受けることのできる期間は，日雇特例被保険者手帳の交付を受けた日の属する月の初日から起算して3カ月（月の初日に被保険者手帳の交付を受けた者については2カ月）までとされています。また，その傷病について，本来の受給要件を満たして療養の給付または家族療養費の支給が受けられるときや，日雇特例被保険者手帳を返納したり，または適用除外の承認を受けた場合には期間内であってもそれ以後の特別療養費の支給は行われません（健保法146条）。

　したがって，あなたの場合，日雇特例被保険者手帳の交付を受けた日の属する月の初日から起算して3カ月（月の初日に被保険者手帳の交付を受けた者については2カ月）を経過していますので，特別療養費は受給できません。

　また，病気になって療養の給付を受けようとする日の属する月の前2カ月間またはその月の前6カ月間に所定の保険料が納付されていないとのことですので，療養の給付も受けられないことになります。

138 第2編 健康保険法〔Q139〕〔Q140〕〔Q141〕

Q139 治療を受けるに当たり，給付期間に制限はあるのか？

日雇特例被保険者については，療養の給付を受ける場合に，給付期間の制限がありますか。

Ⓐ 　日雇特例被保険者（日雇特例被保険者であった者も同様）の療養の給付期間は，同一の疾病または負傷およびこれによって発した疾病に関しては，原則として給付開始の日（当該疾病または負傷につき特別療養費の支給等の開始の日）から起算して1年，厚生労働大臣が指定する疾病は5年を経過したときは行わないと規定されておりますし，健康保険印紙を貼る余白のある日雇特例被保険者手帳を継続して1年以上所持している者は，給付開始から5年を経過したときは行わないとしております（健保法129条）。

　例えば，同一の疾病または負傷およびこれによって発した疾病については，仮に4月と5月で26日分以上の保険料を納付し，6月に確認を受け，その月に療養の給付の受給を開始すれば，7月以降1年後（結核性疾病および手帳所持者は5年後）の対応日の属する月まで，保険料の納付が日数不足のため毎月確認を受けられなくても，その疾病については引き続き受給することができますが，これらを経過すれば未治癒でも打ち切られることになります。ただし，これらを経過した後でも，療養の給付を受けようとする日の属する月の前2カ月間に通算して26日分以上，またはその月の前6カ月間に通算して78日分以上の保険料が納付されておれば，その月は引き続き受給できます。当然のことですが，日雇特例被保険者であっても療養に要した費用については，一般の被保険者と同様に一部負担金を支払うことになりますし，家族療養費についても，その費用の1割，2割または3割を自己負担することになります。

2 保険給付　139

Q140 療養の給付を受けるためにはどのような手続が必要か？

医者にかかるとき，日雇特例被保険者手帳を持参すればよろしいのですか。

A 　健康保険では，日雇特例被保険者になって被保険者手帳の交付を受けただけでは保険給付を受けることができません。

　給付を受けるためには，その疾病，負傷についてはじめてこれを受ける日の属する月の前2カ月間に通算して26日分以上，または前6カ月間に通算して78日分以上の保険料が，その被保険者について納付されているか，1年以上日雇特例被保険者手帳を所持していなければなりません。このため日雇特例被保険者は，あらかじめ被保険者手帳の交付を受けた年金事務所（指定市町村）で受給資格者票の交付を受け，さらに前述の受給要件を満たしたときは，適宜，その旨の確認を受けておき，疾病または負傷のため治療を要する場合に，この受給資格者票を保険医療機関の窓口に提出して療養の給付を受けることになります。したがって，日雇特例被保険者手帳だけでは治療は受けられません。

Q141 日雇特例被保険者と一般の被保険者とでは療養の給付の内容に違いはあるか？

日雇特例被保険者については他の社会保険の被保険者に比べて一部負担金や，診療の面や料金の算定について違いがありますか。

A 　一般の被保険者と同様，日雇特例被保険者についても療養の給付を受ける場合，療養に要した費用の3割，2割または1割，家族についても1割，2割または3割の一部負担金を支払うことになっています。

140 第2編 健康保険法〔Q141〕〔Q142〕

　療養の給付の内容も一般の被保険者と同じです。保険の診療報酬を請求する点数表も，社会保険はすべて同じもので算定されています。ただし，療養の給付期間が同一疾病について，開始してから1年または5年間となっており，一般の被保険者の場合は被保険者であれば制限がないのに対し，この点が不利のようです（健保法129条）。

Q142 　傷病手当金の受給要件と支給額は？

傷病手当金は，どのような場合にいくらもらえますか。

Ⓐ 　傷病手当金は次の条件を満たしている場合に受給できます。

① 　療養の給付を受けていること。

　この場合他の社会保険による給付等の調整の規定（健保法128条）により日雇特例被保険者として療養の給付が受けられないときも，この日雇特例被保険者として療養の給付があったこととみなされます（健保法135条4項）。

② 　その療養の給付のために，労務が不能であること。

③ 　賃金の支払がないこと。

④ 　その他，雇用保険法による日雇労働求職者給付金の支給を受けることのできる場合等はそれを受けていないこと。

支給額は，1日について標準賃金日額（賃金日額の等級に応じて第1級〜第11級に区分されています）の各月ごとの合算額のうち最大のものの45分の1に相当する額で，その決定方法は次のとおりです。

① 　日雇特例被保険者が初めて療養の給付を受けた日の属する月の前2カ月間に通算して26日分以上の保険料が納付されている場合は，保険料の納付された日に係る標準賃金日額の各月ごとの合算額のうち，最大のものの45分の1の額。

② 　日雇特例被保険者が初めて療養の給付を受けた日の属する月の前6カ月

間に通算して78日分以上の保険料が納付されている場合は，①と同様の算出方法で各月ごとの合算額を算出し，そのうち最大のものの45分の1の額。

③　①および②のいずれにも該当する場合は，いずれか高い額。

が支給日額となります。

　支給期間は，同一傷病およびこれにより発した疾病について，労務に服することができなくなった日から起算して3日を経過した日から支給され，その支給を始めた日から起算して6カ月（厚生労働大臣が指定する疾病については1年6カ月）が支給限度となっています（健保法135条）。

第3編
厚生年金保険法

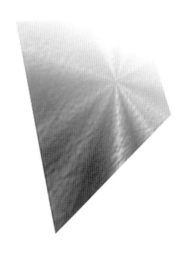

1 日本年金機構

Q143 日本年金機構とは

社会保険庁が廃止されて，日本年金機構が設立されましたが，その概要について教えてください。

A 平成22年1月1日に日本年金機構法に基づいて，新しい公法人として，日本年金機構が設立されました。

公的年金制度は，全国民の強制加入を前提としており，世代間扶養と所得再配分を行う仕組みになっています。この年金制度を安定して運営するためには，国民の信頼に応えることができる事業運営体制が必要です。

このため，社会保険庁を廃止して，厚生労働大臣が公的年金に係る財政責任と管理運営責任を担うこととする一方で，新たに非公務員型の公法人を設立し，厚生労働大臣の直接的な監督の下で，一連の運営業務を日本年金機構に担わせることとしました。

この公法人においては，能力と実績に基づく職員人事の徹底，民間企業へのアウトソーシングの推進等により，サービスの向上，および効率的かつ効果的な業務遂行の実現を図ることとしています。

東京都杉並区高井戸に日本年金機構本部を置き，全国に15の事務センター，312カ所の年金事務所，80カ所の街角年金相談センター，3カ所のコールセンターで組織されています（令和元年10月1日現在）。11,000人（平成31年4月1日現在）の正規職員・准職員の他にも，特定の業務や補助的業務に従事する

職員が各拠点に配置され，全国で統一したサービスの向上を目指し，業務に従事しています。従来の社会保険事務局が事務センターに，社会保険事務所が年金事務所に置き換わる形になります。

国と日本年金機構との役割分担として，国は，公的年金に係る財政責任・管理運営責任を担うこと，年金特別会計を備えて保険料の徴収・年金の支払は国の歳入歳出とすること，年金手帳および年金証書は国（厚生労働大臣）の名義で発行することとし，日本年金機構は，厚生労働大臣から権限の委任または事務の委託を受けて，その直接的な監督の下で，公的年金に係る一連の運営業務（適用・徴収・記録管理・相談・給付等）を担うこととしています。

日本年金機構の業務運営の基本理念は，国民の意見を反映しつつ，サービスの質の向上を図るとともに，業務運営の効率化，公正性および透明性の確保に努めなければならないこと等が定められています。

日本年金機構の業務は，厚生年金保険法および国民年金法の規定により日本年金機構が行うこととされた事務，健康保険法および船員保険法の規定により日本年金機構が行うこととされた事務（全国健康保険協会の管掌する健康保険および船員保険に関する適用および徴収），子ども・子育て支援法の規定により日本年金機構が行うこととされた拠出金の徴収に関する事務とされています。

日本年金機構の発足に伴い，関係法律が大幅に改正されました。社会保険庁長官が行うと定められていた業務は，厚生労働大臣が行うことに改められ，厚生労働大臣は，日本年金機構に権限の委任および事務の委託をして，業務を行わせることとなりました。

保険料の滞納処分は，厚生労働大臣から権限の委任を受け，日本年金機構において実施することとし，日本年金機構における滞納処分業務の公正性，客観性を担保するとともに，国の監督体制を十分に確保するために必要な措置を講じることとしています。厚生労働大臣は，悪質な滞納者に対する滞納処分について必要があると認めるときは，日本年金機構からの申出に基づき，政令で定めるところにより，保険料の滞納処分の権限を，財務大臣を通じて国税庁長官に委任できることとしています。

Q144 被用者年金一元化による被保険者の種別

一元化に伴い共済組合に加入している人はどうなりますか。

A 　被用者年金の一元化に伴い，厚生年金被保険者は第1号厚生年金被保険者，国家公務員共済組合の組合員は第2号厚生年金被保険者，地方公務員共済組合の組合員は第3号厚生年金被保険者，および私立学校教職員共済法の規定による加入員は第4号厚生年金被保険者の新たな種別として定義づけられました。

　これら第1号厚生年金被保険者から第4号厚生年金被保険者までの資格，標準報酬，事業所，被保険者期間，保険給付，保険給付の受給権者，基礎年金拠出金の納付，保険料，徴収金並びに保険料の運用に係る事務は，従来の厚生年金保険の被保険者の取扱いをそのまま当てることとし，第1号厚生年金被保険者は日本年金機構が，第2号厚生年金被保険者から第4号厚生年金被保険者は各共済組合等が実施機関となります。

Q145 マイナンバー制度

マイナンバー制度と厚生年金保険の関係を教えてください。

A 　マイナンバー制度は，国民1人ひとりに対する個人番号（マイナンバー）12桁を付番して，行政の効率化，国民の利便性の向上，公平・公正な社会の実現を図る仕組みです。

　行政機関や地方公共団体などで，様々な情報の照合，転記，入力などに要している時間や労力が大幅に削減され，また，複数の業務の間での連携が進み，作業の重複などの無駄も削減されます。さらに添付書類の省略などで行政手続が簡素化され，国民の負担が軽減されます。また，行政機関が保有している自

分の情報を確認したり，行政機関から様々なサービスのお知らせを受け取ることができます。つまり，所得や他の行政サービスの受給状況を把握しやすくなるため，負担を不当に免れることや給付を不正に受けることを防止するとともに，本当に困っている者にきめ細かな支援を行うことができます。

制度は平成27年10月から実施され，住民票を有するすべての者に１人１つのマイナンバーが通知されました。マイナンバーの通知後に市区町村に申請すると，身分証明書や様々なサービスに利用できるマイナンバーカードが交付されます。マイナンバーカードに記録されるのは，券面に記載された氏名，住所，個人番号などのほか，電子証明書などに限られており，所得などのプライバシー性の高い個人情報は記録されません。

平成28年１月以降，順次，社会保障，税，災害対策の行政手続でマイナンバーが必要になりました。法令で定められた手続のために，行政機関や民間企業などへのマイナンバーの告知が必要になります。

サラリーマンであれば，健康保険や雇用保険，厚生年金保険などの手続や源泉徴収票を作成してもらうときに勤務先に告知することとなります。高齢者であれば，年金給付の手続時に年金事務所に，福祉や介護の利用時や災害時の支援制度を利用する際に市区町村に，それぞれ告知することとなります。

平成29年１月以降，順次，年金関連の届出に，受給権者や被扶養者のマイナンバーを記入するよう様式が変更されており，平成30年３月５日以降，従来，基礎年金番号を記載していた届書については，原則マイナンバーを記入することになりました。今後は，マイナンバーを記入することにより，住所変更届や氏名変更届の届出が省略されます。

本人からマイナンバーの提供を受ける場合には，番号法に基づき番号確認と本人確認が必要になります。年金事務所の窓口など対面での手続では，本人から番号確認と本人確認に必要な書類の原本の提示を受けることとなります。他方，郵送手続の場合には原則として番号確認と本人確認に必要な書類の写しの添付を求めることとしています。

148 第3編 厚生年金保険法〔Q146〕〔Q147〕

Q146 年金分野のマイナンバー利用

65歳になったので近々年金の請求手続を行う予定です。日本年金機構でマイナンバーを活用した情報連携が開始されたと聞きましたが，添付書類の提出は不要になりますか。

A 平成28年1月にマイナンバーが年金分野に導入されました。その後，平成31年4月15日より日本年金機構から地方公共団体等への情報照会の試行運用を開始しました。この試行運用の状況を踏まえ，年金給付関係等の事務手続については，令和元年7月1日より情報連携の本格運用を開始し，課税証明書などの添付書類の省略等ができるようになりました。

●情報連携により日本年金機構が取得できる情報

① 住民票情報

　　世帯番号，続柄等

② 所得情報

　　課税年度，合計所得金額，繰越控除額，扶養控除等の各種控除額，住民税申告書の提出の有無等

③ 雇用保険情報

　　雇用保険被保険者番号，資格取得年月日，離職年月日等

④ 生活保護情報

　　支給開始年月日，支給終了年月日等

その他の届出・申請時の添付書類の省略の具体的な開始時期については，決まり次第，日本年金機構からお知らせがある予定です。ただし，戸籍関係の書類などについては，添付書類の省略はできず，すべての添付書類が省略されるわけではないので注意が必要です。

Q147 マイナンバー未収録の厚生年金保険被保険者

会社の総務を担当しています。日本年金機構から従業員のマイナンバーを確認するようにとお知らせが届きました。このお知らせはどういった主旨のものでしょうか。

（A）　日本年金機構では，国民の利便性向上等を図るため，社会保障や税などにおいて共通で使用されるマイナンバーと基礎年金番号の紐づけ（収録）を進めています。マイナンバーと基礎年金番号が紐づいている被保険者については，日本年金機構側で住民票の異動情報を取得することにより，平成30年3月から氏名・住所変更届等が省略可能となりました。

ただし，マイナンバーと基礎年金番号が紐づいていない場合は，氏名・住所等の変更情報が取得できないため，被保険者の氏名・住所等に変更があった際は，引き続き氏名・住所変更届等を提出する必要があります。

そのため，日本年金機構においてマイナンバーが収録できていない厚生年金被保険者（被扶養配偶者である国民年金第3号被保険者は対象外）が在籍する事業所に対して，文書によりその旨が通知されています。まず初めに，平成29年12月中旬以降，順次「マイナンバー等確認リスト」が送付され，マイナンバー等の確認・記入の協力が求められました。そして，2回目として，平成30年8月下旬，日本年金機構において下記の理由によりマイナンバーを確認できなかった厚生年金保険被保険者が在籍する事業所に対して，「未収録者一覧」が送付されました。

① 氏名（漢字氏名・ふり仮名または外国籍の方のローマ字氏名）・生年月日・性別が，日本年金機構が保有している情報と住民票とで相違していた

② マイナンバーの記載がなく「マイナンバー等確認リスト」に記入された住民票住所が実際の住民票住所と相違していた

③ 「マイナンバー等確認リスト」に記入されたマイナンバーが誤っていた

なお，今後もマイナンバー未収録の厚生年金被保険者が在籍する事業所に対しては，このようなお知らせが定期的に届くことになっています。

Q148 「ねんきんネット」と「マイナポータル」

日本年金機構において業務効率化のため，ねんきん定期便を「紙」から「電子版」へ順次切り替えて「ねんきんネット」での確認を原則にするということですが，「ねんきんネット」とは何ですか。また，どうやって活用すればよいのでしょうか。

A 「ねんきんネット」は，インターネットを通じて自分自身の年金に関する様々な情報を手軽に確認できるサービスです。24時間いつでも最新の年金記録を確認したり，簡単な操作で年金見込額を試算することができます。この「ねんきんネット」を利用するには，最初に利用登録を行い，ユーザ ID を取得する必要があり，申し込み後，最長で5営業日程度かかります。 ただし，ねんきん定期便に記載されているアクセスキーを使うと，すぐに ID を取得することができます。

平成30年11月5日から「ねんきんネット」とマイナポータルとの連携が開始され，マイナポータルの「もっとつながる」の機能により，上記の「ねんきんネット」登録方法に加えて，マイナポータルからも「ねんきんネット」にアクセスできるようになりました。これにより，マイナンバーカードでマイナポータルにログインすれば，「ねんきんネット」のユーザ ID を取得していない場合であっても，「ねんきんネット」にログインすることが可能です。

② 被保険者の資格

Q149 | 被保険者の資格
厚生年金保険に加入するのはどういう人ですか。

A 厚生年金保険の被保険者は，厚生年金保険の適用事業所に使用される70歳未満の人であって，一定の要件に該当する人とされています。

適用事業所とは，法律上当然に適用を受けるか，任意の申請によって適用を受けるかにより，強制適用事業所と任意適用事業所の2つに分けられます。

事業所とは，一定の目的のもとに継続して事業活動を行う場所をいい，事業本体の作業場，事務所その他の施設をいいます。

厚生年金保険は，原則として，事業所または船舶単位に適用されます。これは，各種の事務を事業主に課することによって，適用の面でも円滑な事務処理が期待できるからです。

強制適用事業所は，事業主およびその事業所の従業員の加入の意思にかかわらず，法定の条件を満たせば法律上当然に保険関係が成立する事業所を指し，法定の適用条件として，一定の事業の形態および種類と一定の従業員数（5人以上）が要求されます。

次のいずれかに該当する事業所，事務所（以下「事業所」といいます）または船舶が適用事業所となります（厚年法6条1項）。

(1) 物の製造・加工など定められた事業の事業所であって，常時5人以上の従業員を使用するもの。

152　第3編　厚生年金保険法〔Q149〕〔Q150〕

(2)　強制適用の事業形態に属する事業所のほか，国，地方公共団体または法人の事業所であって，常時従業員を使用するもの。

(3)　船員法第1条に規定する船員として船舶所有者に使用される者が乗り込む船舶。

　　なお，船舶所有者は，適用事業所の事業主とみなされます（厚年法6条2項）。

　適用事業所以外の事業所の事業主は，厚生労働大臣の認可を受けて，当該事業所を適用事業所とすることができ（厚年法6条3項），適用事業所に使用される70歳未満の者は，厚生年金保険の被保険者になります（厚年法9条）。「使用される」とは，事実上の使用関係をいい，名目的，形式的なものであれば使用関係はないものとされます。

　次のいずれかに該当する者は，厚生年金保険の被保険者から除外されます（厚年法12条）。

(1)　臨時に使用される者であって，次に掲げるもの。ただし，①に掲げる者にあっては1月を超え，②に掲げる者にあっては所定の期間を超え，引き続き使用されるに至った場合を除く（厚年法12条1号）。

　①　日々雇い入れられる者

　②　2月以内の期間を定めて使用される者

(2)　所在地が一定しない事業所に使用される者（厚年法12条2号）。

(3)　季節的業務に使用される者。ただし，継続して4月を超えて使用されるべき場合はこの限りでない（厚年法12条3号）。

(4)　臨時的事業の事業所に使用される者。ただし，継続して6月を超えて使用されるべき場合はこの限りでない（厚年法12条4号）。

(5)　事業所に使用される者であって，その1週間の所定労働時間が同一の事業所に使用される短時間労働者の雇用管理の改善等に関する法律（平成5年法律第76号）第2条に規定する通常の労働者（以下この号において「通常の労働者」という。）の1週間の所定労働時間の4分の3未満である同条に規定する短時間労働者（以下この号において「短時間労働者」という。）又はその1月間の所定労働日数が同一の事業所に使用される通常の労働者の1月間の所定労働日数の4分の3未満である短時間労働者に該当

し，かつ，①から④までのいずれかの要件に該当するもの（厚年法12条5号）。

① 1週間の所定労働時間が20時間未満であること。

② 当該事業所に継続して1年以上使用されることが見込まれないこと。

③ 報酬（最低賃金法（昭和34年法律第137号）第4条第3項各号に掲げる賃金に相当するものとして厚生労働省令で定めるものを除く。）について，厚生労働省令で定めるところにより，第22条第1項の規定の例により算定した額が，8万8,000円未満であること。

④ 学校教育法（昭和22年法律第26号）第50条に規定する高等学校の生徒，同法第83条に規定する大学の学生その他の厚生労働省令で定めるものであること。

Q150 短時間労働者に対する社会保険の適用拡大

現在，パートで1日7時間×週3日，扶養の範囲内で働いていますが，平成28年10月1日以降，社会保険の制度が変わったということで，短時間勤務者も社会保険に加入するように会社から言われています。本当に加入しなくてはいけないのでしょうか。

A 適用拡大の基準に該当する場合は，今までは健康保険の被扶養者（国民年金第3号被保険者）であったとしても，自分自身で社会保険に加入しなくてはなりません。もし，加入したくない場合は，勤務時間の見直し等が必要になります。

「年金機能強化法」の施行に伴い，平成28年10月1日より短時間労働者において社会保険の適用が拡大されています。従来，所定労働時間または日数が正社員の4分の3未満の人は，社会保険の適用外とされておりましたが，施行後は次の基準をすべて満たす場合は，短時間労働者として社会保険が適用されることになりました。

(1) 週の所定労働時間が20時間以上あること

　　原則として就業規則や雇用契約書等で定められた所定労働時間が20時間以上であることにより判断し，その時間数には残業時間は含めません。ただし，業務の都合等により恒常的に労働時間が週20時間以上の月が2カ月以上に渡った場合，実際の労働時間が週20時間以上となった月の3カ月目の初日に被保険者の資格を取得します。

(2) 雇用期間が1年以上見込まれること

　　期間の定めがなく雇用されている場合や雇用契約期間が1年以上である場合が該当します。また，雇用期間が1年未満であっても，雇用契約書に契約が更新される旨または更新される可能性がある旨が明示されていたり，同様の雇用契約により雇用された者について更新等により1年以上雇用された実績がある場合も該当します。

(3) 賃金の月額が8.8万円以上であること

　　基本給と諸手当を含めた所定内賃金の額で判断します。基本給が月給でない場合は，週給・日給・時間給を月額に換算します。ただし，次の賃金は除きます。

- 臨時に支払われる賃金および1カ月を超える期間ごとに支払われる賃金（例：慶弔見舞金・賞与）
- 時間外労働，休日労働および深夜労働に対して支払われる賃金（例：残業・休日・深夜の割増賃金）
- 最低賃金法で算入しないことを定める賃金（例：精皆勤手当，通勤手当，家族手当）

　　ただし，あくまで被保険者となるか否かの判断においては除外するだけであり，被保険者資格取得届や算定基礎届の報酬月額には臨時に支払われる賃金以外は含めて届出をします。

(4) 学生でないこと

　　雇用保険の取扱いと同様，生徒または学生は適用対象外となります。ただし，卒業見込証明書を有し卒業前に就職し卒業後も引き続き同じ事業所に勤務する予定の者，休学中の者，大学の夜間学部および高等学校の夜間等の定時制の課程の者は被保険者となります。

② 被保険者の資格　155

(5)　被保険者数が常時501人以上の企業（特定適用事業所）に勤めていること
　　同一事業主の適用事業所において厚生年金保険の被保険者数が1年で6カ月以上，500人を超えることが見込まれる場合は特定適用事業所となります。同一事業主とは，法人番号が同じ適用事業所を指しますので，支店がある場合は本社とすべての支店に勤める被保険者数を合算して判断します。ただし，被保険者数には短時間労働者は含めません。

　さらに「公的年金制度の持続可能性の向上を図るための国民年金法等の一部を改正する法律」が公布となり，平成29年4月1日からは常時500人以下の企業等にも適用が拡大され，下記の被保険者数が常時500人以下の事業所に勤務する短時間労働者も社会保険の適用対象となりました。
　①　労使合意に基づき申出をする法人・個人の事業所
　②　地方公共団体に属する事業所

Q151　短時間労働者に対する健康保険・厚生年金保険の適用拡大の適用単位

　私は会社経営者で，同一法人で複数の事業所を所有しています。同一法人とはいえ，各々の事業所で本社機能があるため，各々の事業所で社会保険を適用しています。複数ある事業所の中で，1事業所においてのみ，「短時間労働者に対する健康保険・厚生年金保険の適用拡大」を受けて，労使合意に基づき，短時間労働者も社会保険に加入させたいのですが，それはできないと言われました。なぜでしょうか。

Ⓐ　「短時間労働者に対する健康保険・厚生年金保険の適用拡大」の適用は，同一法人で法人番号が同じ適用事業所の場合，全事業所において判断されるため，1事業所のみで適用を受けることはできません。

「短時間労働者に対する健康保険・厚生年金保険の適用拡大」の適用を受ける事業所には「特定適用事業所」と「任意特定適用事業所」があります。

〈特定適用事業所〉

事業主が同一である1または2以上の適用事業所[※1]であって，厚生年金保険の被保険者（短時間労働者を除く）の総数が常時500人を超える各適用事業所

※1「事業主が同一である1または2以上の適用事業所」

- 法人事業所に属する事業所の場合，法人番号が同じ適用事業所
- 個人事業所の場合，現在の適用事業所

〈任意特定適用事業所〉

特定適用事業所以外の適用事業所の事業主が同意対象者[※2]の同意を得て申出をし，適用事業所となった事業所

※2「同意対象者」

- 事業主が同一である1または2以上の適用事業所に使用される厚生年金保険の被保険者，70歳以上被用者および短時間労働者

以上からもわかるとおり，適用の可否を判断する上では，事業主が同一である全事業所において判断するため，法人番号が同じ適用事業所は一体となって判断されることになります。ゆえに，同一法人のうち一部の事業所のみで「短時間労働者に対する健康保険・厚生年金保険の適用拡大」を受けることはできません。

一方で，健康保険および厚生年金保険の適用については，各事業所単位に適用し事務処理をするということが原則です。これは，あくまで，適用し事務処理を行う単位は事業所ごとというだけであり，「短時間労働者に対する健康保険・厚生年金保険の適用拡大」の適用可否を判断するものとは異なります。

2 被保険者の資格　157

Q152　マイナンバーによる届出と様式変更

厚生年金の被保険者資格取得届に，マイナンバーを記入する欄が追加になったと聞きました。また，今までは基礎年金番号が不明の場合は書類を受け付けてもらえませんでしたが，今後はどのようになるのでしょうか。また，何かメリットはあるのでしょうか。

Ⓐ　平成30年3月5日以降，資格取得届の様式が変更されており，従来の「基礎年金番号」欄が「個人番号または基礎年金番号」欄になっています。その欄にマイナンバーを記載することで，基礎年金番号が不明であっても手続が可能であり，さらに住所の記載を省略できます。

原則，マイナンバーを記載して提出することになっており，併せて被保険者の本人確認措置（番号確認・身元確認）が必要となります。ただし，マイナンバーの提供が困難な場合は，引き続き基礎年金番号を記載して提出してもよいことになっています。

マイナンバーが記載された資格取得届を提出することにより，後日，日本年金機構から基礎年金番号が通知され，その後の手続を，基礎年金番号とマイナンバーのどちらで行うかは，事業所の利便性を踏まえて選択することができます。

マイナンバーを届け出るメリットとしては，マイナンバーと基礎年金番号が紐づいている場合には，被保険者の住所変更届，氏名変更届，死亡届については，日本年金機構への届出が省略できます。

事業主が被保険者の住所変更届の提出を失念した場合，年に一度，誕生月に日本年金機構から被保険者に送付される「ねんきん定期便」，年金の支給開始年齢に到達する3カ月前に送付される「年金請求書」等が未達となり，被保険者が日本年金機構からのお知らせを受け取れなかったという事態が発生していましたが，今後は，この問題が解消されることになるでしょう。

ただし，死亡届に関しては，国民年金第1号被保険者および第3号被保険者

158　第3編　厚生年金保険法〔Q152〕〔Q153〕〔Q154〕

は届出を省略できますが，厚生年金被保険者については，従来通り，資格喪失届の提出が必要です。

Q153　育児休業等の保険料免除

　　私は正社員として働いていますが，身寄りのない子ども（要保護児童）を引き取ることになりました。その子はまだ幼いため，育児休業を取りたいと考えています。要保護児童であっても，育児休業中は社会保険料の免除を受けることができるのでしょうか。

A　要保護児童であっても社会保険料（健康保険料・厚生年金保険料）の免除は受けられます。

　従来の育児休業の対象となる子は，実子か養子（養子縁組が成立した子）に限定されていましたが，「育児休業，介護休業等育児又は家族介護を行う労働者の福祉に関する法律」の改正により，平成29年1月1日から以下の子についても育児休業等の保険料免除の対象となりました。

①　養親となる者が養子となる者を監護することとされた期間に監護されている当該養子となる者（監護期間中の子）

②　里親である労働者に委託されている児童（要保護児童）

　その他の改正として，育児休業後に職場復帰した際に，勤務時間短縮等で標準報酬月額が低下した場合，従前の標準報酬月額に基づく年金額を受け取ることができる仕組みがありますが，上記①②の子も対象になりました。この措置を受けるためには，「厚生年金保険養育期間標準報酬月額特例申出書」を提出する必要があり，その際の添付書類は下記のとおりです。

①　監護期間中の子：家庭裁判所が発出した事件係属証明書と住民票

②　要保護児童：児童相談所が発行した措置通知書

Q154 社会保障協定

外国で働くことになりました。年金の加入手続はどうなりますか。

A 就労する国の年金制度に加入することになりますが，日本とその相手国が社会保障協定を結んでいる場合には，一定の要件を満たせば相手国の年金制度の加入が免除されます。

社会保障協定とは，

① 二重加入の防止

保険料の二重負担を防止するために加入するべき制度を2国間で調整する。

② 年金加入期間の通算

保険料の掛け捨てとならないように，日本の年金加入期間について，協定を結んでいる国の年金制度に加入していた期間とみなして取り扱い，その国の年金を受給できるようにする。

同様に，協定相手国の年金加入期間を，日本の受給資格期間に通算し，年金受給につなげる（ただし，イギリス，韓国，イタリアおよび中国においては通算不可）。

各国との社会保障協定発効状況（令和元年10月現在）

協定を結んでいる国	ドイツ　イギリス　韓国　アメリカ　ベルギー　フランス　カナダ　オーストラリア　オランダ　チェコ　スペイン　アイルランド　ブラジル　スイス　ハンガリー　インド　ルクセンブルク　フィリピン　スロバキア　中国
署名済(発効準備中)	イタリア　スウェーデン　フィンランド

③ 被保険者期間の計算

Q155 被保険者期間の計算方法

　私の会社でも，老齢（厚生）年金をもらいながら働く人が増えています。そこでいつも被保険者期間のことが問題としてあがります。私も担当者としてよく聞かれますが，わからない点もありますので，期間の計算の方法も含めて教えてください。

A　厚生年金保険で保険給付を行う場合の支給条件の１つに，一定の期間被保険者であったことが必要とされています。例えば老齢（厚生）年金は，20年以上あるいは40歳（女子は35歳）に達した月以後15年以上の被保険者期間があることが受給要件の１つとされています（昭60改正法附則12条）。支給される年金額の決定においても，被保険者期間は欠かせない要件となります。また，第４種被保険者として資格を取得する場合にも，10年以上の被保険者期間が必要とされています。このように，被保険者期間は，年金の受給権や年金額と結び付くきわめて大切な役目を果たしています。

　被保険者期間を計算するときに，資格取得年月日・資格喪失年月日等の日を単位として実際の期間を計算することは，事務取扱い上大変煩雑になりますので，厚生年金保険法においては，次のように規定しています。

① 被保険者の資格を取得した月から資格を喪失した月の前月までの月を単位にして計算します（厚年法19条１項）。例えば，４月１日に資格を取得して９月15日に資格を喪失した場合の被保険者期間は，４月から８月までの

5カ月になります。

② 被保険者の資格を取得した月に，その資格を喪失した場合（「同月得喪」といいます）は，その月を1カ月として被保険者期間を計算します。ただし，その月にさらに被保険者の資格を取得した場合は，前の事業所に使用されていた被保険者期間は消滅して，後の事業所における被保険者期間を1カ月として計算します。したがって，保険料は，後の事業所において徴収されます（厚年法19条2項）。

同様に，同月得喪後，さらに国民年金の被保険者（国民年金法第7条第1項第2号に規定する第2号被保険者を除く）の資格を取得した場合は，国民年金の被保険者を1カ月として計算し，保険料は国民年金保険料のみを負担することになり，厚生年金保険料は徴収されません。

例えば，4月1日に被保険者資格を取得し，4月15日に資格を喪失した場合は14日間であっても，1カ月として計算します。さらに，4月20日に資格を取得した場合は，4月20日以降のみを被保険者期間として1カ月と計算します。

③ 旧第3種被保険者または旧船員保険の被保険者（第3種被保険者等）であった期間について厚生年金保険の被保険者期間を計算する場合には，昭和61年3月31日までの被保険者期間は，①において述べた計算方法により計算した月数に3分の4倍した期間，昭和61年4月1日から平成3年3月31日までの被保険者期間は，同様①に述べた計算方法により計算した月数に5分の6倍した期間が，それぞれ被保険者期間になります（昭60改正法附則47条3項・4項）。

例えば，①において計算した昭和61年3月31日までの月数が36カ月であれば，3分の4倍して48カ月となり，昭和61年4月1日から平成3年3月31日の間の被保険者期間が50カ月であれば，5分の6倍して60カ月となります。

④ 被保険者期間を計算する場合は，過去における被保険者期間をすべて合算します（厚年法19条3項）。例えば，昭和50年4月1日から55年3月15日まで59カ月，57年2月1日から58年1月31日まで（資格喪失年月日2月1日）鉱山勤務で16カ月（被保険者期間は上記③で計算した期間），さらに

162　第3編　厚生年金保険法〔Q155〕

61年4月1日から平成2年5月20日まで49カ月がそれぞれ計算された場合，この者の被保険者であった期間は，124カ月となります。

⑤　第2号厚生年金被保険者，第3号厚生年金被保険者または第4号厚生年金被保険者は，厚生年金保険法第13条の規定にかかわらず，同時に，第1号厚生年金被保険者の資格を取得しません（厚年法18条の2第1項）。

⑥　第1号厚生年金被保険者が同時に第2号厚生年金被保険者，第3号厚生年金被保険者または第4号厚生年金被保険者の資格を取得するに至ったときは，その日に，当該第1号厚生年金被保険者の資格を喪失します（厚年法18条の2第2項）。

⑦　昭和20年10月2日以後に生まれた者であり，かつ，施行日（平成27年10月1日。以下同じ）の前日において国家公務員共済組合の組合員，地方公務員共済組合の組合員または私立学校教職員共済法の規定による私立学校共済制度の加入者であった者であって，施行日において改正前厚年法第12条第1号に掲げる者に該当するもののうち厚年法第6条第1項または第3項に規定する適用事業所であるものに使用されるもの（施行日に同法第13条の規定により厚生年金保険の被保険者の資格を取得する者を除く）は，施行日に厚生年金保険の被保険者の資格を取得します（被用者年金一元化法附則（以下単に「一元化法附則」という）5条）。

⑧　一元化法附則第5条の規定により厚生年金保険の被保険者の資格を取得した者であって，平成27年10月に当該被保険者の資格を喪失したものについて，厚年法第19条第2項本文の規定を適用する場合においては，当該被保険者の資格を取得しなかったものとみなします。つまり，平成27年10月は同月得喪があっても，1カ月の被保険者期間とはみなされません（一元化法附則6条）。

⑨　旧国家公務員共済組合員期間，旧地方公務員共済組合員期間または旧私立学校教職員共済加入者期間は，それぞれ，第1条の規定による改正後の厚年法（以下「改正後厚年法」という）第2条の5第1項第2号に規定する第2号厚生年金被保険者期間（以下「第2号厚生年金被保険者期間」という）または同項第3号に規定する第3号厚生年金被保険者期間（以下「第3号厚生年金被保険者期間」という）または同項第4号に規定する第

4号厚生年金被保険者期間（以下「第4号厚生年金被保険者期間」という）とみなします。ただし，脱退一時金の支給を受けた場合におけるその脱退一時金の計算の基礎となった期間は，上記の厚生年金被保険者期間とはみなされません（一元化法附則7条）。

4 保険給付

Q156 給付を受ける手続

厚生年金保険から給付を受けられるようになったときは，何か手続が必要でしょうか。

A 厚生年金保険による給付は，受給要件を満たすことによって受給権が発生することになりますが，この受給権が発生しただけでは実際に給付を受けることはできません。給付を受けるためには，受給権者が実施機関に請求しなければなりません。この請求に基づいて実施機関は，その請求者について受給要件が満たされているかどうかを確認することになっています。この確認する行為を「裁定」と呼びます。この裁定が行われてはじめて年金を受給することができます。

この裁定請求は，定められた様式によって行うことになっていますが，平成27年10月1日に「被用者年金一元化法」が施行され，統一後の届書等は，ワンストップサービスとして日本年金機構または各共済組合等のどの窓口でも提出することが可能となっています。

4 保険給付 165

Q157 年金の支払方法

年金の支払はどのように行われますか。

A 　年金は，毎年2月，4月，6月，8月，10月および12月の偶数月の6回に分けて，それぞれ前2カ月分が支払われることになっています（国年法18条3項，厚年法36条3項，昭60改正法附則32条4項・78条4項）。

　年金の支払は，郵便局または銀行，信用金庫や一部の農協等の金融機関で行われます。郵便局の場合，日本年金機構から厚生労働大臣の名で送られてくる送金通知書と交換で現金を受け取るか，本人の郵便貯金口座に振込みを受けるかの2つの方法があります。銀行等の金融機関の場合は，本人の口座に振り込まれることになっています。

　なお，支払年金額（年額）が108万円（65歳以上の場合は158万円）以上の老齢給付については，所得税がかかる場合があります。

　〈支払日〉支払月の15日です。その日が土曜日，日曜日または祝日となったときは，その前の平日となります。

　〈支払額〉決定通知書または改定通知書等に記載されている支払年金額（支給停止の額を控除した年金額）の6分の1です。この場合，各支払月ごとに受ける支払額に1円未満の端数が生じたときは，その端数を切り捨て，切り捨てた端数の合計額を2月期の支払額に加算して支払います。また，端数の合計額にさらに1円未満の端数が生じたときは切り捨てます。

　なお，遺族基礎年金または遺族厚生年金等の場合，受給権者が2人以上いるときは，1円単位の端数処理は，受給権者の数で除して受給権者1人当たりの年金額を算出した後に行うこととなります。

　〈支払月・支払額の例外〉初めて年金の支払を受けたときや年金の額が改定されたときは，支払期月でないときでも年金が支払われることがあります。

166　第3編　厚生年金保険法〔Q158〕〔Q159〕

Q158　年金額の端数処理

年金額を計算すると端数が出ますが，どのように処理するのですか。

A　〈年金額の端数処理〉

　保険給付を受ける権利を裁定する場合または保険給付の額を改定する場合において，保険給付の額に50銭未満の端数が生じたときは，これを切り捨て，50銭以上1円未満の端数が生じたときは，これを1円に切り上げるものとします（厚年法35条1項）。なお，このほかに保険給付の額を計算する場合において生じる1円未満の端数の処理については，政令で定めることとしています（厚年法35条2項）。

　端数処理は国民年金と同様ですが，国民年金では年金額にのみ端数処理が行われますが，厚生年金の場合には年金額だけではなく，一時金も端数処理の対象となります。

　被用者年金一元化前の年金額の端数処理は100円単位でしたが，前述のとおり一元化後の平成27年10月からすべて1円単位に変更され，年金額は一元化後初めて年金額が改定になったときから適用されました。

　なお，改正後の厚生年金保険法第35条第1項の規定は，施行日（平成27年10月1日）以後に生じた事由に基づいて保険給付を受ける権利の裁定または保険給付の額の改定について適用し，施行日前に生じた事由に基づいて行う保険給付を受ける権利の裁定もしくは保険給付の額の改定または長期給付を受ける権利の決定もしくは長期給付の額の改定については，従前のままとなります（一元化法附則9条）。

〈各支払月の支払額の端数処理〉

　年金は，毎年偶数月にそれぞれその前月分までが支払われます。すなわち年6回に分けて支払われます。その際，各月の1円未満の端数は切り捨てられていましたが，一元化後は大きく改められました。

　毎年3月から翌年2月までの間において1円未満の端数が切り捨てられた金

④ 保険給付　167

額の合計額については，当該2月期の支払期月の年金額に加算されます（厚年法36条の2第2項）。2月期が支給停止等で支払がない場合は，端数額の加算は行われません。なお，この2月期払いの年金の加算については，平成27年10月以後の月分として支払われた年金の支払額から適用されます。

Q159　未支給の保険給付

年金の受給権者が死亡した場合で，まだもらっていない分があるときは，どうしたらよいでしょうか。

Ⓐ　厚生年金保険による保険給付は，その保険給付を受けることができる者の請求によって，支給されることになっています。したがって保険給付を受ける権利を取得しても請求をしていない場合，あるいは請求をしてもまだ支給を受けていないうちに受給権者が死亡したような場合は，本来支給されるべき年金が支給されずに残ってしまうことになります。

　また，現に年金を受けている場合でも，支払は毎年2月，4月，6月，8月，10月，12月と6回に分けてそれぞれ前月分までとなっているために，受給権者が死亡した場合に支払を受けていない分が発生します。

　このように，支給すべき保険給付で，まだ支給を受けていない保険給付を未支給の保険給付と呼んでいます。この未支給の保険給付は，死亡した受給権者の遺族が受けることができます。

　未支給の保険給付を受けることができる遺族は，死亡した受給権者と死亡当時生計を同じくしていた受給権者の配偶者，子，父母，孫，祖父母，兄弟姉妹またはこれらの者以外の三親等内の親族となっています（受けることができる者の順位は政令で定められます）（厚年法37条）。

　未支給の保険給付を受けるためには，その受けられる者が自己の名で請求しなければなりませんが，請求手続として，厚生年金保険未支給年金・保険給付請求書を日本年金機構に提出することになります。この請求書には，次の書類

を添付する必要があります（厚年則42条・58条・75条・77条の2）。

① 死亡した受給権者と請求者との身分関係を明らかにすることができる市町村長の証明書または戸籍の謄本もしくは抄本

② 死亡した受給権者の死亡当時その者と生計を同じくしていたことを証する書類

5 時 効

Q160 年金の消滅時効

厚生年金保険から給付される年金の時効について教えてください。

A 厚生年金保険から受けられる年金には，旧法を含め老齢（厚生）年金，通算老齢年金，特例老齢年金，障害（厚生）年金，遺族（厚生）年金，通算遺族年金および特例遺族年金等がありますが，これらの年金を受ける権利は5年を経過したときは時効により消滅します（厚年法92条1項）。すなわち，それぞれの年金の受給要件を満たしたときに受給権は発生することになりますが，受給権が発生してから5年間のうちに裁定の請求をしなければ受給権は消滅時効にかかり年金を受けることができなくなります。

しかし，受給権が発生してから5年間のうちに裁定請求をし，裁定が行われると，その裁定された年金の受給権（これを基本権と呼んでいます）は他の消滅事由に該当しない限り消滅しません。そして，これらの年金は，毎年6回に分けて支払期に支払われることになりますが，この支払期に支払われる年金を受ける権利（これを支分権と呼んでいます）についても保険給付と同様の取扱いが行われます。つまり，年金を受ける権利および受給権が発生した年金の支給を受ける権利は，それぞれ5年を経過したときにそれぞれ消滅することになります。また，一時金である障害手当金を裁定請求する権利も5年を経過したときは消滅します（厚年法92条1項）。保険者が保険料を徴収する権利は，2年

170 第3編 厚生年金保険法〔Q160〕〔Q161〕

を経過したときに消滅します（厚年法92条1項）。

　基本権の時効については，現行法令の許容する限度において弾力的な運用が図られていますが，支分権の時効について，平成19年法律第111号等の制定により，受給権者または受給権者であった者の年金記録の訂正が行われた上で裁定または裁定の訂正が行われた場合においては，その裁定による年金記録の訂正に係る受給権に基づき支払われる年金の消滅時効が完成した場合においても，年金を支払うこととなりました。

6 老齢厚生年金

Q161 老齢厚生年金の支給要件

老齢厚生年金はどういう人に支給されるのでしょうか。

A 　厚生年金保険は，労働者の老齢，障害，または死亡について保険給付を行うことになっていますが（厚年法１条），老齢についての保険給付の１つに老齢厚生年金があります（厚年法32条）。老齢厚生年金は，労働者が老齢のため所得を得る途を失った場合に所得の保障をしようとするもので，厚生年金保険の被保険者期間がある者が，国民年金の老齢基礎年金の受給資格期間を満たしたときに，老齢基礎年金に上乗せする形で，65歳から支給されます（厚年法42条）。なお，昭和61年４月１日に60歳以上の者（大正15年４月１日以前に生まれた者）および昭和61年４月１日に60歳未満であっても旧厚生年金保険法の老齢年金，通算老齢年金，特例老齢年金の受給権がある者には，老齢厚生年金は支給されず，旧厚生年金保険法の給付を受けることになります（昭60改正法附則63条）。

〈老齢厚生年金の支給要件〉

　老齢厚生年金は原則として，国民年金の保険料納付済期間，保険料免除期間および合算対象期間を合算した期間が原則として10年を満たしたときに支給されます（保険料納付済期間，保険料免除期間および合算対象期間については第４編を参照）（厚年法42条，昭60改正法57条）。なお，平成29年８月１日の年金機能強化法の施行前においては，受給資格期間は10年ではなく25年とされていま

した。

　老齢基礎年金の受給権を満たした上で厚生年金保険の被保険者期間が１カ月以上ある場合に，65歳から老齢基礎年金に上乗せする形で老齢厚生年金が支給されます。

　老齢基礎年金の支給資格期間の特例については，Q250を参照してください。

〈特別支給の老齢厚生年金の支給要件〉

　前述にかかわらず，厚生年金保険の被保険者期間が１年以上あって，老齢基礎年金の受給資格期間を満たしており60歳に達していれば，65歳になるまでの間に限って，当分の間，特別支給の老齢厚生年金が支給されます（厚年法附則８条）。特別支給の老齢厚生年金は定額部分と報酬比例部分とで構成されており，60歳から64歳までの間の定額部分の支給は平成24年度まで，報酬比例部分の支給は令和６年度までとなっています（厚年法附則８条の２）。女性については５年遅れのスケジュールとなります。

Q162 | 60歳から支給される老齢厚生年金

　老齢厚生年金は，65歳から支給されるとのことですが，人によっては，60歳から支給されているようです。それはなぜですか。

Ⓐ　〈老齢厚生年金の特例〉

　当分の間，65歳未満の者が次のいずれにも該当するに至ったときは，特別支給の老齢厚生年金が支給されます（厚年法附則８条）。

① 60歳以上であること

② １年以上の被保険者期間を有すること

③ 老齢基礎年金の受給資格期間を満たしていること

〈老齢厚生年金の支給開始年齢の特例〉

(1) 坑内員たる被保険者であった期間または船員たる被保険者であった期間を有する60歳未満の者（昭和21年４月１日以前に生まれた者に限る）が，

次のいずれにも該当するに至ったときは，その者に老齢厚生年金が支給されます（平6改正法附則15条1項）。

① 55歳以上であること

② 坑内員たる被保険者であった期間と船員たる被保険者であった期間とを合算した期間が15年以上であること

③ 老齢基礎年金の受給資格期間を満たしていること

(2) 坑内員たる被保険者であった期間または船員たる被保険者であった期間を有する60歳未満の者（昭和21年4月2日から昭和29年4月1日までの間に生まれた者に限る）については，(1)の55歳の部分を次表の左欄に掲げる者について，それぞれ同表の右欄に掲げる年齢に読み替えるものとします（平6改正法附則15条3項）。

生年月日	年齢
昭和21年4月2日～昭和23年4月1日	56歳
昭和23年4月2日～昭和25年4月1日	57歳
昭和25年4月2日～昭和27年4月1日	58歳
昭和27年4月2日～昭和29年4月1日	59歳

Q163 老齢年金受給資格期間25年から10年に短縮

年金を払った期間が10年でも年金を受け取ることができると聞きましたが，本当でしょうか。また，どういった制度でしょうか。

A 平成29年8月1日から，年金を受け取るために必要な期間（受給資格期間）が10年以上となれば，年金を受け取れるようになりました。ただし，受け取れる年金額は保険料納付済期間や免除期間に応じて決定されます。

以前から無年金者の問題は年金制度の課題の1つであり，社会保障・税一体改革において，年金を受け取れる方を増やし，納付した保険料に応じた給付を

行い，無年金者の発生を防止するという観点から，受給資格期間を25年から10年に短縮することになっていました。そして，遂に「公的年金制度の財政基盤及び最低保障機能の強化等のための国民年金法等の一部を改正する法律の一部を改正する法律」（平成28年法律第84号）が平成28年11月24日に公布され，平成29年8月1日から施行されました。

新たに年金を受け取ることができるようになる受給資格期間が10年以上25年未満の方には，日本年金機構より年金請求書（短縮用）が郵送され，請求手続は，施行日前の平成29年3月1日から受付が開始され，混雑を緩和する措置がとられました。

ただし，受給資格期間が10年に短縮されるのは老齢年金に限定されています。障害年金，遺族年金，加給年金の要件は従来と同じ取扱いとなります。被保険者期間の3分の1を超える保険料未納期間があると，障害基礎（厚生）年金や遺族基礎（厚生）年金を受けられず，また，被保険者期間が20年以上ないと老齢厚生年金に加給年金は加算されませんので，単に10年間年金保険料を支払えば安心というわけではありません。

Q164 老齢年金受給資格期間10年に短縮と合算対象期間

平成29年8月1日から年金の保険料を10年支払っていれば年金を受け取れると聞きました。私は厚生年金期間が5年間と第3号被保険者期間が6年間ありましたが，厚生年金は脱退手当金で精算してしまいました。私は年金を受け取れるでしょうか。

A 平成29年8月1日から，年金を受け取るために必要な期間（受給資格期間）が10年以上となりましたので，脱退手当金を受けた期間が合算対象期間とみなされれば，平成29年8月1日以降，年金を受け取れるようになります。

受給資格期間（年金を受け取るために必要な期間）には，保険料納付済期間，

保険料免除期間と合算対象期間が含まれます。合算対象期間とはカラ期間とも呼ばれ，年金額には反映されませんが受給資格期間としてみなすことができる期間のことです。

脱退手当金で精算した期間においては，昭和36年4月1日から昭和61年3月31日までの期間に厚生年金保険・船員保険の被保険者期間があり，昭和61年4月から65歳に達する日の前月までの間に保険料納付済期間（免除期間を含む）がある場合に限り，カラ期間として受給資格期間に算入することができます。

脱退手当金以外にも合算対象期間はいくつか種類があり，主なものは下記のとおりです。

① 厚生年金保険の被保険者または共済組合などの加入者の配偶者で国民年金に任意加入しなかった期間（昭和36年4月1日〜昭和61年3月31日）

② 学生で国民年金に任意加入しなかった期間（昭和36年4月1日〜平成3年3月31日）

③ 日本人であって海外に居住していた期間のうち国民年金に任意加入しなかった期間（昭和36年4月1日〜）

Q165 在職中に受ける老齢厚生年金

在職中でも老齢厚生年金を受けることができると聞いていますが，どのような場合でしょうか。

Ⓐ 老齢厚生年金の受給権者が，在職中すなわち厚生年金保険の被保険者であるときは，支給される給与等の額と老齢厚生年金の額とに応じて，調整が行われます。この仕組みを，在職老齢年金と言います。

在職老齢年金は老齢厚生年金を受給する月に適用されますが，新たに被保険者の資格を取得した月は除きます。また退職日の属する月まで適用になります。

平成27年10月から昭和12年4月1日以前に生まれた70歳以上の者，共済加入者および議員についても在職老齢年金の対象となりました。

〈60歳台前半の在職老齢年金〉

老齢厚生年金の受給権者が，厚生年金保険の被保険者である日が属する月において，その人の総報酬月額相当額と基本月額との合計額が支給停止調整開始額を超えるときは，その月の分の老齢厚生年金について，次に掲げる場合に応じて，それぞれに定める額に12を乗じて得た額（支給停止基準額といいます）に相当する部分の支給を停止します（厚年法附則11条）。ただし，支給停止基準額が老齢厚生年金の額以上であるときは，老齢厚生年金の全部の支給を停止します。

総報酬月額相当額とは，老齢厚生年金の受給権者が厚生年金保険の被保険者である日が属する月において，その人の標準報酬月額とその月以前1年間の標準賞与額の総額を12で除して得た額を合算した額です（厚年法46条1項）。この総報酬月額相当額と老齢厚生年金との間で調整を行います。

基本月額とは，加給年金額を控除した老齢厚生年金の額を12で除して得た額です（厚年法46条1項）。

支給停止調整開始額は，28万円です。28万円または直近の改定額に再評価率の改定の基準となる率を乗じて得た額（その額に5,000円未満の端数が生じたときはこれを切り捨て，5,000円以上10,000円未満の端数が生じたときは10,000円に切り上げます）が28万円または直近の改定額を超え，または下るに至ったときは，当該年度の4月以後の支給停止調整開始額を当該乗じて得た額に改定します（厚年法附則11条2項）。なお，令和2年度の支給停止調整開始額は，28万円です。

支給停止調整変更額は，48万円です。48万円または直近の改定額に「各年度の物価変動率×一定の率」を乗じて得た額（その額に5,000円未満の端数が生じたときはこれを切り捨て，5,000円以上10,000円未満の端数が生じたときは10,000円に切り上げます）が48万円または直近の改定額を超え，または下るに至ったときは，当該年度の4月以後の支給停止調整変更額を当該乗じて得た額に改定します（厚年法附則11条3項）。なお，令和2年度の支給停止調整変更額は，47万円です。

総報酬月額相当額と基本月額を加えた額が支給停止調整開始額（28万円）以下である場合には，支給停止はされません。

支給停止調整開始額＝A（28万円)

　　支給停止調整変更額＝B（47万円)

と読み替えた際の支給停止基準額は下記のとおりです。

　①　基本月額がA以下で，総報酬月額相当額がB以下の場合

　　（総報酬月額相当額＋基本月額－A）×１／２×12

　②　基本月額がA以下で，総報酬月額相当額がBを超える場合

　　［（B＋基本月額－A）×１／２＋（総報酬月額相当額－B）］×12

　③　基本月額がAを超え，総報酬月額相当額がB以下の場合

　　総報酬月額相当額×１／２×12

　④　基本月額がAを超え，総報酬月額相当額がBを超える場合

　　［B×１／２＋（総報酬月額相当額－B）］×12

〈60歳台後半の在職老齢年金〉

　老齢厚生年金の受給権者が厚生年金保険の被保険者である日が属する月において，その人の総報酬月額相当額と老齢厚生年金の額（加給年金額と経過的加算を除きます）を12で除して得た額（基本月額といいます）との合計額が支給停止調整額の47万円を超えるときは，その月の分の当該老齢厚生年金について，総報酬月額相当額と基本月額との合計額から支給停止調整額47万円を控除して得た額の２分の１に相当する額に12を乗じて得た額（支給停止基準額といいます）に相当する部分の支給を停止します。ただし，支給停止基準額が老齢厚生年金の額以上であるときは，老齢厚生年金の全部の支給を停止します（厚年法46条１項)。

　①　総報酬月額相当額＋基本月額が支給停止調整額未満である場合

　　支給停止無し

　②　総報酬月額相当額＋基本月額が支給停止調整額を超える場合

　　支給停止基準額＝（総報酬月額相当額＋基本月額－支給停止調整額）×２分の１×12

　③　②の支給停止基準額が老齢厚生年金の額以上である場合

　　全額支給停止

　経過的加算額は，65歳以上の在職調整の対象とはならず，全額支給されます（昭60改正法附則62条１項)。

178　第3編　厚生年金保険法〔Q165〕〔Q166〕〔Q167〕

　昭和36年4月2日以後生まれの男子，昭和41年4月2日以後生まれの女子，船員・坑内員が，65歳到達前に繰上げ支給の老齢厚生年金を受給しながら在職している場合にも，この在職支給停止が適用になります。

　在職中に老齢厚生年金を受けている人の総報酬月額相当額が変わると，新しい総報酬月額相当額に応じた支給停止額が決められ，総報酬月額相当額が変動した月から支給額が改定されます。

〈70歳以上の在職老齢年金〉

　老齢厚生年金の受給権者が，70歳以上の使用される者である日が属する月においては，60歳台後半の在職老齢年金の仕組みによって老齢厚生年金の全部または一部の支給を停止します。

Q166　70歳到達時の被保険者等の届出

　私は大卒で就職してずっとサラリーマンを続けてきました。この度，70歳になりましたので，老齢厚生年金が貰える程度に給与の額を下げました（70歳になるまでは給与が高かったので，老齢厚生年金の支給は全額停止されていました）。しかし，給与を下げたのに老齢厚生年金の支給が開始されません。なぜでしょうか。

Ⓐ　今までは，被保険者の70歳到達月の前月に，日本年金機構から事業主宛てに「届書提出のご案内」と「70歳到達届」を送付され，70歳到達日から5日以内に，事業主が日本年金機構へ70歳到達届を提出する運用となっていましたが，厚生年金保険の適用事務にかかる事業主の事務負担の軽減を図るため，平成31年4月より，70歳に到達した被保険者の届出の取扱いが変更となりました。

●下記の要件に該当する場合は届出不要（日本年金機構にて厚生年金保険の資格喪失処理が行われます）

　要件1：70歳到達日の前日以前から適用事業所に使用されており，70歳到達

6 老齢厚生年金　179

日以降も引き続き同一の適用事業所に使用される被保険者

要件2：70歳到達日時点の標準報酬月額相当額が，70歳到達日の前日における標準報酬月額と同額である被保険者

　ただし，70歳到達日時点の標準報酬月額相当額が，70歳到達日の前日における標準報酬月額と比較して変更がある場合は，従来どおり届出が必要です。70歳になるのを機に給与を下げたということですので，70歳到達届を失念している可能性があります。この届出は事業主を通して日本年金機構に提出しますので，会社の担当者に確認してください。

Q167　短時間労働者に対する社会保険の適用拡大と長期加入者・障害者特例

　厚生年金保険の被保険者期間44年間の長期加入者特例として，報酬比例部分と定額部分の両方の年金を受給しながら，パートで働いています。平成28年10月1日以降，社会保険の制度が変わり短時間勤務者も社会保険に加入するように会社から言われていますが，加入すると長期加入者特例は受けられなくなるのでしょうか。

Ⓐ　原則特例は受けられなくなり定額部分は全額支給停止となりますが，同じ事業所に引き続き勤務しており適用拡大により平成28年10月1日に被保険者になった場合は，定額部分の支給停止を行わないという経過措置が設けられています。

　厚生年金の被保険者期間が44年以上の長期加入者，障害等級3級以上に該当している障害者が60歳代前半の場合，特例として特別支給の老齢厚生年金の報酬比例部分だけでなく定額部分も受給できます。ただし，これは被保険者でないという要件を満たしている必要があります。つまり，平成28年10月1日以降，短時間労働者として社会保険に加入した場合，これらの特例には該当しなくな

り，定額部分は全額支給停止となってしまいます。その場合，大幅に年金額が減額となってしまうため，同じ事業所に引き続き勤務しており平成28年10月1日に被保険者になった場合は，在職老齢年金による支給停止を行う際に定額部分の支給停止を行わずに，報酬比例部分のみ在職支給停止を行う経過措置が設けられました。

経過措置を受けるためには下記の書類を最寄りの年金事務所に提出する必要があります。

① 障害者・長期加入者特例に係る老齢厚生年金在職支給停止一部解除届
② 平成28年9月30日以前から引き続き勤務していることを明らかにすることができる書類（給与明細書，雇用契約書）
③ 平成28年9月30日以前から引き続き勤務していることについての事業主の証明書（届書の事業主証明欄に証明することでも可）

ただし，あくまでこの経過措置は定額部分のみとなりますので，報酬比例部分については，厚生年金の被保険者期間が44年以上の長期加入者，障害等級3級以上に該当している障害者の特例に該当しない人の場合と同様に，報酬や賞与と調整され在職支給停止の対象となります。

支給方法については，当分の間，定額部分は1カ月遅れで支給されます。つまり，通常の支給日（偶数月の15日）には在職老齢年金により停止になっていない報酬比例部分が支給され，そこから1カ月遅れで，翌月（奇数月の15日）に定額部分が支給されます。

前述の平成28年10月1日からの適用拡大に加え，平成29年4月1日から被保険者数が常時500人以下の企業のうち，次のいずれかに該当する事業所に勤務する短時間労働者も厚生年金保険・健康保険の適用対象となりました。

・労使合意に基づき申出をする法人・個人の事業所
・地方公共団体に属する事業所

上記により社会保険の適用拡大に該当した長期加入者または障害者についても，経過措置が設けられています。経過措置を受けるためには，平成28年10月1日からの適用拡大と同様に必要書類を年金事務所に提出する必要があります。必要書類は上記②③の「平成28年9月30日」を「平成29年3月31日」に読み替えたものとなります。ただし，この経過措置の適用は，平成30年4月30日まで

6 老齢厚生年金　181

に申出を受理した場合に限られます。

Q168　雇用保険の基本手当との調整

老齢厚生年金と雇用保険の失業給付は同時に受けることができないとのことですが，どういうことでしょうか。

A (1)　雇用保険法の規定による基本手当との調整

平成10年4月1日以降に受給権が発生する老齢厚生年金の受給権者が雇用保険法の規定による求職の申込みをしたときは，当該老齢厚生年金の支給は，求職の申込みがあった月の翌月から次のいずれかに至った月までの間，停止になります。また，求職の申込みをすでに行っている者が老齢厚生年金の受給権を取得した場合については，受給権を取得した月の翌月から，以下のいずれかに至った月までの間，老齢厚生年金の支給は停止されます（厚年法附則7条の4・11条の5，平6改正法附則25条）。

①　求職の申込みに係る基本手当の受給期間が経過したとき

②　所定給付日数分の基本手当の支給を受け終わったとき

(2)　老齢厚生年金の支給停止の解除（事後精算）

老齢厚生年金の支給が停止される各月について，基本手当の支給を受けた日とみなされる日およびこれに準ずる日がない場合は，その月の老齢厚生年金の支給停止が解除され，事後に支給されます。これを事後精算といいます。なぜ，事後精算が必要かというと，基本手当と老齢厚生年金の調整対象期間中に基本手当を受けた日が1日でもある月は，年金の全額が支給停止されます。このため，失業給付を受けた日数の合計が同じであっても，月をまたいで失業給付を受けたかどうかの違いにより，年金が支給停止される月数が異なる場合があるからです。

(1)により老齢厚生年金の支給停止を受けた者が，(1)の①または②に該当するに至った場合，老齢厚生年金の支給が停止された月の数から，基本手当の支給

182　第3編　厚生年金保険法〔Q168〕〔Q169〕

を受けた日とみなされる日数を30で除して得た数を控除して得た数分の月数について，直近の各月における支給の停止を解除します。この場合において，30で除して得た数に1未満の端数が生じた場合は，これを1に切り上げます。

$$支給停止解除月数 = 年金支給停止月数 - \frac{基本手当の支給対象となった日数}{30}$$

Q169　老齢厚生年金の額と計算方法

老齢厚生年金の額はどのくらいになるのでしょうか。その計算方法について教えてください。

A　〈老齢厚生年金の額〉

老齢厚生年金の額は，被保険者であった全期間の平均標準報酬額（被保険者期間の計算の基礎となる各月の標準報酬月額と標準賞与額の総額を，当該被保険者期間の月数で除して得た額をいいます）の1000分の5.481（生年月日により率の読替えがあります）に相当する額に被保険者期間の月数を乗じて得た額です（厚年法43条）。

〈老齢厚生年金の額の計算に関する経過措置〉

厚年法附則第8条の規定による特別支給の老齢厚生年金の受給権者が男子であって昭和16年4月1日以前に生まれた者，または女子であって昭和21年4月1日以前に生まれた者であるときは，その老齢厚生年金の額は，定額部分と報酬比例部分を合算した額となります（厚年法附則9条，平6改正法附則17条・18条2項，昭60改正法附則59条）。昭和16年4月2日から昭和36年4月1日までに生まれた男子，昭和21年4月2日から昭和41年4月1日までに生まれた女子の特別支給の老齢厚生年金は，生年月日に応じて段階的に支給開始年齢が引き上げられます。

〈定額部分〉

定額部分は次の計算式により算出されます（厚年法附則9条の2第2項1号）。

6 老齢厚生年金　183

1,628円×改定率（令和 2 年度1.001）×被保険者期間の月数

　1,628円の定額単価は，昭和21年 4 月 1 日以前に生まれた者については，生年月日に応じて政令で定める率（次頁の表「定額部分の読替率」）を乗じて得た額に読み替えます（昭60改正法附則59条 3 項，昭61措置令75条）。

　定額部分の被保険者期間の月数には，生年月日に応じて上限が設けられています（平 6 改正法附則17条・18条，平16改正法附則36条）。

生年月日	上限月数
昭和 4 年 4 月 1 日以前	420月（35年）
昭和 4 年 4 月 2 日〜昭和 9 年 4 月 1 日	432月（36年）
昭和 9 年 4 月 2 日〜昭和19年 4 月 1 日	444月（37年）
昭和19年 4 月 2 日〜昭和20年 4 月 1 日	456月（38年）
昭和20年 4 月 2 日〜昭和21年 4 月 1 日	468月（39年）
昭和21年 4 月 2 日以後	480月（40年）

〈報酬比例部分〉

(1)　本来水準

　平成15年 4 月から総報酬制が導入されたため，平成15年 4 月以後の年金額の計算は，平成15年 3 月以前の被保険者期間分と平成15年 4 月以後の被保険者期間分とに分けて計算します。なお次の式は，平成12年改正により厚生年金保険の給付水準を 5 ％適正化した年金額の計算式です（本来水準といいます）。給付水準適正化においては，年金受給者への急激な変化を防止するため，改正後の本来水準の計算式による年金額が改正前の計算式による年金額を下回る場合には，改正前の年金額の計算式による年金額を保障することになっています。これを従前額の保障といいます。

●　平成15年 3 月以前の被保険者期間を有する者の報酬比例の年金額

　次の①と②との合計額（厚年法附則 9 条の 2 第 2 項 2 号，平12改正法附則20条 1 項・ 2 項，平 6 経過措置政令19条の 2 ）

　　①　平均標準報酬月額×1000分の7.125×平成15年 3 月以前の被保険者期間の月数

　　②　平均標準報酬額×1000分の5.481×平成15年 4 月以後の被保険者期間

184　第3編　厚生年金保険法〔Q169〕

の月数

1000分の7.125と1000分の5.481については，生年月日に応じて次の表「報酬
比例部分の乗率（新）」のとおりに読み替えられます（昭60改正法附則59条1項）。

生年月日	定額部分の読替率	報酬比例部分の乗率(新)		報酬比例部分の乗率(旧)	
		導入前	導入後	導入前	導入後
大正15年4月2日～昭和2年4月1日	1.875	1000分の9.500	1000分の7.308	1000分の10.00	1000分の7.692
昭和2年4月2日～昭和3年4月1日	1.817	9.367	7.205	9.89	7.585
昭和3年4月2日～昭和4年4月1日	1.761	9.234	7.103	9.72	7.477
昭和4年4月2日～昭和5年4月1日	1.707	9.101	7.001	9.58	7.369
昭和5年4月2日～昭和6年4月1日	1.654	8.968	6.898	9.44	7.262
昭和6年4月2日～昭和7年4月1日	1.603	8.845	6.804	9.31	7.162
昭和7年4月2日～昭和8年4月1日	1.553	8.712	6.702	9.17	7.054
昭和8年4月2日～昭和9年4月1日	1.505	8.588	6.606	9.04	6.954
昭和9年4月2日～昭和10年4月1日	1.458	8.465	6.512	8.91	6.854
昭和10年4月2日～昭和11年4月1日	1.413	8.351	6.424	8.79	6.762
昭和11年4月2日～昭和12年4月1日	1.369	8.227	6.328	8.66	6.662
昭和12年4月2日～昭和13年4月1日	1.327	8.113	6.241	8.54	6.569
昭和13年4月2日～昭和14年4月1日	1.286	7.990	6.146	8.41	6.469
昭和14年4月2日～昭和15年4月1日	1.246	7.876	6.058	8.29	6.377
昭和15年4月2日～昭和16年4月1日	1.208	7.771	5.978	8.18	6.292
昭和16年4月2日～昭和17年4月1日	1.170	7.657	5.890	8.06	6.200
昭和17年4月2日～昭和18年4月1日	1.134	7.543	5.802	7.94	6.108
昭和18年4月2日～昭和19年4月1日	1.099	7.439	5.722	7.83	6.023
昭和19年4月2日～昭和20年4月1日	1.065	7.334	5.642	7.72	5.938
昭和20年4月2日～昭和21年4月1日	1.032	7.230	5.562	7.61	5.854
昭和21年4月2日～	1.000	7.125	5.481	7.50	5.769

(2)　平成12年改正前の年金額の保障（従前額の保障）

　前述の本来水準の年金額が次の式で算出された年金額を下回るときは，こち
らの年金額が支給され，従前の年金額が保障されます。このように，本来水準
と従前額保障の年金額を比較して高い方を支給しますが，昭和12年度以降に生
まれた者は本来水準の年金額となります。

6 老齢厚生年金　185

● 平成15年３月以前の被保険者期間を有する者の報酬比例の年金額

次の①と②の合算額に従前額改定率を乗じて得た額（平12改正法附則21条１項）

① 平均標準報酬月額×1000分の7.5×平成15年３月以前の被保険者期間の月数

② 平均標準報酬額×1000分の5.769×平成15年４月以後の被保険者期間の月数

1000分の7.5と1000分の5.769については，生年月日に応じて前頁の表「報酬比例部分の乗率（旧）」のとおり読み替えられます。

〈再評価〉

報酬比例部分に係る平均標準報酬月額または平均標準報酬額を算出する際，過去の標準報酬月額・標準賞与額は，「再評価率」を用いて現在価値に再評価されます。

平成16年改正前においては，再評価率は，５年ごとの財政再計算による法律改正ごとに率が改定され，次の法律改正までの間は物価スライドにより年金額を改定していましたが，平成16年改正により，下記のとおり再評価率を毎年改定する仕組みになりました。

新規裁定者：前年度の年金額×（名目手取り賃金変動率－スライド調整率）

既裁定者：前年度の年金額×（物価変動率－スライド調整率）

(1) 再評価率の改定（厚年法43条の２・43条の３）

① 65歳に達した年度の３年後の年度前の再評価率

(a) 原則として，毎年度，名目手取り賃金変動率を基準として改定し，当該年度の４月以降の保険給付について適用します。

(b) 次に掲げる再評価率の改定については，以下に定める率を基準とします。

・当該年度の前年度に属する月の標準報酬月額と標準賞与額（前年度の標準報酬月額等）に係る再評価率…可処分所得割合変化率

・当該年度の前々年度または当該年度の初日の属する年の３年前の年の４月１日の属する年度に属する月の標準報酬月額と標準賞与額（前々年度の標準報酬月額等）に係る再評価率…物価変動率に可処

分所得割合変化率を乗じて得た率

(c) 名目手取り賃金変動率が1を下回り，かつ，物価変動率が名目手取り賃金変動率を上回る場合における再評価率の改定については，物価変動率を基準とします。ただし，物価変動率が1を下回る場合には，1を基準とします。

② 65歳に達した年度の3年後の年度以後の再評価率

(a) 受給権者が65歳に達した日の属する年度の初日の属する年の3年後の年の4月1日の属する年度以後において適用される再評価率（基準年度以後再評価率）の改定については，原則として，物価変動率を基準とします。

(b) 前年度の標準報酬月額および前々年度等の標準報酬月額等に係る基準年度以後再評価率の改定については，①の(b)の規定を適用します。

(c) 次に掲げる場合における基準年度以後再評価率の改定については，以下に定める率を基準とします。

• 物価変動率が名目手取り賃金変動率を上回り，かつ，名目手取り賃金変動率が1以上となるとき…名目手取り賃金変動率

• 物価変動率が1を上回り，かつ，名目手取り賃金変動率が1を下回るとき…1

(2) 調整期間における再評価率の改定（厚年法43条の4・43条の5）

調整期間における再評価率の改定は，原則として，「公的年金被保険者数変動率に平均余命の伸び率（0.997）を乗じて得た率（調整率）」を「名目手取り賃金変動率（65歳に達した年度の3年後の年度以後については物価変動率）」に乗じて得た率を基準として行います。ただし，改定後の率と前年度の再評価率等との比較による例外があります。

〈特別支給の老齢厚生年金の支給開始年齢〉

(1) 昭和16年4月2日から昭和24年4月1日までに生まれた男子の特別支給の老齢厚生年金の定額部分の支給開始年齢は，生年月日に応じて次の表のとおりであり，60歳からその年齢に達するまでの間は，報酬比例部分のみが支給されます（平6改正法附則19条）。

生年月日	定額部分支給開始年齢
昭和16年4月2日～昭和18年4月1日	61歳
昭和18年4月2日～昭和20年4月1日	62歳
昭和20年4月2日～昭和22年4月1日	63歳
昭和22年4月2日～昭和24年4月1日	64歳

(2) 昭和21年4月2日から昭和29年4月1日までに生まれた女子の特別支給の老齢厚生年金の定額部分の支給開始年齢は，生年月日に応じて次の表のとおりであり，60歳からその年齢に達するまでの間は，報酬比例部分のみが支給されます（平6改正法附則20条）。

生年月日	定額部分支給開始年齢
昭和21年4月2日～昭和23年4月1日	61歳
昭和23年4月2日～昭和25年4月1日	62歳
昭和25年4月2日～昭和27年4月1日	63歳
昭和27年4月2日～昭和29年4月1日	64歳

(3) 昭和24年4月2日から昭和28年4月1日までに生まれた男子，または，昭和29年4月2日から昭和33年4月1日までに生まれた女子の特別支給の老齢厚生年金については，報酬比例部分は60歳から支給されますが，定額部分は支給されません。

(4) 昭和28年4月2日から昭和36年4月1日までに生まれた男子の特別支給の老齢厚生年金の報酬比例部分の支給開始年齢は，生年月日に応じて次の表のとおりであり，定額部分は支給されません（厚年法附則8条の2）。

生年月日	報酬比例部分支給開始年齢
昭和28年4月2日～昭和30年4月1日	61歳
昭和30年4月2日～昭和32年4月1日	62歳
昭和32年4月2日～昭和34年4月1日	63歳
昭和34年4月2日～昭和36年4月1日	64歳

(5) 昭和33年4月2日から昭和41年4月1日までに生まれた女子の特別支給

188　第3編　厚生年金保険法〔Q169〕

の老齢厚生年金の報酬比例部分の支給開始年齢は，生年月日に応じて次の
表のとおりであり，定額部分は支給されません（厚年法附則8条の2）。

生年月日	報酬比例部分支給開始年齢
昭和33年4月2日～昭和35年4月1日	61歳
昭和35年4月2日～昭和37年4月1日	62歳
昭和37年4月2日～昭和39年4月1日	63歳
昭和39年4月2日～昭和41年4月1日	64歳

〈加給年金額〉

(1)　65歳未満の配偶者（大正15年4月1日以前に生まれた者は年齢制限がありま
　　　せん。昭60改正法附則60条）

　　　　　　　　224,700円×改定率（令和2年度1.001）(224,900円)

(2)　第2子まで各1人　224,700円×改定率（令和2年度1.001）(224,900円)

(3)　第3子以下各1人　74,900円×改定率（令和2年度1.001）(75,000円)

　(注)　①　加給年金額の対象となる配偶者および子は，特別支給の老齢厚生年金
　　　　の受給権者が〈特別支給の老齢厚生年金の支給開始年齢〉の(1)または(2)
　　　　の表の年齢に達した時に，被保険者期間が20年（または15～19年の中高
　　　　齢者の特例期間）以上あり，その受給権者により生計を維持されている
　　　　配偶者，18歳に達する日以後の最初の3月31日までの間にある子または
　　　　20歳未満の障害の状態にある子です。なお，配偶者が厚生年金保険その
　　　　他の年金制度から被保険者期間が20年（または15～19年の中高齢者の特
　　　　例期間）以上の老齢・退職，または障害を支給事由とする年金を受けら
　　　　れる場合には，配偶者について加算する加給年金は，その間支給停止さ
　　　　れます（厚年法46条6項）。

　　　　②　昭和9年4月2日以後生まれの老齢厚生年金の受給権者で配偶者がい
　　　　る場合，受給権者の生年月日に応じて特別加算額が加給年金に加算され
　　　　ます（昭60改正法附則60条2項，措置令67条）。

〈経過的加算額〉

　65歳から支給される老齢厚生年金は，当分の間，報酬比例部分に経過的加算
額を加算した額が支給されます（昭60改正法附則59条2項）。

　経過的加算額は，定額部分の年金額から老齢基礎年金相当の額を差し引いた

額です。

$$経過的加算額＝定額部分の年金額－満額の老齢基礎年金×\frac{昭和36年4月以降で20歳以上60歳未満の厚生年金保険被保険者月数}{加入可能年数×12月}$$

生年月日	加入可能月数（年数）
大正15年4月2日〜昭和2年4月1日	300月（25年）
昭和2年4月2日〜昭和3年4月1日	312月（26年）
昭和3年4月2日〜昭和4年4月1日	324月（27年）
昭和4年4月2日〜昭和5年4月1日	336月（28年）
昭和5年4月2日〜昭和6年4月1日	348月（29年）
昭和6年4月2日〜昭和7年4月1日	360月（30年）
昭和7年4月2日〜昭和8年4月1日	372月（31年）
昭和8年4月2日〜昭和9年4月1日	384月（32年）
昭和9年4月2日〜昭和10年4月1日	396月（33年）
昭和10年4月2日〜昭和11年4月1日	408月（34年）
昭和11年4月2日〜昭和12年4月1日	420月（35年）
昭和12年4月2日〜昭和13年4月1日	432月（36年）
昭和13年4月2日〜昭和14年4月1日	444月（37年）
昭和14年4月2日〜昭和15年4月1日	456月（38年）
昭和15年4月2日〜昭和16年4月1日	468月（39年）
昭和16年4月2日以後	480月（40年）

〈繰上げ支給の老齢基礎年金との調整〉

(1)　昭和16年4月1日以前に生まれた者に支給される60歳台前半の老齢厚生年金は，受給権者が老齢基礎年金の繰上げ支給を受けた場合，繰上げ支給の老齢基礎年金を受けている間は，全額支給停止となります（平6改正法附則24条2項）。

(2)　報酬比例相当額を受給している間に繰上げ請求をする場合（平6改正法附則27条）。

昭和16年4月2日から昭和24年4月1日（女子は昭和21年4月2日から昭和29年4月1日）までの間に生まれた者は，60歳から報酬比例相当額の老齢厚生年金を受給し，生年月日に応じて61歳から64歳までの間のいずれかの年齢から定額部分を受けることになります。

① 一部繰上げ

　定額部分の支給開始年齢前から老齢基礎年金を繰り上げることを希望した場合には，老齢基礎年金の一部繰上げを請求することができます。この場合，定額部分の額は，繰上げ減額されます（平6措置令16条の2・16条の3）。

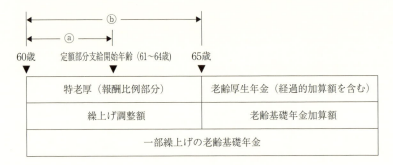

　ⓐ　繰上げ請求月から定額部分の支給開始年齢到達月の前月までの月数
　ⓑ　繰上げ請求月から65歳到達月の前月までの月数
(a) 一部繰上げの定額部分（繰上げ調整額）
　（定額部分）−（定額部分×ⓐ÷ⓑ）
(b) 一部繰上げの老齢基礎年金
　老齢基礎年金額×ⓐ÷ⓑ（調整率）−老齢基礎年金額×ⓐ÷ⓑ（調整率）×1000分の5×ⓑ（減額率）

② 全部繰上げ

　60歳から65歳に達するまでの間に，老齢基礎年金の全部繰上げの請求をすることができます。この場合は，老齢基礎年金相当額（昭和36年4月以後であって20歳以上60歳未満の厚生年金保険の被保険者期間に係る老齢基礎年金の年金額）が支給停止となります。定額部分の支給開始年

齢到達以後に経過的加算額相当額は支給されます。報酬比例部分は全額支給されます。65歳に達した後は，全部繰上げによる減額された老齢基礎年金と，減額されない老齢厚生年金（報酬比例の年金＋経過的加算＋加給年金額）が支給されます。

(3) 定額部分を合わせた額を受給している間に繰上げ請求する場合（厚年法附則11条の4第1項，昭60改正法附則62条，平6改正法附則24条3項）

次のいずれかに該当する者が定額部分を合わせた老齢厚生年金を受けている場合は，全部繰上げ支給の老齢基礎年金を併給することができます。

① 昭和16年4月2日から昭和24年4月1日までの間に生まれた男子，昭和21年4月2日から昭和29年4月1日までの間に生まれた女子のうち，定額部分の支給開始年齢に到達している者

② 障害者・長期加入者の年金額の特例に該当する者，第3種被保険者の支給開始年齢の特例に該当する者および昭和16年4月2日から昭和21年4月1日までの間に生まれた女子

(4) 60歳から65歳までの間，報酬比例部分の年金のみを受ける者の場合

昭和24年4月2日から昭和28年4月1日までの間に生まれた男子，昭和29年4月2日から昭和33年4月1日までの間に生まれた女子は，全部繰上げ支給の老齢基礎年金と合わせて受けることができます。

(5) 60歳台前半の老齢厚生年金の支給開始年齢が段階的に引き上げられる者の場合（厚年法附則13条の4）

昭和28年4月2日から昭和36年4月1日までの間に生まれた男子，昭和33年4月2日から昭和41年4月1日までの間に生まれた女子，坑内員・船員（第3種被保険者としての実加入期間が15年以上ある場合に限る）は，60歳から報酬比例部分の支給開始年齢までの間に，老齢厚生年金の繰上げ請求をすることができます。

繰上げ支給の老齢厚生年金を請求するときは，同時に老齢基礎年金も繰上げ支給を請求しなければなりません。この場合，障害者・長期加入者または坑内員・船員を除いて，全部繰上げ請求となります。

障害者・長期加入者，坑内員・船員は，報酬比例部分および定額部分の支給開始年齢が61歳から64歳に引き上げられます。これらの者は，特別支

給の老齢厚生年金の支給開始年齢に到達する前に繰上げ支給の老齢厚生年金の支給を請求することができます（厚年法附則13条の5第1項）。この場合の年金額は，繰上げ支給の老齢厚生年金に繰上げ調整額（定額部分）が加算され，老齢基礎年金は一部繰上げ請求となります（国年法附則9条の2の2）。

(6) 60歳台前半の老齢厚生年金が支給されない者の場合

昭和36年4月2日以後に生まれた男子，昭和41年4月2日以後に生まれた女子，坑内員・船員は，60歳以上65歳未満の間に，老齢厚生年金の繰上げ支給を請求することができます（厚年法附則7条の3）。この場合には，老齢基礎年金の繰上げ支給の請求も同時に行わなければなりません。

繰上げ支給の老齢基礎年金の額

老齢基礎年金額 − 老齢基礎年金額×月数※×1000分の5

繰上げ支給の老齢厚生年金の額

老齢厚生年金額 − 老齢厚生年金額×月数※×1000分の5

※繰上げ請求月から65歳到達月の前月までの月数

Q170 老齢厚生年金の額の改定

私は在職中ですが老齢厚生年金を受けています。現在も保険料を払っていますが，今受けている年金の年金額はもう変わらないのですか。

A 〈退職時改定〉

在職中（被保険者期間中）の人に支給される老齢厚生年金については，65歳未満で退職して被保険者の資格を喪失した場合，退職日から再就職せずに1カ月を経過したときは，年金額の再計算が行われるとともに在職中による支給停止もなくなります（厚年法43条3項）。

年金額の再計算は，年金を受けながら在職していた間の被保険者期間と標準

報酬月額を含めて，定額部分と報酬比例部分が再計算されます。

退職してから1カ月以内に再就職した（厚生年金保険の被保険者となった）ときは年金額の再計算はされません。

〈65歳到達時の改定〉

在職中に特別支給の老齢厚生年金を受けていた人が65歳に到達すると，特別支給の老齢厚生年金については失権し，あらたに老齢基礎年金と老齢厚生年金（報酬比例の年金と経過的加算）を受けることになります（厚年法附則10条）。65歳からの老齢厚生年金の額は，年金を受けながら在職していた間の被保険者期間と標準報酬月額を含めて計算されます。

Q171 加給年金額がもらえる場合

加給年金額はどのような場合にもらえるのでしょうか。

Ⓐ 加給年金額は，65歳に到達し老齢厚生年金の受給権を取得した当時（額の計算の基礎となる月数が240月未満であったときは，退職時改定により額の計算の基礎となる月数が240月以上に至った当時，また，昭和16年（女子は昭和21年）4月2日以後に生まれた人は定額部分の支給開始年齢到達時（障害者・長期加入者の特例該当者の定額部分の支給開始時）），加給年金額の対象者が生計維持または年齢や障害の条件を満たしているときに支給されます（厚年法44条1項）。配偶者も子もいる場合は，それぞれの額を加えた額が加算されます。

〈受給権者の被保険者期間〉

厚生年金保険の中高齢者の特例（40歳（女子は35歳）以後の被保険者期間が15年〜19年），昭和29年4月以前に坑内員であった人の特例，漁船に乗り組んだ期間の特例および沖縄の特例によって240月未満の被保険者期間によって受給権を得た人の老齢厚生年金等には，被保険者期間が240月以上あるものとみなして加給年金額が加算されます（昭60改正法附則61条1項，沖縄令64条1項）。

194　第3編　厚生年金保険法〔Q171〕

〈生計維持〉

加給年金額の対象となるのは，老齢厚生年金等の受給権を得た当時（額の計算の基礎となる月数が240月未満であったときは，額の計算の基礎となる月数が240月以上になるに至った当時），受給権者と生計を同一にしていた人で，年収850万円の収入を将来にわたって得られない人が該当します（厚年法44条，厚年令3条の5）。

〈配偶者〉

事実婚関係にある人も含みます。事実婚関係とは，婚姻の届出をしていないが，社会通念上，夫婦としての共同生活と認められる事実関係，いわゆる内縁関係をいいます。事実婚として認められるためには，次の条件を満たしていることが必要です（厚年法3条2項）。

 (1)　当事者間に，社会通念上，夫婦の共同生活と認められる事実関係を成立させようとする合意があること。

 (2)　当事者間に，社会通念上，夫婦の共同生活と認められる事実関係があること。

ただし，民法上婚姻が禁止されている内縁関係（近親婚，養親子関係の婚姻など）については，前記の条件を満たしていても，事実婚とは認められません。

なお，届出による婚姻関係と内縁関係が重複している，いわゆる重婚的内縁関係にある場合は，当然，届出による婚姻関係が優先することになりますが，届出による婚姻関係が実態を全く失っているとき（当事者が住居を異にし，当事者間に経済的な依存関係が反復して存在しておらず，当事者間の意思の疎通を表す音信または訪問等の事実が反復して存在していないとき）に限り，内縁関係が事実婚として認められます。

〈配偶者の年齢〉

加給年金額は配偶者が65歳になるまで加算されますが，大正15年4月1日以前に生まれた配偶者は，老齢基礎年金の適用を受けないので，65歳を過ぎても加給年金額は加算されます（昭60改正法附則60条1項）。

〈配偶者の年金受給状況〉

配偶者が次の年金を受けられる間は，加給年金額が支給停止されます（厚年法46条，昭60改正法附則61条1項，厚年令3条の7）。

(1) 厚生年金保険法による老齢厚生年金および障害厚生年金並びに旧厚生年金保険法による老齢年金および障害年金。

(2) 国民年金法による障害基礎年金および旧国民年金法による障害年金。

(3) 改正前の船員保険法による老齢年金および障害年金。

(4) 国家公務員共済組合法による退職共済年金および障害共済年金並びに旧国家公務員共済組合法による退職年金，減額退職年金および障害年金並びに旧国家公務員等共済組合法の長期給付に関する施行法に基づく年金給付であって退職または障害を支給事由とするもの。

(5) 地方公務員等共済組合法による退職共済年金および障害共済年金並びに旧地方公務員等共済組合法による退職年金，減額退職年金および障害年金並びに旧地方公務員等共済組合法の長期給付等に関する施行法に基づく年金給付であって退職または障害を支給事由とするもの（通算退職年金を除く）。

(6) 私立学校教職員共済法による退職共済年金および障害共済年金並びに旧私立学校教職員共済組合法による退職年金，減額退職年金および障害年金。

(7) 恩給法（大正12年法律48，他の法律において準用する場合を含む）に基づく年金たる給付であって退職または障害を支給事由とするもの。

(8) 地方公務員の退職年金に関する条例に基づく年金たる給付であって退職または障害を支給事由とするもの（通算退職年金を除く）。

(9) 厚生年金保険法附則第28条に規定する財団法人日本製鉄八幡共済組合が支給する年金たる給付であって退職または障害を支給事由とするもの。

(10) 旧執行官法（昭和41年法律111）附則第13条の規定に基づく年金たる給付。

(11) 旧令による共済組合等からの年金受給者のための特別措置法（昭和25年法律256）に基づいて国家公務員共済組合連合会が支給する年金たる給付であって退職または障害を支給事由とするもの。

(12) 戦傷病者戦没者遺族等援護法（昭和27年法律127）に基づく障害年金。

なお，この場合の老齢厚生年金，退職共済年金は，厚生年金保険の被保険者期間または共済組合等の加入期間が20年（中高齢者の期間短縮の特例15年〜19年などに該当する人は，その期間）以上あるものに限ります。

〈子〉

18歳に達する日以後の最初の3月31日までの間にある子，または，障害の状態にある20歳未満の子で婚姻していない子です。

〈子の取り扱い〉

養子や受給権を得たとき胎児だった子も対象となり，胎児については，出生の月の翌月から対象者になります（厚年法44条3項）。また，認知された子も含みます。

〈子の障害の程度〉

障害基礎年金の障害等級表の1級または2級の状態にある場合をいいます。

【加給年金額】

加給年金額は，次のとおりです（厚年法44条2項）。令和2年度の改定率は1.001です。

配偶者	224,700円×改定率（令和2年度224,900円）
1人目・2人目の子	224,700円×改定率（令和2年度224,900円）
3人目以降の子	74,900円×改定率（令和2年度75,000円）

改定率を乗じて得た額に50円未満の端数が生じたときは切り捨て，50円以上100円未満の端数が生じたときは100円に切り上げます。

【特別加算】

昭和9年4月2日以後に生まれた者が受ける配偶者加給年金額には，受給権者の生年月日に応じて，特別加算が行われます（昭60改正法附則60条2項）。令和2年度の改定率は1.001です。

昭和9年4月2日から昭和15年4月1日までの間に生まれた者
33,200円×改定率（令和2年度33,200円）

昭和15年4月2日から昭和16年4月1日までの間に生まれた者
66,300円×改定率（令和2年度66,400円）

昭和16年4月2日から昭和17年4月1日までの間に生まれた者
99,500円×改定率（令和2年度99,600円）

昭和17年4月2日から昭和18年4月1日までの間に生まれた者
132,600円×改定率（令和2年度132,700円）

昭和18年4月2日以後に生まれた者
$$165,800円×改定率（令和2年度166,000円）$$

【加給年金額の減額改定】

加給年金額の対象者が，次のいずれかに該当したときは，その人は加給年金額の対象者とならなくなり，該当した月の翌月から年金額が減額されます（厚年法44条4項・46条）。

(1) 死亡したとき。
(2) 受給権者による生計維持の状態がやんだとき。
(3) 配偶者が離婚したとき。
(4) 配偶者が65歳に達したとき（大正15年4月1日以前生まれの配偶者を除く）。
(5) 子が養子縁組によって受給権者の配偶者以外の人の養子となったとき。
(6) 養子が離縁したとき。
(7) 子が婚姻したとき。
(8) 子について18歳に達する日以後の最初の3月31日が終了したとき（1級または2級の障害の状態にあるときを除く）。
(9) 子が18歳に達する日以後の最初の3月31日が終了した後，1級または2級の障害の状態に該当しなくなったとき。
(10) 子が20歳に達したとき。

Q172 老齢厚生年金を遺族が請求する場合

私の夫は老齢厚生年金を受ける権利がありましたが，その請求をしようとしているうちに死亡してしまいました。夫の死亡前にかかる老齢厚生年金を私が請求することができるでしょうか。

A　老齢厚生年金の受給権者が，その請求をする前に死亡したときは，受給権者の配偶者，子，父母，孫，祖父母，兄弟姉妹，またはこれらの者

以外の三親等内の親族であって，受給権者の死亡当時，受給権者と生計を同じくしていたものは，自分の名で受給権者の死亡前にかかる老齢厚生年金を請求することができます（厚年法37条3項）。ただし，請求できる順位は，配偶者，子，父母，孫，祖父母，兄弟姉妹，これらの者以外の三親等内の親族の順となります（厚年法37条4項）。

　したがって，ご主人が亡くなられたとき，あなたがご主人と生計を同じくしていたのであれば，ご主人の死亡前にかかる老齢厚生年金についてあなたの名前で請求することができます。

Q173　老齢厚生年金の受給権の消滅

老齢厚生年金を受ける権利は，どのような場合になくなるのでしょうか。

Ⓐ　老齢厚生年金の受給権は，受給権者が死亡したときに失権します（厚年法45条）。また，厚年法附則第8条の特別支給の老齢厚生年金は，死亡したときのほか65歳に達したときに失権します（厚年法附則10条）。この65歳失権措置は，65歳から本来の老齢厚生年金が支給されることによるものです。

Q174　老齢厚生年金と厚生年金基金との関係

私は厚生年金基金の加入者ですので保険料のほかに掛金も徴収されていますが，老齢厚生年金を受けるようになったときは，この基金との関係はどうなりますか。

A 　厚生年金基金は，国が行っている厚生年金保険事業のうち老齢厚生年金の報酬比例部分について国に代わって給付する公法人です。

　すなわち，国から老齢厚生年金が支給される場合，その年金額の計算の基礎となった期間に年金基金に加入していた期間があるときは，その期間にかかる報酬比例部分は含まれないことになり，この部分は年金基金から支給されることになります。したがって，年金基金の加入員または加入員であった者については国と年金基金の両方から年金が支給されることになります。

Q175 　老齢厚生年金の請求手続

老齢厚生年金の請求手続について教えてください。

A 　老齢厚生年金は，その要件が満たされていても，それだけでは支給されません。老齢厚生年金の支給を受けるためには裁定請求をしなければなりません（厚年法33条）。

　この裁定の請求をする場合は，厚年則に定めるそれぞれの書類を添えて日本年金機構（年金事務所）に「老齢厚生年金裁定請求書」を提出しなければなりません（厚年則30条・30条の 2 ・30条の 3 ・30条の 4 ）。

　なお，60歳から支給される老齢厚生年金を受給している場合は，65歳に達すると，その受給権は失権します。引き続き65歳以降も年金を受給する場合は，65歳になる誕生月の初め頃（ 1 日生まれの方は前月の初め頃）に日本年金機構からハガキ形式の「国民年金・厚生年金保険老齢給付裁定請求書」が送られてきますので，それに必要事項を記入し，誕生月の末日（ 1 日生まれの方は前月末日）までに届くよう日本年金機構に提出する必要があります。

200　第3編　厚生年金保険法〔Q176〕〔Q177〕

Q176 老齢厚生年金の支給の繰下げ

　　国民年金の老齢基礎年金は，65歳から受けられることとなりますが，受給者の希望により支給を遅らせることによって高額の年金を受けることができます。老齢厚生年金も同じように支給を遅らせることができますか。

Ⓐ　老齢厚生年金の受給権者は，その受給権を取得した日から1年を経過する日の前に老齢厚生年金を請求していないときは，老齢厚生年金の支給の繰下げを請求することができます。

　ただし，次の場合は繰下げ支給の申出をすることができません。

(1)　老齢厚生年金の受給権を取得したときに，他の年金たる保険給付，国民年金法による年金たる給付（老齢基礎年金および付加年金並びに障害基礎年金を除きます），他の被用者年金各法による年金たる給付（退職を支給事由とするものを除きます）の受給権者であったとき

(2)　老齢厚生年金の受給権を取得した日から1年を経過した日までの間において，(1)の受給権者となったとき

　支給繰下げの申出をした人に支給する老齢厚生年金の額には，老齢厚生年金の額から在職老齢年金の支給停止額を控除した額（繰下げ対象額）と経過的加算額を合算した額に繰下げ乗率（繰下げ月数に0.7％を乗じて得た率）を乗じて得た額を加算します。

　　繰下げ加算額＝（繰下げ対象額＋経過的加算額）×繰下げ乗率

　1年を経過した日後に次に掲げる人が申出をしたときは，次に定める日において，申出があったものとみなされます。

①　老齢厚生年金の受給権を取得した日から起算して5年を経過した日前に他の年金たる給付の受給権者となった人……他の年金たる給付を支給すべき事由が生じた日

②　5年を経過した日後にある人（①に該当する者を除く）……5年を経過した日

共済組合等から老齢厚生年金（退職共済年金）を受給している場合，日本年金機構から支給される老齢厚生年金と同時に繰下げ請求を行う必要があります。共済組合等から支給される老齢厚生年金（退職共済年金）をすでに65歳から受給している場合は，日本年金機構から支給される老齢厚生年金の繰下げ請求はできません。また，繰下げ請求を行う場合は，共済組合等と日本年金機構とで繰下げ申出を行った日が異なる場合は，先に申出をした日に，両方の老齢厚生年金を繰下げすることとなります。

Q177　老齢厚生年金の支給の繰下げと加給年金

私は大卒で就職してずっとサラリーマンを続けてきました。また，2歳年下の妻がいますが，妻はずっと専業主婦でした。この度，私は65歳になりましたが，あと2年は勤めを続ける予定です。65歳から年金を受け取るか，67歳から増額の年金を受け取るか，どちらがよいでしょうか。

66歳に達した日以後であれば，老齢厚生年金の支給繰下げの申出ができ，下記の計算式のとおり増額の年金を受け取ることができます。

繰下げ加算額＝（繰下げ対象額＋経過的加算額）×増額率

　※繰下げ対象額：在職老齢年金で支給停止されていない報酬比例部分

　※増額率：繰下げ月数×0.7％（0.007）

また，大卒で65歳までサラリーマンを続けているということは，厚生年金保険の被保険者期間が20年以上ありますので，65歳以降に受け取る老齢厚生年金と併せて加給年金を受け取ることができます。ただし，加給年金は，妻が65歳になって自分自身の年金を受給するまでの期間限定となります。つまり，あなたの場合，妻は2歳年下ということですので，あなたが67歳になるまでです。

ここで注意が必要なのは，加給年金は繰下げしても増額されません。また，繰下げ待機期間中は，加給年金部分のみを受けることはできません。つまり，

67歳まで老齢厚生年金を繰下げした場合，67歳から2年分増額した年金（24月×0.7%）の年金を受け取れますが，2年分の加給年金を受け取ることができません。

65歳から老齢厚生年金を受け取るか，繰下げして先延ばしにするか，65歳時点で決めることができないというご相談がよくありますが，66歳以降であれば「繰下げによる増額請求」または「増額のない年金をさかのぼって受給」のどちらか一方を選択できます。あなたの場合，67歳のお勤めを終えられるまで一旦年金の支払を保留にし，2年間かけて検討する時間を取ることができますので，その間に十分にご検討ください。

Q178 老齢厚生年金の受給権者の手続

老齢厚生年金の受給権者が年金を受け取るようになってからの手続について教えてください。

A　老齢厚生年金の受給権者は，厚生労働省令の定めるところにより，厚生労働大臣に対し，厚生労働省令の定める事項を届け出るとともに，厚生労働省令の定める書類を提出しなければなりません。

障害厚生年金および遺族厚生年金の受給権者の届出についても，おおむね老齢厚生年金と同様です。

(1)　現況届

老齢厚生年金の受給権者が引き続き年金を受給するためには，日本年金機構から送付される「年金受給権者現況届」（現況届）に次に掲げる事項を記載し，自署した届書を，毎年，受給権者の誕生月の末日までに提出しなければなりません。

①　個人番号または基礎年金番号

②　年金証書の年金コード

③　受給権者の氏名，生年月日および住所

ただし，住民基本台帳ネットワークシステムにより生存確認ができる場合は，日本年金機構からは現況届が送付されず届出は省略されます。

なお，平成29年2月以降，日本年金機構から送付される現況届は，提出の際に住民票の添付または個人番号の記入が必要となっています。

(2) 現況届（加給年金の対象者がいる場合）

加給年金額の対象者がいる老齢厚生年金の受給権者は，毎年，指定日までに，次に掲げる事項を記載し，自署した届書を，日本年金機構に提出しなければなりません。ただし，当該老齢厚生年金の額の全部につき支給が停止されているときは，提出する必要はありません。

① (1)の①から③までと同じ。

② 加給年金額の対象者の氏名および生年月日並びにその者が引き続き受給権者によって生計を維持している旨

(3) 氏名変更届

老齢厚生年金の受給権者は，その氏名を変更したときは，10日以内に，次の事項を記載した届書を，日本年金機構に提出しなければなりません。ただし，日本年金機構に個人番号が収録されている場合は，氏名変更届を省略することができます。

① (1)の①から③までと同じ。

② 変更前の氏名および変更の理由

(4) 住所変更届

老齢厚生年金の受給権者は，住所を変更したときは，10日以内に，次の事項を記載した届書を，日本年金機構に提出しなければなりません。ただし，日本年金機構に個人番号が収録されている場合は，住民基本台帳ネットワークシステムの異動情報活用により，住所変更届を省略することができます。

① (1)の①から③までと同じ。

② 変更後の住所が住民票の住所と異なる場合は住民票住所

(5) 受取機関変更届

老齢厚生年金の受給権者は，受取機関を変更しようとするときは，次に掲げる事項を記載した届書を，日本年金機構に提出しなければなりません。

① (1)の①から③までと同じ。

② 口座名義

③ 金融機関を希望する者……金融機関名，支店名，預金種別および口座番号

　　ゆうちょ銀行を希望する者……ゆうちょ銀行の記号および番号

(6) 死亡届

　　老齢厚生年金の受給権者が死亡したときは，戸籍法の規定による死亡の届出義務者は，10日以内に，次の事項を記載した届書を，日本年金機構に提出しなければなりません。ただし，日本年金機構に個人番号が収録されている受給権者は，死亡届を省略することができます。

・死亡者

① 氏名，生年月日

② 個人番号または基礎年金番号

③ 年金証書の年金コード

④ 死亡日

・請求者

⑤ 氏名，住所および続柄

7 障害厚生年金

Q179 障害厚生年金の受給要件

　私は肺結核のため長期療養を必要とする身体であり，主治医に就労を禁止されています。そのため収入がなく生活に困っています。友人の話によると，障害厚生年金が受給できるということですが，その年金を受けるにはどのような要件が必要でしょうか。

A 　障害厚生年金は，厚生年金保険の被保険者であった間に，疾病にかかりまたは負傷した者が，その傷病について長期にわたって療養を必要とするため，あるいは身体に障害を残しているため労働ができず，または労働能力が制限された場合に，その生活の安定を図ることを目的とした年金です（厚年法47条）。

　障害厚生年金を受けるためには，その障害の原因となった疾病または負傷が，厚生年金保険の被保険者期間中のものでなければなりません。したがって，肺結核になって医師の診断を受けた時点が，厚生年金保険の被保険者になる前であって働きながら療養を行った場合，あるいは被保険者であった者がその資格を喪失した後，負傷したり疾病にかかり医師の診断を受けた場合などは，障害の状態にかかわらず，障害厚生年金を受けることはできません。

　厚生年金保険において障害厚生年金を受けるための要件は次のようになっています（厚年法47条・47条の2）。

　(1)　厚生年金保険の被保険者であった期間に初診日がある傷病であること。

206　第3編　厚生年金保険法〔Q179〕〔Q180〕〔Q181〕

(2)　その傷病についての初診日から1年6カ月経過した日（治ったときは，その治った日。この日を障害認定日といいます）において1級，2級および3級の障害の状態にあること。

(3)　初診日の前日に，初診日の属する月の前々月（初診日が平成3年5月1日前にある場合，初診日の属する月前の直近の基準月（1月，4月，7月または10月）の前月）までに国民年金の被保険者期間があるときは，その被保険者期間のうち，保険料納付済期間と保険料免除期間を合算した期間が3分の2以上であること。

　　または，令和8年4月1日前に初診日がある傷病で障害になった場合は，前記の3分の2以上の要件を満たさなくても初診日の属する月の前々月（初診日が平成3年5月1日前にある場合，初診日の属する月前の直近の基準月の前月）までの1年間のうちに保険料の滞納がないこと（65歳未満の者に限る）。

　　なお，(2)の障害認定日においては，1級，2級または3級の障害の状態になかったものの，その傷病の障害認定日から65歳に達する日の前日までの間に，1級，2級または3級の障害の状態になった場合は，その時点で障害厚生年金を請求することができます。これを事後重症による請求といいます。

　したがって，あなたの場合，以上の要件に該当すれば，障害厚生年金が支給されます。

Q180　障害の程度の等級区分

　障害厚生年金の障害の程度を等級に区分する目安を教えてください。また，私の場合，交通事故で右腕を全部切断しました。それは何級の障害厚生年金を受給できる状態でしょうか。

$\boxed{7}$ 障害厚生年金　207

$\textcircled{A}$　国民年金法施行令の別表に，1級・2級の障害の程度を定め，厚生年金保険法施行令の別表第1に，3級の障害の程度を定めていますが，それは重い方から1級・2級（1級・2級とも障害基礎年金と共通）・3級とに分けられます。おおよその目安をいえば，1級は他人の監視または介護を受けなければ，ほとんど日常生活を送ることができない状態，2級は必ずしも他人の助けを受ける必要はないが，日常生活が困難で労働することができない状態，3級は労働が著しい制限を受けるか労働に著しい制限を加えることを必要とする状態です。

　なお，あなたの場合，片腕（右手）を全部切断されたということですので，その状態で障害認定を受けたならば2級の障害厚生年金および障害基礎年金を受けられる障害の状態といえるでしょう。

Q181　障害厚生年金の受給資格と期間の通算

　障害厚生年金を受給するためには，保険料の納付要件があると聞きましたが，どのような内容ですか。私は高校を出て入社2カ月目にあたる平成28年5月に，友達と登山に行き大けがをしてしまいました。それが原因で片足を切断し，入社6カ月目に退職しました。私には障害厚生年金を受給する資格があるでしょうか。

$\textcircled{A}$　障害厚生年金の受給要件の1つとして，傷病にかかる初診日の属する月の前々月（初診日が平成3年5月1日前にある場合は，初診日の属する月前における直近の基準月（1月，4月，7月，10月）の前月）までの国民年金の被保険者期間があるときは，その被保険者期間のうち，保険料納付済期間と保険料免除期間を合算した期間が3分の2以上であることが必要です。なお，令和8年4月1日前に初診日がある傷病で障害になった場合は，前記の3分の2以上の保険料納付要件を満たさなくても，初診日の属する月の前々月（初診日が平成3年5月1日前にある場合は基準月の前月）までの1年間のう

208　第3編　厚生年金保険法〔Q181〕〔Q182〕〔Q183〕

ちに保険料の滞納がなければよいことになっています（厚年法47条1項，昭60改正法附則64条1項・65条）。「初診日の属する月の前々月」とは，当該傷病について，初めて医師または歯科医師の治療を受けた日の属する月の前々月をいいます。

　入社して2カ月目（5月）に大けがをして片足を切断したということは，初診日の属する月の前々月（平成28年3月）以前はまだ20歳未満で，かつ高校生であったため，被保険者期間は存在しません。したがって，保険料納付要件は問われません。

　厚生年金被保険者は，同時に国民年金の第2号被保険者でもあるので，片足の切断個所が足関節以上であれば2級として障害厚生年金と国民年金の障害基礎年金の両方を，リスフラン関節以上であれば3級として障害厚生年金を請求する資格がありますので，障害認定日（切断した日）以後に障害厚生年金の裁定を請求することができます。

Q182　2つ以上の障害厚生年金の受給権の調整

　私は2級の障害厚生年金を受給していますが，別の傷病によってさらに障害となり，その障害についても障害厚生年金の受給要件を満たしています。この場合には，両方の障害厚生年金を受給できますか。

A　両方の障害厚生年金を同時に受給することはできません。このような場合には，2つの障害厚生年金を支給せず，後の障害の程度を定めるべき日において，前後の障害を併合した障害の程度によって障害厚生年金の等級を定め，1つの障害厚生年金を支給することになっています（厚年法48条1項）。この場合においては，前の障害厚生年金の受給権は，消滅することになります（厚年法48条2項）。

　例えば，左腕を失ったため2級の障害厚生年金を受けていた者が，次に別の

事故によって右腕を失った場合には，右腕と左腕とを失った者として1級の障害厚生年金を支給し，前の2級の障害厚生年金の受給権は消滅することになります。

このように，併合前の障害厚生年金が各々単独でも受けることのできる場合を，併合認定といいます。その他既存障害（他の障害）と次に発生した障害（基準障害）とを併合して初めて1級か2級の障害に該当する場合は，既存障害と基準障害とを併合した障害の程度による年金を受け取ることができます（厚年法47条の3）。

Q183 障害厚生年金の額の計算

私は2級の障害厚生年金を受給していますが，障害厚生年金の額の計算方法を知りませんので教えてください。なお，私の場合，厚生年金保険の被保険者期間が24カ月で，その間の平均標準報酬額が20万円です。また，妻と，3歳，1歳の子どもがいます。

障害厚生年金の額は，障害の等級に応じて計算されます（厚年法50条）。

(1) 1級
  報酬比例の年金額×100分の125＋配偶者加給年金額
(2) 2級
  報酬比例の年金額＋配偶者加給年金額
(3) 3級
  報酬比例の年金額

報酬比例の年金額は，老齢厚生年金と同様に計算した額です。ただし，乗率の1000分の7.125または1000分の5.481は定率であり，老齢厚生年金のように生年月日による読替えはありません。

被保険者期間の月数が300に満たないときは，平成15年3月以前の期間と，

210 　第 3 編　厚生年金保険法〔Q183〕〔Q184〕〔Q185〕

平成15年 4 月以後の期間について，それぞれの期間における被保険者期間に基づいて年金額を計算し，これらを合算した額に，全体の被保険者期間の月数で除して得た額に300を乗じて計算します（平12年改正法附則20条 3 項）。つまり，300月分の年金額が保障されます。

　障害厚生年金の障害について国民年金法による障害基礎年金を受けることができない場合において，障害厚生年金の額が障害基礎年金の 2 級の額に 4 分の3 を乗じて得た額に満たないときは，その額となります。

　障害厚生年金 1 級または 2 級の受給権者に，生計を維持する65歳未満の配偶者がいる場合には，厚年法第50条に規定する障害厚生年金の額に加給年金額を加算した額となります。平成23年 4 月 1 日以後は，受給権を取得した日の翌日以後に生計を維持する65歳未満の配偶者を有することになった場合にも，加給年金額が加算されます。

　あなたの場合， 2 級とのことですので，実際に年金額を計算する（すべて平成15年 4 月以後の被保険者期間とします）と，次のとおりとなります。

$$200,000円 \times \frac{5.481}{1000} \times 300月 + 224,700円 \times 改定率$$

　 1 級または 2 級の障害厚生年金を受けられる者は，同時に国民年金の障害基礎年金も受けられますが，障害基礎年金の年金額は，次のようになっています（国年法33条・33条の 2 第 1 項）。

　　 1 級の障害基礎年金……2 級の年金額×100分の125＋子の加算額
　　 2 級の障害基礎年金……780,900円×改定率＋子の加算額

　障害基礎年金の受給権者が生計を維持していた子（18歳に達する日以後の最初の 3 月31日までの間にある子または20歳未満であって障害等級 1 級または 2級に該当する障害の状態にある子に限る。以下この間において同じ） 1 人目・2 人目につき，各224,700円×改定率， 3 人目以降の子につき，各74,900円×改定率の加算が行われます。なお，令和 2 年度の改定率は，1.001です。

　障害基礎年金の受給権者がその権利を取得した日の翌日以後に生計を維持する子を有するに至ったことにより，その額を加算することとなったときは，当該子を有するに至った日の属する月から，障害基礎年金の額を改定します（国

7 障害厚生年金　211

年法33条の2第2項)。

Q184　障害認定日以後の厚生年金保険被保険者期間

　私は障害厚生年金の受給権者ですが，障害認定日以後も厚生年金保険の被保険者です。この場合，障害認定日以後の期間は障害厚生年金額の計算期間になりますか。

A　障害厚生年金の額の計算において，年金額を計算するときの被保険者期間は，受給権が発生した月までのものになります（厚年法51条）。つまり受給権者が引き続き被保険者であるときは，障害認定日の属する月の翌月以降の被保険者期間は年金の計算の基礎にならず，障害厚生年金の年金額が改定されることはありません。

　一方，在職者に支給する老齢厚生年金の年金額を計算する場合の被保険者期間については，受給権が発生した月の前月までのものとなっています。ただし，受給権発生後の厚生年金保険の被保険者期間も老齢厚生年金の額を計算する際に基礎となりますので，退職時または65歳到達時に年金額が改定されます。なお，65歳以降は，障害基礎年金と障害厚生年金の受給だけではなく，障害基礎年金と老齢厚生年金の併給も選択可能です。

Q185　障害厚生年金の改定請求

　私は現在，2級の障害厚生年金の受給者です。障害認定日において，両眼の視力が0.05でしたが，悪化して0.02以下にさがってしまいました。この場合，障害の程度が重くなったとして，改定請求することができますか。

A　障害厚生年金は，受給権者の障害の程度に応じた等級によって支給されますが，障害によっては障害の程度が変動することもあるので，受給権者の障害が従前の障害の等級以外に該当すると認められたときは，その程度に応じて障害厚生年金の額を改定することになっています。改定は，実施機関の診査に基づいて行われます（厚年法52条1項）。改定は職権で随時行うことができますが，障害の程度が増進した場合には，受給者はこれを請求することもできます（厚年法52条2項）。ただし，この請求は，障害厚生年金の受給権者の障害の程度が増進したことが明らかである場合を除き，障害厚生年金の受給権を取得した日，または改定診査を受けた日から起算して1年を経過した日後でなければ行うことはできません（厚年法52条3項）。それゆえ，改定の請求を行ったが，障害の程度が従前の障害の等級以外の等級に該当すると認められず，改定が行われなかった場合においても，障害が重くなったことが明らかである場合として厚生労働省令で定める場合を除き，再び改定の請求を行うのは1年後となります。これらの改定は，3級の障害厚生年金を受給している者（過去に支給事由を同じくする障害基礎年金の受給権を有する者を除く）が，65歳以上になった場合は請求できません。

Q186　障害厚生年金の受給期間と消滅事由

　私は障害厚生年金3級の受給権者ですが，障害の程度が軽くなり，なんとか健康な人に近い労働ができるようになりました。おかげ様で自力で生活できるようになってきましたので，いつまでも障害厚生年金を受けていることが心苦しく，生活設計をたてて努力したいと思っています。いつまで年金を受給できるか，また参考までに消滅（失権）事由を教えてください。

A　障害厚生年金は，その障害の状態が継続する限り，受給権者が死亡するまで支給されます。したがって，死亡により失権しますが，そのほか

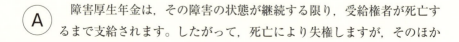

に，障害の程度が厚年令の別表第1に定める程度より軽くなった場合には，障害厚生年金は支給を停止され，同表に定める障害の程度に該当しないまま，該当しなくなった日から起算して3年を経過した後65歳に達したとき，または，65歳に達した後，該当しなくなった日から3年が経過したときに失権します。

なお，特殊な失権事由として，厚年法第48条第2項の規定による併合認定に基づく障害厚生年金の受給権を取得したときは，従前の障害厚生年金の受給権は消滅します。

さて，あなたの場合，健康な方と同じような労働能力まで回復しているのであれば，まず厚年令の別表第1に定める障害の程度より軽快されていると思われますので，障害不該当届（厚年則48条）を提出することにより，障害厚生年金はいったん支給停止になります。しかし，支給停止期間中に再び前の障害要因による障害の程度が別表第1に該当したときは，支給停止事由消滅届（厚年則50条）を提出することにより，支給停止理由が消滅していると認定されれば支給が開始されます。

なお，受給権者には支給停止理由に該当していることがわからないときもあり，届出を失念する場合も考えられるので，障害年金の支給を受けている者のうち障害の程度を確認する必要がある者には，障害状態確認届に診断書が付いている届書が送付されます。届書には住所，氏名等必要事項を記入し，診断書は医師に記入してもらい提出しますが，その提出が遅れたり，記載内容に不備がある場合は，年金の支払が一時的に停止になるので注意が必要です。

Q187　障害認定後に傷病が重くなった場合

障害認定日には障害の程度が軽いため，障害厚生年金に該当しなかった場合には，その後その傷病が重くなっても，厚生年金保険から給付を受けることはできないのでしょうか。

214　第3編　厚生年金保険法〔Q187〕〔Q188〕

Ⓐ　　障害認定日においては障害の程度が軽く，障害厚生年金を受給できな
かったとしても，その後，当該傷病が重くなり，65歳に達する日の前日
までに国年令別表，厚年令別表第1に定める程度の障害の状態に該当したとき，
つまり，障害等級1～3級に該当したときは，障害厚生年金を請求することが
できます（事後重症制度，厚年法47条の2）。

　この事後重症請求においては，請求日時点の障害の程度が要件となり，受給
権は障害認定日に遡って発生することなく，請求したときに発生しますので，
請求のあった月の翌月から年金が支給されます。

8 障害手当金

Q188 障害手当金の受給要件

障害手当金の受給要件を教えてください。

A 障害手当金の受給要件は，被保険者であった期間に発生した傷病について，当該傷病の初診日から起算して5年以内の間に，その傷病が治った日において，その傷病による障害の程度が，障害厚生年金に該当しない程度で，厚年令別表第2に定める程度であれば支給されます（厚年法55条）。ただし，障害厚生年金の受給要件と同様の保険料納付済の期間要件を満たしていることが必要です。なお，障害手当金は一時金ですので，年金給付の受給権者，国民年金法の年金給付の受給権者，共済組合法の年金給付の受給権者，または障害手当金の支給原因となった傷病が業務上の事由によるものであるため国家公務員災害補償法，地方公務員災害補償法，もしくは労働基準法第77条の障害補償または労災保険による障害補償給付を受ける権利を有する者には支給されません（厚年法56条）。

216　第3編　厚生年金保険法〔Q189〕〔Q190〕〔Q191〕

Q189　障害手当金の目的

　　私は厚生年金保険に2年間加入していましたが，その間に負傷して右手の親指を切断しました。その後，会社を退職して，自分で建築関係の仕事をしていますが，友人より障害手当金を受給できるのではないかと言われました。私は，その手当金を受給できるでしょうか。なお，会社は1年前に退職し，指の負傷も治りました。

Ⓐ　障害手当金は，障害厚生年金と同じように，障害のため労働能力が減退し，または労働が制限される人に支給される給付です。障害厚生年金に該当しない障害の程度で，厚年令別表第2に定める障害の状態にある者に対して一時金として支給されます。あなたの場合，障害の程度は厚年令別表第2の18に該当し，障害手当金の受給要件を満たしていると思われますので，障害手当金の裁定請求書を年金事務所に提出してください（厚年法55条，厚年則44条）。

Q190　障害厚生年金の併合改定と障害手当金

　　私は障害厚生年金2級の受給権者ですが，別の事由による障害で障害手当金の受給権が発生しました。この手当金を受給できますか。

Ⓐ　障害手当金は，厚生年金保険の年金（老齢厚生年金，障害厚生年金，遺族厚生年金），または，国民年金の年金（老齢基礎年金，障害基礎年金，遺族基礎年金）の受給権者には支給されません（厚年法56条）。ただし，障害厚生年金や障害基礎年金の受給権者であっても，最後に障害状態に該当しなくなってから3年経過している場合は，要件を満たせば障害手当金が支給され

ます。

　あなたの場合，現在，障害厚生年金2級の受給権者ということですので，障害手当金は支給されませんが，別の事由で発生した障害と併合して1級に相当すれば，障害厚生年金の年金額が改定されます。

Q191　障害手当金の額の計算

　　私は厚生年金保険の被保険者です。入社後まもなく，自分の不注意で駅の階段で転んで，そのとき脊柱を負傷しました。その負傷は「治りました」が脊柱の機能に障害が残りました。障害手当金を請求したいと思いますが，金額はどのくらいもらえるでしょうか。

A　　障害手当金は，3級の障害厚生年金の2年分に相当する額が一時金として支給されます。被保険者期間が300月に満たない場合は，300月に換算して計算します。また，計算した結果が，最低保障額よりも少ない場合は，最低保障額が支給されます。

　障害手当金＝報酬比例の年金額（3級の障害厚生年金）×2
　最低保障額＝1,172,600円（令和2年度）

218　第3編　厚生年金保険法〔Q192〕〔Q193〕

9 遺族厚生年金

Q192 遺族厚生年金の目的

遺族厚生年金は，どんな目的で支給される年金ですか。

A 　遺族基礎年金と同様，遺族厚生年金は，被保険者または被保険者であった者が死亡したときに，その者の遺族の将来の生活の安定を図ることを目的とした年金です。

すなわち，老齢厚生年金または障害厚生年金（1級または2級の該当者）を受給している者，または現在働いている被保険者等生計を支えていた者に先立たれた遺族を支える年金であり，生計を維持する子の有無にかかわらず支給されます。

Q193 遺族厚生年金の支給要件

私の夫は厚生年金保険に21年間加入していました。昨年会社を退職して失業中でしたが，先月死亡しました。私には遺族厚生年金が出るでしょうか。

遺族厚生年金は，次のいずれかに該当するときに，死亡者と生計維持関係にあった遺族に支給されます（厚年法58条1項）。

① 被保険者（失踪の宣告を受けた被保険者であった者であって，行方不明となった当時被保険者であった者を含む）が，死亡したとき。

② 被保険者であった者が，被保険者の資格を喪失した後に，被保険者であった間に初診日がある傷病により，当該初診日から起算して5年を経過する日前に，死亡したとき。

以上の死亡した者については，死亡日の前日において，死亡日の属する月の前々月（平成3年5月1日前に死亡日があるものについては，死亡日の属する月前の直近の基準月（1月，4月，7月または10月）の前月）までに国民年金の被保険者期間があるときは，当該被保険者期間に係る保険料納付済期間と保険料免除期間とを合算した期間が当該被保険者期間の3分の2以上あることが必要です。なお，死亡日が令和8年3月31日までの場合は，前記の3分の2以上の納付要件を満たさなくても，死亡日の属する月の前々月（平成3年5月1日前に死亡日があるものについては，死亡日の属する月前の直近の基準月（1月，4月，7月または10月）の前月）までの1年間に保険料の未納期間がなければよいことになっています（昭60改正法附則64条・65条）。

③ 障害等級の1級または2級に該当する障害の状態にある障害厚生年金の受給権者が，死亡したとき。

④ 老齢厚生年金の受給権者（保険料納付済期間と保険料免除期間とを合算した期間が25年以上である者に限る）または保険料納付済期間と保険料免除期間を合算した期間が25年以上ある者が，死亡したとき。

⑤ 次の表に該当する者で，40歳（女子については35歳）に達した月以後の厚生年金保険の被保険者期間（附則第47条第1項の規定または他の法令の規定により厚生年金保険の被保険者であった期間とみなされた期間に係るものを含む）が，右欄に掲げる期間以上である（そのうち，7年6月以上は，第4種被保険者または船員任意継続保険者としての厚生年金保険の被保険者期間以外のものでなければならない）者が死亡したとき。

220　第3編　厚生年金保険法〔Q193〕〔Q194〕〔Q195〕〔Q196〕

生年月日	期間
昭和22年4月1日以前	15年
昭和22年4月2日～昭和23年4月1日	16年
昭和23年4月2日～昭和24年4月1日	17年
昭和24年4月2日～昭和25年4月1日	18年
昭和25年4月2日～昭和26年4月1日	19年

　さて，あなたのご主人は，厚生年金保険に21年加入していたということなので，④または⑤に該当する可能性が考えられます。最寄りの年金事務所にご相談ください。

Q194 受給資格期間短縮と遺族厚生年金の受給要件

　私の夫は，年金の受給資格期間が25年から10年に短縮されたことにより，やっと老齢厚生年金と老齢基礎年金を受給できるようになりましたが，先日，不慮の事故で亡くなってしまいました。私は，遺族の年金を受給することができるでしょうか。

Ⓐ　亡くなった夫は老齢厚生年金の受給権者でしたが，受給資格期間が25年に満たないため，遺族厚生年金の受給要件に該当しません。

　これまでは，遺族厚生年金を受給する際の長期要件としては，老齢厚生年金の受給権者または受給資格期間を満たしている人が亡くなった場合に，その遺族に遺族厚生年金の受給権が発生していました。平成29年8月に年金の受給資格期間が25年から10年に短縮されましたが，長期要件による遺族厚生年金には適用されません。したがって，受給資格期間25年を満たしていない老齢厚生年金の受給権者が死亡した場合，遺族厚生年金は支給されません。

⑨ 遺族厚生年金　221

Q195
障害厚生年金の受給権者が死亡したときの遺族厚生年金の支給

私は障害厚生年金3級の受給権者ですが，私が死亡したとき，妻に遺族厚生年金は支給されますか。

Ａ　1級または2級の障害厚生年金受給権者が死亡した場合，障害厚生年金を受けるための保険料納付要件を満たしているため，その死亡にかかる遺族厚生年金については，保険料納付要件は問われず支給されます。

一方で，3級の障害厚生年金受給権者が死亡した場合，3級の障害厚生年金受給権者の障害の原因となった傷病またはこれに起因する傷病の初診日が厚生年金保険の被保険者期間にあり，その初診日から5年以内に死亡し，一定の保険料納付要件を満たしたときは遺族厚生年金が支給されます。なお，3級の障害厚生年金受給権者が死亡当時，厚生年金保険の被保険者であったときは，前述の初診日の要件は問われません（厚年法58条）。

Q196
遺族厚生年金を受給できる遺族の範囲

私は，15歳の時に右足を足関節の上からすべて切断し，今は19歳の学生です。老齢厚生年金を受給していた私の父が先月死亡しました。母は私が幼い頃他界しており，兄弟もいない状況ですが，遺族厚生年金を受給することができますか。遺族厚生年金を受給できる遺族の範囲とその順位を教えてください。

Ａ　遺族厚生年金を受給できる遺族は，被保険者または被保険者であった者の死亡の当時，その者によって生計を維持されていた配偶者，子，父母，孫，祖父母です。

[優先順位]

第1順位：配偶者，子

　妻：年齢要件はない。

　子：18歳に達する日以後の最初の3月31日までの間にある子，または国年令
　　　別表に定める1級もしくは2級の障害の状態にある20歳未満の子で，婚
　　　姻をしていないこと。

　夫：55歳以上であること。ただし，支給は60歳からとなるが，遺族基礎年金
　　　を受給できる夫は60歳未満でも支給される。

第2順位：父母

　55歳以上であること。ただし，支給は60歳から。

第3順位：孫

　18歳に達する日以後の最初の3月31日までの間にある孫，または国年令別表
に定める1級もしくは2級の障害の状態にある20歳未満の孫で，婚姻をしてい
ないこと。

第4順位：祖父母

　55歳以上であること。ただし，支給は60歳から。

　受給権者の順位は，上記の記載順位のとおりです。しかし，配偶者と子は，
同順位で遺族厚生年金を受給できますが，実際に年金を受けるのは，配偶者が
優先し，その間は，子の遺族厚生年金は支給停止されます（厚年法59条・66条）。
　さて，あなたの場合は，優先順位の第1順位の「国年令別表に定める2級の
障害の状態にある子」に該当すると思われますので，20歳に達するまで遺族厚
生年金を受給できます。なお，20歳に達した後は，国民年金から障害基礎年金
を受給できます。

Q197 夫が妻の遺族厚生年金を受けられる場合

私は病弱なため,妻の収入により生計を維持されていましたが,その妻が死亡し,生活に困っています。妻の死亡当時,私は56歳でしたが,妻が加入していた厚生年金保険から遺族厚生年金を受給できるでしょうか。なお,妻は平成28年2月,59歳で死亡するときまで同じ会社に在職して厚生年金保険に加入していました。

A 配偶者である夫が遺族厚生年金を受ける遺族となるためには,被保険者であった者の死亡当時,55歳以上であることが条件の1つとなっています(厚年法59条1項1号)。あなたの場合,遺族厚生年金の受給権はあるということになりますが,60歳になるまでは支給が停止されます。ただし,夫に対する遺族厚生年金については,当該被保険者または被保険者であった者の死亡について,夫が国民年金法による遺族基礎年金の受給権があるときは,60歳未満でも遺族厚生年金を受給することができます(厚年法65条の2)。

Q198 遺族厚生年金の額の計算

私の夫は厚生年金保険の被保険者でしたが,先日死亡しました。遺族厚生年金を請求するように会社の担当者にいわれましたが,その額はどのくらいでしょうか。死亡するまで被保険者期間が36カ月あり,その間の平均標準報酬額が20万円で,生まれたばかりの子どもが1人います。

〈遺族厚生年金の種類〉
(1) 遺族厚生年金の計算方法(厚年法60条1項)
報酬比例の年金額×4分の3

224　第3編　厚生年金保険法〔Q198〕〔Q199〕

報酬比例の年金額は，老齢厚生年金と同様に計算した額です。

乗率については，短期要件に該当する者は定率の1000分の7.125（平成15年3月以前の期間）または1000分の5.481（平成15年4月以後の期間）で，長期要件に該当する者で昭和21年4月1日以前に生まれた者は生年月日に応じて，1000分の7.125は1000分の7.230～1000分の9.500に，1000分の5.481は1000分の5.562～1000分の7.308に読み替えます。

短期要件該当者は，被保険者期間の月数が300に満たないときは，平成15年3月以前の期間と，平成15年4月以後の期間について，それぞれの期間における被保険者期間に基づいて年金額を計算し，これらを合算した額に，全体の被保険者期間の月数で除して得た額に300を乗じます。長期要件該当者は，実期間で計算します。

(2)　中高齢寡婦加算（厚年法62条・65条）

夫が死亡した当時40歳以上65歳未満であって，遺族基礎年金の加算対象となっている子がいないため遺族基礎年金を受けることができない妻には，65歳に達するまでの間，遺族厚生年金に中高齢寡婦加算が加算されます。

また，子がいるため遺族基礎年金を受けている妻で，子が18歳に達した年度の年度末に到達（障害のある子は20歳に到達）して遺族基礎年金が支給されなくなった時点で40歳以上65歳未満の場合，65歳に達するまでの間，遺族厚生年金に中高齢寡婦加算が加算されます。

長期要件に該当する遺族厚生年金が支給されるときは，夫の被保険者期間の月数が240（中高齢の期間短縮措置に該当するときはその期間）以上ある場合に限られます。短期要件に該当するときは，特に夫の被保険者期間の要件は問われません。

中高齢寡婦加算の額は，遺族基礎年金の額の4分の3です。

(3)　経過的寡婦加算（昭60改正法附則73条）

遺族厚生年金を受けている妻が65歳に達したときは，自分の老齢基礎年金が支給されることから，遺族厚生年金と老齢基礎年金の併給が可能になり，中高齢寡婦加算は支給されなくなります。この場合，老齢基礎年金の額が中高齢寡婦加算の額より低額である場合には，65歳前の年金額より65歳以後の年金額が低下することとなります。これを防止するため，65歳以

9 遺族厚生年金　225

後も経過的に一定額が遺族厚生年金に加算されます。

　加算対象となる寡婦は，中高齢寡婦加算の要件を満たしていた遺族厚生年金の受給権者であって65歳に達した者，または当該遺族厚生年金の受給権を取得した当時65歳以上である者で，かつ，昭和31年4月1日以前に生まれた者です。

　加算額の計算式は下記のとおりです。

　経過的寡婦加算額＝中高齢寡婦加算額－老齢基礎年金×生年月日に応じた率

〈遺族厚生年金の試算〉

あなたの遺族厚生年金の支給額は，次のように計算されます。

※前提条件

- 厚生年金保険の被保険者期間は平成15年4月以後
- 200,000円は再評価後の額

$$200{,}000円 \times \frac{5.481}{1000} \times 300月 \times \frac{3}{4}$$

なお，あなたの場合は，国民年金から遺族基礎年金と子の加算分が同時に受けられます（厚年法38条，国年法20条）。

Q199 労働基準法の遺族補償と厚生年金保険の遺族厚生年金

　夫が仕事中の事故で死亡したので，現在，私は労働基準法第79条の規定により遺族補償を受けていますが，厚生年金保険の遺族厚生年金はどうなりますか。

Ⓐ　遺族厚生年金は，被保険者または被保険者であった者の死亡について，労働基準法第79条の規定による遺族補償の支給が行われるときは死亡の日から6年間，その支給が停止されます。両方の遺族の範囲は異なりますが，

226 第3編 厚生年金保険法 〔Q199〕〔Q200〕〔Q201〕

遺族厚生年金の受給権者と遺族補償を受ける遺族が異なる場合でも停止されます（厚年法64条）。

ただし，労災保険による遺族補償年金および厚生年金保険による遺族厚生年金とが併給される場合は，労災保険の遺族補償年金の支給額は調整率（0.84）を乗じた額とされます。

なぜ，労災保険のほうが調整されるのかというと，両方の制度から年金が満額支給されると，受け取る年金額の合計が，被災する前に支給されていた賃金よりも高額になってしまうためです。また，保険料負担について，厚生年金保険は被保険者と事業主とが折半で，労災保険は事業主が全額負担していることもあり，事業主の二重負担の問題が生じないようにするためです。

Q200 支給停止と遺族厚生年金裁定請求

私の夫は，業務上の事故で平成28年1月に死亡しましたので，現在，労働基準法第79条により，事業主から遺族補償を受けています。厚生年金保険の遺族厚生年金は，支給停止されるということですので，まだ請求していません。厚生年金保険の遺族厚生年金裁定請求書は，5年以内に出さないと遺族厚生年金がもらえないという話を聞きましたが，本当でしょうか。

Ⓐ 労働基準法第79条による遺族補償を受けられる場合，死亡日から6年間，遺族厚生年金が支給停止されます。一方，年金を受ける権利は，権利が発生してから5年を経過したときは，時効により消滅します。

遺族厚生年金の受給権裁定の請求手続は，事故発生のときに行うべきですが，厚年法第92条第2項の規定により，年金の給付については，その年金が全額支給停止されている場合は，時効は進行しないことになっています。したがって，労働基準法第79条による遺族補償を受けており，遺族厚生年金の支給が全額支給停止されている場合は，保険事故発生後5年を経過しても，遺族厚生年金の

⑨ 遺族厚生年金　227

受給権は時効消滅しませんので，遺族補償を受け終わった時点で遺族厚生年金の裁定請求手続をすることが可能です。

Q201 損害賠償金の受領と遺族厚生年金の支給停止

　私の夫は帰宅途中に自動車事故に遭い，死亡しました。加害者から損害賠償金として，2,500万円を受領しました。死亡当時は厚生年金保険の被保険者であり，10年ほど加入していましたが，遺族厚生年金を受給できるでしょうか。

Ⓐ　交通事故等のように第三者の行為によって生じたものであって，当該損害を被った被保険者等に対して第三者が損害賠償の義務を負う事故を「第三者行為事故」といいます。

　あなたの夫は，死亡当時，厚生年金保険の被保険者ということですので，遺族厚生年金の受給権は発生しています。ただし，損害賠償金を受領されているので，その損害賠償金の中に，医療費，慰謝料以外に生活補償費が含まれているのであれば，その生活補償費の限度において支給停止されます（厚年法40条）。

　今回のように第三者行為事故に該当する場合，年金の支給停止期間は，次のようになっています。

① 被保険者等が第三者から受領した損害賠償金の総額から医療費，葬祭料等の実支出額および慰謝料の合計額を控除して，生活補償費相当額に対応する損害賠償金（調整対象損害賠償金）を算出する。

② 調整対象損害賠償金を所定の1月当たりの基準生活費で除するなどして，基本となる支給停止月数（基本支給停止月数）を算出する。

③ 基本支給停止月数が36月以下の場合は，その月数，また，基本支給停止月数が36月を超える場合は，36月をそれぞれ上限として支給停止月数の調整措置を行う。

④ 事故発生の翌月から年金の受給権発生月までの月数を調整措置後の支給

228　第3編　厚生年金保険法〔Q201〕〔Q202〕〔Q203〕

停止月数から控除した後の月数を，実際の支給停止月数とする。

※上記「36月」については，平成27年9月30日以前の場合は「24月」。

Q202　遺族厚生年金の併給調整

　　長男の死亡により遺族厚生年金を受給していますが，次男の死亡により，また遺族厚生年金の受給権を取得しました。この場合，両方の遺族厚生年金を受給できますか。

Ⓐ　厚生年金保険法第38条の併給調整の規定により，両方の年金を受給することはできません。一般的には年金額の高い方の遺族厚生年金を選択することになります。選択しなかったもう一方の遺族厚生年金は，その間，支給停止となります。ただし，その支給停止の解除を申請することができ，将来に向かっていつでも選択替えすることができます。

Q203　遺族厚生年金と老齢厚生年金の併給の調整

　　遺族厚生年金の受給者です。夫の死亡後，会社に勤務し，厚生年金に加入していましたが，65歳で退職することになりました。遺族厚生年金と老齢厚生年金の両方を受給することができますか。

Ⓐ　遺族厚生年金の受給権者が，他の年金たる保険給付の受給権を有する場合には，いずれかを選択することになりますが，老齢厚生年金については，特例が認められています。

　遺族厚生年金の額は，死亡者の老齢厚生年金の報酬比例部分の額の4分の3（短期要件の場合には300月みなしがあります）の額です。ただし，65歳以上で

9 遺族厚生年金　229

老齢厚生年金と配偶者の死亡による遺族厚生年金の2つの受給権を有する遺族の場合には，次のA方式とB方式のいずれか高いほうが支給されます。

A方式＝死亡者の老齢厚生年金の報酬比例部分の額の4分の3（短期要件の場合には300月みなしがあります）の額

B方式＝①と②の合算額

　①　死亡者の老齢厚生年金の報酬比例部分の額の4分の3に相当する額の3分の2，すなわち，死亡者の老齢厚生年金の報酬比例部分の額の2分の1の額です。

　②　遺族厚生年金の受給権者が有する老齢厚生年金の額の2分の1

　※遺族基礎年金を併給する場合の遺族厚生年金は，本来の計算（A方式）による。

ただし，A方式とB方式のどちらで計算した場合であっても，まず，その遺族の老齢厚生年金が優先的に支給され，残りが遺族厚生年金として支給されます。

なお，この併給の仕組みは，平成19年4月1日前に遺族厚生年金の受給権を有している昭和17年4月1日以前生まれの人（施行日に65歳以上）および，平成19年4月1日前に旧法の老齢年金を受給しており，平成19年4月1日以後に遺族厚生年金の受給権を取得した人には適用されません。

この場合は，遺族厚生年金の受給権者が有する老齢厚生年金，A方式またはB方式で計算した遺族厚生年金の3つのうちのいずれかを選択します。

〈事例〉

妻：65歳以上で，老齢厚生年金を月額39,000円と老齢基礎年金を受給

夫：老齢厚生年金を月額102,000円受給中に死亡

A方式 $= 102{,}000円 \times \dfrac{3}{4} = 76{,}500円$

B方式 $= 102{,}000円 \times \dfrac{3}{4} \times \dfrac{2}{3} + 39{,}000円 \times \dfrac{1}{2} = 70{,}500円$

A方式の方がB方式より金額が高いため，A方式の76,500円が遺族厚生年金として支給されます。ただし，実際の支給は，老齢厚生年金の39,000円が優先して支給され，残りの37,500円が遺族厚生年金として支給されます。つまり，

230　第3編　厚生年金保険法〔Q203〕〔Q204〕〔Q205〕

遺族厚生年金の39,000円は，支給停止となります。

　76,500円－39,000円＝37,500円

Q204　遺族厚生年金と老齢基礎年金の併給の調整

　　私は，夫の死亡により遺族厚生年金を受給していますが，私が65歳になって国民年金による老齢基礎年金を受けられるようになった場合には，両方の年金を受給できますか。また，老齢基礎年金の繰上げ請求をした場合はどうなりますか。

A　厚生年金保険の遺族厚生年金と65歳から支給される国民年金の老齢基礎年金は併せて支給を受けることができます（厚年法38条，国年法20条）。ただし，老齢基礎年金の繰上げ請求をすると，どちらか一方の選択になります。遺族厚生年金を選択した場合，65歳まで繰上げした老齢基礎年金は支給停止となり，65歳以降に老齢基礎年金の支給停止が解除された後も老齢基礎年金の額は減額支給のままとなるため注意が必要です。

Q205　遺族厚生年金の受給権の消滅事由

　　私の甥は15歳ですが，一人っ子で母親も死亡したので，その甥が遺族厚生年金を受給中です。遺族厚生年金はいつまで支給されるのでしょうか。

A　遺族厚生年金の受給権は，受給権者が次のいずれかに該当すると消滅し，年金は，その月分まで支給されて終了します（厚年法63条）。
①　死亡したとき。

② 婚姻（事実婚を含みます）したとき。

③ 直系血族および直系姻族以外の者の養子（届出をしないが事実上養子縁組と同様の事情にある者を含む）となったとき。

④ 養子であった者が離縁して，死亡した被保険者または被保険者であった者との親族関係が終了したとき。

⑤ 子または孫が18歳に達する日以後の最初の3月31日に達したとき（国年令別表に定める1級または2級の障害の状態にあるときを除く）。

⑥ 受給権を取得したときから，国年令別表に定める1級または2級の障害の状態にある子または孫が，その事情がやんだとき（18歳に達する日以後の最初の3月31日までの間を除く）。

⑦ 子または孫が20歳に達したとき。

⑧ 父母，孫または祖父母については，被保険者または被保険者であった者が死亡したときに胎児であった第1順位者である子が出生したとき。

次の場合は，それぞれに定める日から起算して5年を経過したときに，遺族厚生年金の受給権は消滅します。

⑨ 遺族厚生年金の受給権を取得した当時30歳未満の妻が，同一の支給事由の遺族基礎年金の受給権を取得しないとき。

　　遺族厚生年金の受給権を取得した日

⑩ 遺族厚生年金と遺族基礎年金の受給権を有する妻が30歳に達する日前に遺族基礎年金の受給権が消滅したとき。

　　遺族基礎年金の受給権が消滅した日

なお，先順位者が現れて，後順位者の遺族厚生年金の受給権が消滅した場合，その後，先順位者が失権しても，後順位者の受給権が復活することはありません。

あなたの甥が，18歳に達する日以後の最初の3月31日に達したときは，遺族厚生年金の受給権は失権します。ただし，国年令別表に定める1級または2級の障害の状態にある場合，20歳に達するまで失権しません。

232　第3編　厚生年金保険法〔Q206〕〔Q207〕〔Q208〕

Q206　内縁関係の遺族厚生年金受給

　　私の夫は厚生年金保険に3年加入していましたが，在職中に死亡しました。内縁関係だったので籍を入れていませんでした。この場合，遺族厚生年金は受給できますか。

Ⓐ　厚生年金保険法第59条の配偶者とは，事実婚を含むとされています。この場合，内縁関係といってもすべての事実関係を認めるというのではなく，正式に届出さえすれば法律上有効な婚姻となる場合のみです。

　事実婚関係の認定要件は2つあります。1つ目は，当事者間に，社会通念上，夫婦の共同生活と認められる事実関係を成立させようとする合意があること，2つ目は，当事者間に，社会通念上，夫婦の共同生活と認められる事実関係が存在することです。

　ただし，内縁関係自体が，反倫理的な内縁関係である場合は，事実婚関係とは認められません。反倫理的な内縁関係とは，民法第734条の近親者間の婚姻の制限，第735条の直系姻族間の婚姻禁止，第736条の養親子等の間の婚姻の禁止の規定のいずれかに違反するような内縁関係のことです。

　したがって，あなたは遺族厚生年金の対象となる遺族に該当するものと思われます。年金事務所にご相談ください。

Q207　遺族厚生年金受給の優先順位

　　内縁の夫には本妻がいますが，本妻との間には子どもがなく，私との間には子どもが生まれ認知されています。また夫は私と同居していますが，本妻に送金をしています。その夫が死亡した場合，私の子どもは遺族厚生年金を受給できますか。

⑨ 遺族厚生年金　233

$\textcircled{A}$　遺族厚生年金を受給できる「子」については，被保険者または被保険者であった者の「子」を指しており，戸籍上の妻の子，内縁の妻の子といった区別はありません。また，遺族厚生年金の支給順位は，今回のケースで言うと，①子のいる妻，②子，③子のない妻，となりますので，あなたの子が内縁の夫に生計維持されていたとして請求することにより，遺族厚生年金を受給することになります。

Q208　配偶者の再婚と子供の遺族厚生年金受給権

私は遺族厚生年金の受給権者ですが，来春に再婚することになりました。また，亡夫との間に生まれた子ども（6歳）がいますが，その子どもは亡夫の実父の養子となりました。この場合に亡夫の遺族厚生年金はどうなりますか。

$\textcircled{A}$　遺族厚生年金の受給権は再婚することにより失権します（厚年法63条）。一方，子については受給権は発生していましたが，妻が受給権を有する間は，支給停止されていた（厚年法66条）ので，妻の失権で子の支給停止が解除され，子に遺族厚生年金が支給されます。

さて，子が亡夫の実父の養子になられたとのことですが，これは直系血族との養子縁組であり，厚年法第63条の失権事由に該当しませんので，遺族厚生年金は引き続き子に支給されます。

Q209 養父母の遺族厚生年金受給権

　私の父母は養父母です。私は現在養父母と生計を共にしています。私の妻はすでに死亡しており，子どももいません。もし私が死亡したら養父母の生活が不安です。私が死亡した場合，養父母に遺族厚生年金が支給されますか。

A　遺族厚生年金の受給権者である遺族の父母とは，実父母，養父母を問いません。あなたが死亡した当時，養父母が55歳以上であれば，養父母が受給権者となります（厚年法59条）。ただし，実際に年金が支給されるのは，養父母が60歳になってからとなります。

Q210 死亡当時胎児であった子の遺族厚生年金

　私の友人は新婚5カ月で事故死しました。彼の奥さんは遺族厚生年金を受けていましたが，再婚したため失権しました。彼の死亡後，この奥さんは彼の子どもを出産しました。この子どもには遺族厚生年金が支給されるでしょうか。

A　被保険者または被保険者であった者の死亡時胎児であった子は，その出生の日から被保険者または被保険者であった者の死亡当時その者によって生計を維持された子とみなされ遺族厚生年金を受けることができます（厚年法59条3項）。

⑨ 遺族厚生年金　235

Q211 遺族厚生年金受給権者と先順位者の出現

息子の死亡により遺族厚生年金を受けている父親です。息子は死亡前に離婚していたのですが，その元妻が息子の子を出産しました。私が受けている遺族厚生年金はどうなりますか。

Ⓐ　胎児が出生したときは，その子は，被保険者または被保険者であった者の死亡当時，生計を維持されていた子とみなされ，遺族厚生年金の受給権を取得します。父母の遺族厚生年金の受給権は配偶者または子が遺族厚生年金の受給権を取得したときは失権します（厚年法63条3項）。

Q212 遺族厚生年金受給権者の養子縁組

私は夫の死亡後，遺族厚生年金を受給していますが，亡夫の両親からさびしいので，ぜひ養子になってくれといわれています。もし養子縁組した場合に遺族厚生年金はどうなりますか。

Ⓐ　遺族厚生年金の受給資格失権事由の1つとして，直系血族および直系姻族以外の養子（届出をしていないが事実上養子縁組関係と同様の事情にある場合を含む）となったとき，があります。

直系血族とは，血のつながりのある父母，祖父母，子，孫等，自分自身から見て縦の関係にある者を指しますので，叔父や叔母は直系血族とはなりません。また，直系姻族とは，自分の配偶者の直系血族または自分の直系血族の配偶者を指しますが，例えば，妻から見て夫の父母・祖父母や，自分から見て子・孫の夫や妻などが直系姻族に該当します。

今回，死亡した夫の父母は直系姻族に該当しますので，遺族厚生年金の失権事由には該当せず，引き続き遺族厚生年金を受給することができます（厚年法

236　第3編　厚生年金保険法〔Q212〕〔Q213〕〔Q214〕

63条)。

Q213　死亡の推定と遺族厚生年金の支給

　私の夫は昨年6月7日に飛行機の墜落事故で行方不明となり，まだ死亡が確認されていません。遺族厚生年金は死亡したことにより，戸籍から抹消されないかぎり支給されないと聞いていますが，この場合にはどうなりますか。

Ⓐ　遺族厚生年金は，死亡を支給事由としていますが，死亡した可能性が強いにもかかわらず行方不明で死亡が確認できないとき，または死亡が確認されても死亡時期がわからないときがあります。死亡の可能性が非常に高いときは，戸籍法に基づく認定死亡の扱いによって戸籍が抹消されますが，厚生年金保険では，行方不明のうち，航空機と船舶による行方不明については，死亡推定の規定を設けて遺族厚生年金の受給を容易にしています。すなわち，航空機や船舶が沈没し，墜落し，または行方不明となったとき，それに乗っていた者の生死が3カ月間わからないときは，墜落などの事故があった日に死亡したものと推定します。また航空機や船舶に乗っていて転落するなどで行方不明となり，生死が3カ月間わからないとき，または，死亡時期が確認できないときは，行方不明となった日に死亡したものと推定します（厚年法59条の2）。したがって，昨年の6月7日に死亡したものと推定されますので，その翌月から遺族厚生年金の支給を受けられます。

⑨ 遺族厚生年金　237

Q214　死亡とみなされた場合の遺族厚生年金の支給

　　私の夫は行方不明となり，7年目に失踪宣告により死亡とみなされましたが，この時には，すでに夫は被保険者でもなく私との間には生計維持関係もありません。遺族厚生年金は受給できるでしょうか。

Ⓐ　　失踪宣告により死亡と認められた時点では一般的には被保険者資格を喪失しており，その時点での生計維持関係は認められませんが，失踪宣告を受けた被保険者については，行方不明になった当時に生計を維持されていた者であれば遺族厚生年金を請求できる遺族となります。

　また，行方不明となった当時胎児であった子が出生したときも同様に取り扱われ，遺族となります。

238 第3編 厚生年金保険法〔Q215〕〔Q216〕

10 厚生年金基金関係

Q215 厚生年金基金制度の解散・移行

厚生年金基金が廃止されると聞きましたが，本当なのでしょうか。

A 厚生年金基金制度は，サラリーマン世帯のより手厚い老後保障を行うことを目的として，昭和41年に開始されました。しかし，その後の社会経済情勢の変動やバブル崩壊後の運用環境の悪化などにより，代行部分の積み立て不足が生じるようになり，さらに，厚生年金基金の代行割れ（保有資産が最低責任準備金に満たない状況）が社会問題となりました。その問題を解決するために，「公的年金制度の健全性及び信頼性の確保のための厚生年金保険法等の一部を改正する法律」が平成26年4月1日に施行され，下記のとおり厚生年金基金制度が見直されることになりました。

① 施行日以後は厚生年金基金の新設は認めない。

② 施行日から5年間に限り，特例解散制度を見直す。

③ 施行日から5年間の時限措置として他の企業年金制度への移行を促進する。

④ 施行日から5年後以降は，健全基金以外の基金に解散命令を発動する。

②により，代行割れ基金で責任準備金が大幅に不足する基金については，最低責任準備金の減額や分割納付などの特例が認められました。また，③により，代行部分を上回るいわゆるプラスアルファ部分の受給権を保全するために，確

定給付企業年金や確定拠出年金への移行が支援されました。

　④のとおり，施行日から 5 年を経過した平成31年 4 月以後は，健全基金以外は強制的に解散させられることになりました。

Q216　企業年金連合会（存続連合会・新連合会）

　　厚生年金基金の中途脱退者に対する給付を行ってきた企業年金連合会はどうなるのですか？

A　改正前の厚生年金保険法の規定により設立された現在の企業年金連合会は，確定給付企業年金法に基づく新たな企業年金連合会（新連合会）が設立されるまで存続連合会として存続します。

　新連合会は，確定給付企業年金の中途脱退者等に係る老齢給付金の支給を共同して行うとともに，積立金の移管を円滑に行うために設立されますが，その時期は未定です。

　それまでは，存続連合会は，存続厚生年金基金の中途脱退者，解散基金加入員または確定給付企業年金の中途脱退者からの申出により，脱退一時金相当額または残余財産の移管を受けて，これらの者またはその遺族について存続連合会老齢給付金または存続連合会遺族給付金の支給を行います。

　存続連合会は，新連合会が設立されたときに解散し，解散後は，存続連合会の残余財産を基金中途脱退者等に分配します。また，存続連合会が解散したときは，その一切の権利・義務は企業年金連合会が引き継ぎます。

240　第3編　厚生年金保険法〔Q217〕〔Q218〕〔Q219〕

11 離婚時の厚生年金の分割

Q217 離婚時の厚生年金の分割の仕組み

平成19年4月の改正によって，離婚したときに相手の厚生年金を分割して受けることができるようになりましたが，どのような仕組みですか。

A 平成19年4月から実施された離婚による厚生年金の分割は，離婚当事者の婚姻期間中の厚生年金の保険料納付記録を離婚時に限り，当事者間で分割しますが，年金の一身専属制を保ちながら，年金額を分割するのではなく年金の計算の元となる標準報酬を分割する制度です。離婚の当事者各々が，分割後の標準報酬に基づいて計算された老齢厚生年金を受けることになります。

離婚については，平成19年4月1日以後の離婚に限ります。その日よりも前にすでに離婚している場合は，この離婚時の厚生年金の分割は認められません。平成19年4月1日以後の離婚であれば，その日よりも前の厚生年金の保険料納付記録も分割の対象となります。

按分割合（分割を受ける者の厚生年金の保険料納付記録の持分）は，50％を上限とします。離婚当事者間の協議で按分割合について合意の上，日本年金機構に厚生年金分割の請求を行います。合意がまとまらない場合は，離婚当事者の一方の求めによって，裁判所が按分割合を定めることができます。

11 離婚時の厚生年金の分割　241

Q218 離婚時の厚生年金の分割の効果

厚生年金を分割するというのは，どういうことなのでしょうか。

A 　厚生年金保険の保険料納付記録の分割を受けると，その納付記録は自分自身の保険料納付記録となり，自分が厚生年金を受けることになったときに，その納付記録によって計算した額が上乗せされます。そのため，若いときに離婚した場合には，自分が老齢に達するまでは老齢厚生年金を受けることはできません。

分割は，老齢厚生年金の報酬比例部分についてのみ行われ，定額部分や老齢基礎年金の額には影響しません。また，自分の保険料納付記録となるため，分割をした相手方が死亡したとしても，自分自身の厚生年金には影響しません。

なお，分割された保険料納付記録は厚生年金の額の算定の基礎としますが，年金の受給資格期間には算入しません。

Q219 事実婚の取扱い

分割の対象となる離婚にはどのようなものがありますか。

A 　離婚（婚姻の解消）以外にも婚姻の取消しも対象になります。ただし，民法第732条の重婚の禁止の規定に違反する婚姻が取り消された場合は，その婚姻の取消しに係る期間（当事者の一方が当事者の他方の被扶養配偶者として第3号被保険者であった期間を除きます）については，分割の対象となりません。

また，婚姻の届出をしていないが事実上婚姻関係と同様の事情にある事実婚関係にある場合についても，平成19年4月1日以後の事実婚関係が解消したと認められる場合であって，事実婚関係期間中に，当事者の一方が他方の被扶養

配偶者として国民年金の第3号被保険者と認定されていた期間があるときは，分割の対象となります。

Q220 複数の婚姻期間がある場合の離婚分割

夫と離婚したため，年金分割の手続を行いたいのですが，法律婚以外に事実婚の期間もあります。下記ケースの場合は，すべての期間をまとめて手続できますか。

＜対象期間＞

(1) 法律婚　昭和51年5月6日～平成20年8月30日

(2) 事実婚　平成20年8月31日～平成21年7月22日

(3) 法律婚　平成21年7月23日～平成29年1月2日

A (1)法律婚，(2)事実婚＋(3)法律婚とで，請求の手続を分ける必要があります。

離婚等をした場合であって，当事者が標準報酬の改定または決定の請求をすること，および請求すべき按分割合について合意している場合は，当該離婚等について対象期間に係る被保険者期間の標準報酬の改定または決定を請求することができます。

離婚分割の対象となる婚姻期間が複数ある場合，原則として，それぞれの婚姻期間について請求しなければなりません。ただし，対象期間については，事実婚関係にあった当事者については，当該当事者が婚姻の届出をしたことにより事実婚関係が解消した場合は，法律婚期間に事実婚第3号被保険者期間を通算した期間となります。したがって，(3)の法律婚期間と(2)の事実婚期間は通算され，一の請求とすることができます。

11 離婚時の厚生年金の分割　243

Q221 | 按分割合

按分割合は，どのように定められていますか。

A 　按分割合とは，年金を分割する際に，第1号改定者（分割される方）と第2号改定者（分割を受ける方）の各々に，どのくらい年金を分割するか定めた割合です。どのくらいの按分割合にするかは，当事者間の合意により定められます。合意がまとまらない場合には，離婚当事者の一方の求めによって，裁判所が按分割合を定めることができます。

　按分割合の上限は，婚姻期間における標準報酬総額の2分の1です。これは，第2号改定者の厚生年金の保険料納付記録の持分は，50％を上限とするというものです。

　按分割合の下限は，当事者双方の婚姻期間における標準報酬総額の合計額に対する第2号改定者の分割前の婚姻期間における標準報酬総額の割合を超える額です。このように，分割を受ける第2号改定者がもともとの持分を減らすことのないようになっています。

　つまり，按分割合については，当事者双方の標準報酬総額に対する第2号改定者の標準報酬総額の割合よりも大きく50％以下となります。

$$\frac{\text{分割前の第2号改定者の対象期間標準報酬総額}}{\text{分割前の双方の対象期間標準報酬総額の合計額}} < \text{按分割合} \leqq \frac{1}{2}$$

〈事例〉

　第1号改定者の婚姻期間の標準報酬の総額を6,000万円，第2号改定者の婚姻期間の標準報酬の総額を4,000万円とすると，下限は，次のようになります。

4,000万円÷（6,000万円＋4,000万円）×100＝40％

　したがって，第2号改定者の按分割合は，40％を超え50％以下となります。

244　第3編　厚生年金保険法〔Q222〕

Q222 年金分割の合意書と代理人

協議離婚の手続中ですが，公正証書は諸事情により作成することが難しい状況です。さらに，配偶者とは顔を合わせずに合意による年金分割の手続を行いたいのですが可能でしょうか。

A　代理人を立て「年金分割の合意書」を提出することにより，元配偶者と同席することなく，公正証書等の公的な書類がなくても，年金分割の手続を行うことが可能です。

合意分割を行うためには，通常，年金分割の割合を明らかにすることができる下記①〜④のいずれかの公的な書類が必要となります。

①　公正証書の謄本または抄録謄本

②　公証人の認証を受けた私署証書

③　審判（判決）書の謄本または抄本および確定証明書

④　調停（和解）調書の謄本または抄本

協議離婚で公正証書等の作成が難しい状況ということは上記①〜④の書類の用意が難しいということかと思われます。その場合は，代わりに「年金分割の合意書」を提出することで①〜④の書類がなくても年金分割が可能となります。

「年金分割の合意書」とは，年金の分割請求をすることおよび年金分割の割合について合意している旨の内容を記載する書類です。通常は，当事者双方が年金事務所に来所し，その場で記入する書類となりますが，元夫婦間で顔を合わせることが難しい場合は代理人を立てることも可能です。ただし，双方代理は不可となっておりますので，元夫婦の両者が代理人を立てる場合は，各々別の代理人が必要となります。

代理人を立てる場合は，通常の年金分割の手続に必要な書類以外に下記が必要となります。

(ア)　代理人の本人確認書類（運転免許証・パスポート・住民基本台帳カード（顔写真付に限る）・印鑑およびその印鑑にかかる印鑑登録証明書）

(イ)　委任状（年金分割の合意請求用）※所定の様式以外の委任状は不可とな

ります。

(ウ) 委任者の印鑑登録証明書

(エ) 年金分割の合意書　※代理人ではなく当事者本人の署名・捺印が必要となります。

このように，年金分割の手続を代理人が行う場合は，委任状の様式が決められたものであったり，代理人の本人確認書類の種類が限定的であったりと，他の年金手続の代理人より取扱いが厳格になっています。

246 第3編 厚生年金保険法〔Q223〕〔Q224〕

12 第3号被保険者期間における厚生年金の分割

Q223 第3号分割の仕組み

第3号被保険者期間に係る厚生年金の分割とは，どのような仕組みですか。

A 平成16年の厚生年金保険法改正で，被扶養配偶者（第3号被保険者）を有する第2号被保険者が負担した保険料は，夫婦が共同して負担したものであることを基本的認識とする旨が法律上明記され，その上で，夫婦が離婚した場合，その他，分割をすることが必要な事情にあると認められる場合には，第3号分割が行えることになりました。この第3号分割は，平成20年5月1日以後に離婚した場合で，平成20年4月1日以降の第3号被保険者期間が対象となります。

第3号分割とは，第2号被保険者が納付した保険料について，これを給付額の算定の際に夫婦が共同して負担したものとみなして，納付記録（標準報酬）を2分の1に分割し，この記録に基づいて，夫婦それぞれに老齢厚生年金の給付が行われるものです（厚年法78条の13）。

なお，第3号分割は，第3号被保険者または第3号被保険者であった人からの請求によって分割が認められ，第2号被保険者の同意は要しないこととされています（厚年法78条の14）。

Q224 具体的な分割方法

第3号分割はどのように行われますか。

A 　第3号被保険者期間以外も含めた離婚分割では，当事者の合意あるいは裁判所の決定により請求が行われることが必要ですが，第3号分割では，第3号被保険者または第3号被保険者であった人の請求だけで，分割が行われます。

第3号分割では，婚姻期間（特定期間）中の第2号被保険者（特定被保険者）の保険料納付記録（標準報酬）を，被扶養配偶者である第3号被保険者に対して分割を行います。

なお，特定被保険者が，特定期間を計算の基礎とする障害厚生年金（その額の計算が特定期間を基礎としている場合に限る）の受給権者である場合には，保険料納付記録の分割により障害厚生年金の額が低下してしまうことから，この第3号分割の請求は認められません（厚年法78条の14）。

特定期間における被保険者期間の各月ごとに，特定被保険者については標準報酬月額および標準賞与額が2分の1に改定され，被扶養配偶者については，特定被保険者の標準報酬月額および標準賞与額の2分の1が標準報酬月額および標準賞与額として決定されます。また，この分割を受けた期間は，被扶養配偶者にとっては厚生年金保険の被保険者であった期間とみなされます（被扶養配偶者みなし被保険者期間）（厚年法78条の14第2項〜4項）。

改定または決定後の標準報酬は，標準報酬の改定または決定の請求を行った日以後，将来に向かってのみ効力を有するため，過去に遡って給付が発生したり，年金額が改定されることはありません（厚年法78条の14第5項）。

Q225　年金額の改定

年金受給権者が第3号分割を行ったときは，厚生年金はどのように分割されますか。

分割をされる人：特定被保険者
分割を受ける人：被扶養配偶者（＝国民年金法の第3号被保険者＝特定被保険者の配偶者）

　特定被保険者が老齢厚生年金の受給権者である場合，第3号分割による標準報酬の決定が行われたときは，その決定後の標準報酬を基礎として年金額が改定されます。

　特定被保険者が障害厚生年金の受給権者の場合，原則として改定後の標準報酬を基礎として年金額が改定されます。ただし，被保険者期間を300月とみなして計算された障害厚生年金については，被扶養配偶者みなし被保険者期間の標準報酬は計算の基礎に含めません。理由としては，年金分割することにより平均標準報酬額が下がって年金額が減少する可能性が高いからです（厚年法78条の18）。

　また，第3号分割による被扶養配偶者みなし被保険者期間は，加給年金額の支給要件となる被保険者期間や受給資格期間には算入されません（厚年法78条の19）。

Q226　第3号分割と離婚分割との関係

第3号分割と平成19年4月から実施されている離婚時の厚生年金の分割とはどのような関係になりますか。

A 　離婚分割の請求を行う際，その対象期間に第3号分割の対象となる期間が含まれる場合には，離婚分割の請求があった時点で，併せて第3号分割の請求があったものとみなされ，第3号分割によって改定および決定が行われた後の当事者双方の標準報酬を前提として，離婚分割が行われます。

　ただし，特定被保険者が特定期間を額の計算の基礎とする障害厚生年金の受給権者である場合には，第3号分割は行われないため，この請求があったものとはみなされません。

第4編
国民年金法

252　第4編　国民年金法〔Q227〕〔Q228〕

1 被保険者の資格

Q227 被保険者

国民年金には，年齢，性別，国籍，あるいは無職者・就業者の如何を問わず，誰でも加入しなければならないのですか。

A　国民年金法では「日本国内に住所を有する20歳以上60歳未満の者を被保険者とする。」（国年法7条1項）と規定していますので，たとえ外国人であっても日本国内に居住（旅行者，短期間の滞在を除く）する20歳以上60歳未満の人は誰でも国民年金の被保険者として加入することになっており，被保険者種別を第1号被保険者，第2号被保険者および第3号被保険者としています。

すなわち，厚生年金保険法の被保険者であるときは，国民年金の第2号被保険者（ただし，65歳以上で老齢（退職）年金を受けられる者を除く），第2号被保険者によって生計を維持されている20歳以上60歳未満の配偶者は第3号被保険者，第2号被保険者，第3号被保険者以外の者を第1号被保険者としています（国年法7条）。

国民年金に第1号被保険者として加入しなければならない者には，自営業者，農業・漁業者，学生および無職の者とその配偶者（厚生年金保険被保険者と第3号被保険者を除く），就業していたとしても事業所が厚生年金保険の適用事業所でない場合，適用事業所で就業していたとしても，日雇い，短期の就労等の理由により，厚生年金保険の被保険者とされない者等が該当します。

なお，国民年金への加入が本人の自由とされる者（任意加入被保険者）がいます。これに該当する者は次のとおりです（国年法附則5条，平6改正法附則11条）。

①　日本国内に住所を有する20歳以上60歳未満の者であって厚生年金保険法に基づく老齢給付等を受けることができる者

②　日本国内に住所を有する60歳以上65歳未満の者

③　日本国籍を有する者であって，日本国内に住所を有しない20歳以上65歳未満の者

④　昭和30年4月1日以前に生まれた者であって，次のいずれかに該当する者。ただし，老齢基礎年金等の受給権を有しない場合に限る。

　ア　日本国内に住所を有する65歳以上70歳未満の者

　イ　日本国籍を有する者であって，日本国内に住所を有しない65歳以上70歳未満の者

Q228 マイナンバー制度

マイナンバー制度と市区町村の連携について教えてください。

Ⓐ　日本年金機構では，平成29年1月からマイナンバーを利用した事務を円滑に実施することを目的として，日本年金機構，市区町村または事業主に届け出された被保険者または受給権者等のマイナンバーの収録を行っています。

　具体的には，マイナンバー法に基づいて，地方公共団体情報システム機構に対して被保険者または受給権者等のマイナンバーの情報の提供を求め，基礎年金番号との紐づけ（収録）を行っています。収録状況については「ねんきんネット」で確認したり，直接，年金事務所へ問合せすることにより確認できます。

　その結果，年金手帳（基礎年金番号）を持参していなくても，マイナンバー

254　第4編　国民年金法〔Q228〕〔Q229〕〔Q230〕〔Q231〕

の提示により年金に関する相談や照会が可能となっています。また，平成30年
3月5日からは，マイナンバーと基礎年金番号が紐づいている場合においては，
氏名変更届や住所変更届の提出が省略可能となりました。

　さらに，マイナンバーによる行政機関間の情報連携の仕組みを活用し，令和
元年7月1日より，年金給付関係等の事務手続については添付書類の省略等が
できるようになり，令和元年10月30日より，国民年金関係等の一部の事務手続
については市区町村等における所得等の確認が不要となりました。

Q229　加入の手続

国民年金に加入する手続は，どうすればよいですか。

Ⓐ　厚生年金保険の各種手続は，事業主が行いますが，国民年金において
は，被保険者が自分で手続をしなければなりません。国民年金の第1号
被保険者・第3号被保険者となった場合には，その事実があった日から14日以
内に届出をしなければなりません。資格取得の届出は，第1号被保険者の場合，
居住地の市町村長（特別区の区長を含む）に提出し，第3号被保険者の場合に
は，第2号被保険者である配偶者の勤務先を経由して日本年金機構に提出する
ことによって行います（国年則1条の2）。また，厚生年金保険の被保険者の配
偶者となって第1号被保険者または第2号被保険者から第3号被保険者になっ
た場合は，配偶者となった日から14日以内に種別の変更届を提出します（国年
則6条の2）。

　この資格取得の手続を行わなかった場合，保険料が未納となり，その結果，
年金の受給資格を満たさないことにもなりかねませんので，注意が必要です。

1 被保険者の資格　255

Q230　被保険者と各種の給付

　　国民年金には，第1号被保険者，第2号被保険者，第3号被保険者の3種類の被保険者がありますが，それぞれの被保険者の種別により，給付の要件や額に違いがあるのでしょうか。

Ⓐ　国民年金の給付には，(1)老齢基礎年金，(2)障害基礎年金，(3)遺族基礎年金，(4)付加年金，寡婦年金，死亡一時金，脱退一時金および特別一時金の8種類があり，このうち，(1)〜(3)の3種類の基礎年金については，被保険者の種別に関係なく，年金給付の受給要件および給付の額の計算方法について，全く差異はありません。ただし，(4)の年金や一時金については，第1号被保険者に関係する保険料納付済期間および保険料免除期間を基礎に給付の要件を定め，給付の額を算出することになっているため，第2号被保険者や第3号被保険者のみであった者については支給されません。

Q231　妻の国民年金への加入と保険料

　　私は，厚生年金保険に加入している会社勤務の夫をもつ専業主婦です。夫から国民年金への加入を勧められていますが，保険料も高いようですので迷っています。加入が必要でしょうか。

Ⓐ　厚生年金保険に加入している第2号被保険者（今回の例では夫）により生計を維持している20歳以上60歳未満の配偶者（年収が130万円未満に限る）（今回の例では妻）は，国民年金の第3号被保険者となります。第3号被保険者の保険料は，第2号被保険者が加入している厚生年金保険から国民年金に拠出していますので，個別に納付する必要はありません。第3号被保険者としての資格取得届または被保険者種別変更届は，第3号被保険者の配偶者

256　第4編　国民年金法〔Q231〕〔Q232〕〔Q233〕

である第2号被保険者の勤務先の事業主が行います。

　つまり，あなたの夫が，扶養している妻がいることを会社に申し出ていれば，会社を通して第3号被保険者として国民年金に加入する手続を行っていますので，すでに加入済の状態だと考えられます。その場合は，改めて国民年金への加入は必要ありません。

Q232　第3号被保険者の届出の特例

　第3号被保険者となった人が届出をしなかったり，遅くなった場合は，2年以上前の期間は時効になって国民年金制度に加入できないということですが，将来，年金を受けられないのでしょうか。

A　第3号被保険者は，個別の保険料負担を行う必要はありませんが，第3号被保険者である旨の届出が必要とされています。この第3号被保険者の届出を遅れて行った場合，原則として，第3号被保険者に該当していた期間のうち直近の2年までの期間については，さかのぼって保険料納付済期間に算入されますが，それ以前の期間については算入されないことになっています。

　ただし，この第3号被保険者の届出については，平成16年改正により特例が設けられています。

　平成17年4月1日前の第3号被保険者としての被保険者期間のうち，第3号被保険者に係る届出をしなかったことにより保険料納付済期間に算入されない期間がある人は，当該期間について届出を行うことができます。当該届出に係る期間は，保険料納付済期間に算入されます（平16改正法附則21条）。

　平成17年4月1日以後の第3号被保険者としての被保険者期間のうち，第3号被保険者に係る届出をしなかったことにより保険料納付済期間に算入されない期間がある人は，届出を遅滞したことについてやむを得ない事由があると認められるときは，当該期間について届出を行うことができます。当該届出に係

① 被保険者の資格　257

る期間は，保険料納付済期間に算入されます（国年法附則 7 条の 3 第 2 項）。

　老齢基礎年金の受給権者がこの届出を行い，当該届出に係る期間が保険料納付済期間に算入されたときは，当該届出のあった日の属する月の翌月から，老齢基礎年金の年金額を改定します。

　また，上記の第 3 号被保険者記録不整合問題への対策として，平成26年12月からは第 3 号被保険者が以下の(1)または(2)に該当する場合は，事業主を経由して「国民年金第 3 号被保険者被扶養配偶者非該当届」を提出することになりました。

　(1)　第 3 号被保険者の収入が基準額以上に増加し，扶養から外れた場合

　(2)　配偶者（第 2 号被保険者）と離婚した場合

　ただし，下記の場合は届出不要とされています。

　①　全国健康保険協会管掌の健康保険の適用事業所に使用される第 2 号被保険者の被扶養配偶者であった場合

　②　配偶者である第 2 号被保険者が退職等により第 2 号被保険者でなくなった場合

　③　第 3 号被保険者が被用者年金制度に加入したことにより第 3 号被保険者でなくなった場合

Q233　第 3 号被保険者期間の特例

　サラリーマンの妻です。夫の厚生年金保険の期間が途中で切れていたため，第 3 号被保険者期間ではない期間が見つかりました。この期間はどのように取り扱われるのでしょうか。

Ⓐ　夫が第 2 号被保険者でなかった期間は，第 3 号被保険者としての期間ではなく第 1 号被保険者期間として記録の訂正が行われます。この期間を不整合期間といいます。この期間のうち記録の訂正が行われたときに，第 1 号被保険者として保険料を納める権利が時効によって消滅しているときは，特

定期間該当届を提出することにより，時効消滅期間（「特定期間」といいます）は老齢基礎年金等の受給資格期間に算入できる期間になります。

特定期間を有する人は，特定保険料納付期限日（平成27年4月～平成30年3月）までの間において，厚生労働大臣の承認を受け，特定期間のうち，50歳以上60歳未満の期間（60歳未満の人である場合には，承認月前10年以内の期間）について，特定保険料を納付することができ，その特定保険料は，各月の保険料に相当する額に政令で定める額を加算した額のうち最も高い額（承認月前10年以内の期間にあっては，加算した額）とされていました。

また，時効消滅不整合となった期間が第3号被保険期間であるものとして老齢基礎年金を受給している人（「特定受給者」といいます）については，特定保険料納付期限日の月（平成30年3月）までの間，時効消滅不整合期間を保険料納付期間とみなし，記録訂正前の年金額で支給されていましたが，特定受給者に支給する特定保険料納付期限日の翌月（平成30年4月）以後の月分の老齢基礎年金の額については，訂正後の記録（保険料未納期間）に基づいた年金額が支給されます。ただし，訂正後年金額が減額下限額（付加年金および振替加算を除いて，不整合期間を保険料納付済期間とみなして計算される老齢基礎年金の額の100分の90に相当する額をいいます）に満たないときは，減額下限額に，付加年金および振替加算を加えた額が支給されます。

障害基礎年金または遺族基礎年金については，特定期間の手続を行うことにより不整合期間を保険料納付済期間とみなします。ただし，特定期間の手続を行った効果は「届出した日」に発生するため，障害であれば初診日，遺族であれば死亡日以後に特定期間の手続を行った場合，原則として特定期間を保険料納付済期間に含めることはできません。

2 保 険 料

Q234 保険料の免除

国民年金の第1号被保険者です。収入がなく保険料が納められません。どうしたらよいでしょうか。

Ⓐ 国民年金の保険料は，本人に納付義務がありますが，世帯主は，その世帯に属する被保険者の保険料を連帯して負担しなければなりません。また，配偶者の一方は，他の配偶者の保険料を連帯して納付する義務があります。

ただし，保険料を納付できないときは，一定の要件のもとに保険料の納付が免除されます。

【法定免除】(国年法89条)

第1号被保険者（多段階免除の適用を受ける被保険者を除きます）が次のいずれかの要件に該当したときは，保険料が免除されます。これを法定免除といいます。

- 障害基礎年金または厚生年金保険法に基づく障害を支給事由とする年金たる給付その他の障害を支給事由とする給付であって政令で定めるものの受給権者であるとき（障害等級1級・2級に限る）。
- 生活保護法による生活扶助，らい予防法廃止法による援護を受けるとき。
- 厚生労働省で定める施設に入所しているとき（ハンセン病療養所，国立脊髄療養所，国立保養所，その他厚生労働大臣が指定するもの）。

平成26年4月からは，法定免除期間のうち被保険者が申出した期間は，通常

260　第4編　国民年金法〔Q234〕

どおり保険料を納付することができます。

【全額申請免除】(国年法90条)

　次のいずれかに該当する被保険者等から申請があったときは，厚生労働大臣は，すでに納付されたものを除き，厚生労働大臣の指定する期間の保険料について納付を要しないものとし，申請のあった日以後，保険料全額免除期間に算入することができます。平成26年4月からは過去2年（2年1カ月前）までさかのぼって申請ができるようになりました。

　ただし，本人，世帯主または配偶者のいずれかが次の免除対象のいずれかに該当しないときは，免除されません。

- 当該保険料を納付することを要しないものとすべき月の属する年の前年の所得（1月から6月までの月分の保険料については，前々年の所得とします）が，その人の扶養親族等の有無および数に応じて，政令で定める額以下であるとき。
- 被保険者または被保険者の属する世帯の他の世帯員が生活保護法による生活扶助以外の扶助その他厚生労働省令で定めるものを受けるとき。
- 地方税法に定める障害者または寡婦であって，前年の所得が政令で定める額以下であるとき。
- 保険料を納付することが著しく困難である場合として天災その他の厚生労働省令で定める事由があるとき。

【多段階免除】(国年法90条の2)

　次のいずれかに該当する被保険者等から申請があったときは，厚生労働大臣は，その指定する期間に係る保険料につき，すでに納付されたものを除き，その4分の3，半額または4分の1を納付することを要しないものとし，申請のあった日以後，当該保険料に係る期間を保険料4分の3免除期間，保険料半額免除期間または保険料4分の1免除期間に算入することができます。平成26年4月からは過去2年（2年1カ月前）までさかのぼって申請ができるようになりました。

　ただし，本人，世帯主または配偶者のいずれかが次の免除対象のいずれかに該当しないときは，免除されません。

- 当該保険料を納付することを要しないものとすべき月の属する年の前年の

所得（1月から6月までの月分の保険料については，前々年の所得とします）が，その人の扶養親族等の有無および数に応じて，政令で定める額以下であるとき。

- 被保険者または被保険者の属する世帯の他の世帯員が生活保護法による生活扶助以外の扶助その他厚生労働省令で定めるものを受けるとき。
- 地方税法に定める障害者または寡婦であって，前年の所得が政令で定める額以下であるとき。
- 保険料を納付することが著しく困難である場合として天災その他の厚生労働省令で定める事由があるとき。

【学生納付特例】（国年法90条の3）

前年の所得が一定の額以下であるなどの学生等から申請があったときは，厚生労働大臣は，その指定する期間に係る保険料につき，これを納付することを要しないものとし，申請のあった日以後，当該保険料に係る期間を保険料全額免除期間（追納に係る期間を除きます）に算入することができます。10年以内であれば追納し老齢基礎年金の額を増やすことは可能です。ただし，追納しない限り受給資格期間に算入されますが老齢基礎年金の額には反映されません。

【50歳未満の人に係る免除の特例（納付猶予制度)】（平16改正法附則19条）

平成17年4月から令和7年6月までの期間において，時限措置として50歳未満の国民年金の第1号被保険者であって申請免除事由（所得額は政令で定める額）に該当する人から申請があったときは，厚生労働大臣は，当該被保険者期間のうちその指定する期間（法定免除，申請免除の適用を受ける期間または学生等である期間を除きます）に係る保険料については，これを納付することを要しないものとし，申請のあった日以後，当該保険料に係る期間を保険料全額免除期間に算入することができます。世帯主の所得は問われませんが，本人と配偶者が所得要件に該当しないときは免除されません。10年以内であれば追納し老齢基礎年金の額を増やすことは可能です。ただし，追納しない限り受給資格期間には算入されますが老齢基礎年金の額には反映されません。

なお，平成28年6月までは30歳未満，平成28年7月以降は50歳未満が納付猶予制度の対象となります。

262　第4編　国民年金法〔Q235〕〔Q236〕〔Q237〕

Q235 保険料の納付の特例

ねんきん特別便により，国民年金の保険料を納めていない期間がありました。今からでも納付することができますか。

Ⓐ　国民年金の保険料は，過去2年までさかのぼって納めることができますが，それ以前の期間は，時効によって納めることができません。平成23年法律改正により，平成24年10月1日から平成27年9月30日までの間であれば，国民年金の被保険者または被保険者であった人（老齢基礎年金の受給権者を除く）は，厚生労働大臣の承認を受け，国民年金の被保険者期間のうち，保険料を滞納している期間（承認の日の属する月前10年以内の期間であって，当該期間に係る国民年金の保険料を徴収する権利が時効によって消滅しているものに限る）の各月につき，後納保険料を納付することができました。平成27年10月1日から平成30年9月30日までは過去5年間の保険料を滞納している期間において後納保険料を納付することができました。

なお，10年後納制度は平成27年9月30日をもって，5年後納制度は平成30年9月30日をもって終了となりました（以下，参考）。

後納保険料の額は，当該各月の国民年金の保険料に相当する額に政令で定める額を加算した額となります。

保険料の後納の承認を受けるに際して，承認を受けようとする人が納期限までに納付しなかった国民年金の保険料であってこれを徴収する権利が時効によって消滅していないものの全部または一部を納付していないときは，後納する前に，2年前までの保険料を納付しなければなりません。

後納保険料の納付は，先に経過した月の国民年金の保険料に係る後納保険料から順次行うことになっています。後納保険料の納付が行われたときは，納付が行われた日に，納付に係る月の国民年金の保険料が納付されたものとみなされます。

② 保険料　263

Q236　学生納付特例制度

20歳の大学生です。先日，年金の案内が届いたのですが，アルバイトで大した収入もなく，保険料を支払うことが難しい状況です。どうすればよいでしょうか。

Ⓐ　　代わりに親に保険料を払ってもらうこともできますが，学生納付特例制度を申請することにより，年金の支払を猶予してもらうことができます。

大学生であっても20歳になったら国民年金の被保険者となり，国民年金保険料の支払が義務付けられます。ただし，学生については，学生本人の所得が一定額以下であれば，申請することで在学中の保険料の納付が猶予されます。これを「学生納付特例制度」と言います。なお，所得要件は学生本人のみで家族の所得は問われません。

申請は，住民登録をしている市区役所・町村役場の国民年金窓口，年金事務所となりますが，在学中の学校等が学生納付特例の代行事務を行う許認可を受けている場合は，在学している学校等でも申請できます。その学校等が許認可を受けているかは，日本年金機構のホームページで確認でき，「学生納付特例対象校一覧」の「代行事務」欄に許認可を受けた日付が表示されている学校等が対象となります。

Q237　国民年金保険料の産前産後期間の免除制度

産前産後期間中，社会保険料においては，事業主も被保険者も免除されていますが，国民年金保険料も免除の対象になったと聞きました。詳細を教えてください。

264　第4編　国民年金法〔Q237〕〔Q238〕〔Q239〕

Ⓐ　　　次世代育成支援の観点から，国民年金第1号被保険者が出産したとき
　　　は，出産前後の一定期間の国民年金保険料が免除される制度が，平成31
年4月から始まりました。この制度は，出産日が平成31年2月1日以降の国民
年金第1号被保険者が対象となります。ただし，国民年金に任意加入している
者は，他の保険料免除や猶予と同様に，産前産後期間に係る保険料免除は適用
されません。

　国民年金保険料が免除される期間は，出産予定日または出産日が属する月の
前月から4カ月間となります。なお，多胎妊娠の場合は，出産予定日または出
産日が属する月の3カ月前から6カ月間となります。

　※出産とは，妊娠85日（4カ月）以上の出産（死産，流産を含む）をいいま
　　す。

　産前産後の保険料免除期間は保険料納付済期間に算入されますので，将来受
け取る老齢基礎年金が減額されることはありません。また，死亡一時金，脱退
一時金についても，保険料納付済期間に算入されます。

　申請書は，年金事務所または市（区）役所・町村役場の国民年金の窓口に備
え付けられており，出産予定日の6カ月前から提出可能です。

Q238　産前産後の国民年金保険料免除期間中の付加保険料

　　　私は，国民年金第1号被保険者として，国民年金保険料と付加
　　保険料を支払っています。このたび妊娠していることが分かり，
　　現在妊娠4カ月です。今後，産前産後期間中の保険料免除を申請
　　する予定ですが，付加保険料も免除されるのでしょうか。

Ⓐ　　　付加保険料は産前産後免除の対象に含まれません。なお，産前産後期
　　　間に係る保険料免除は，他の保険料免除とは異なり，所得の有無にかか
わらず保険料の負担を免除するものであることから，当該期間についても付加

②　保　険　料　　265

保険料を納付することができます。

　産前産後免除に係る届出を行った後は，産前産後免除期間を除く期間の納付書が送付されます。また，付加保険料の納付の申出をしている場合，産前産後免除期間においては，付加保険料のみの額が記載された納付書が改めて送付さます。

　なお，保険料を前納している場合は，産前産後期間の保険料は還付されます。

Q239　産前産後期間中の保険料免除とその他の免除・猶予

　私は，失業後，収入がなく生活に余裕がないため，国民年金保険料の納付を猶予してもらっています。このたび妊娠していることが分かり，現在妊娠4カ月です。すでに申請免除を受けていますが，産前産後期間中の保険料免除を申請することができますか。

Ａ　産前産後免除は，法定免除・申請免除・納付猶予・学生納付特例よりも優先されますので，免除の申請をすることが可能です。また，産前産後免除は，法定免除・申請免除・納付猶予・学生納付特例とは取扱いが異なり，保険料納付済期間に算入されますので，将来受け取る老齢基礎年金が減額されることはありません。

　法定免除，申請免除，納付猶予，学生納付特例の承認期間中に産前産後免除に該当した場合で，産前産後免除期間終了後も同一の免除を希望する場合は，当該年度分の再申請は不要です。

　産前産後免除期間の終期が，全額免除・納付猶予の終期と重なる場合，またはその終期をまたぐ場合は，翌周期の継続免除・納付猶予審査対象者として取り扱われます。また，産前産後免除期間の終期が，学生納付特例の終期と重なる場合，またはその終期をまたぐ場合は，翌周期の申請用の通知が送付されます。

266 第4編 国民年金法〔Q240〕〔Q241〕

Q240 失業等による特例免除

不景気の折，失業してしまいました。早く働きたいのですが，まだ次の勤務先も決まっておらず，妻と子どももいるため国民年金の保険料を払う余裕がありません。どうすればよいでしょうか。

A 失業時には本人の前年所得にかかわらず，保険料免除を受けられる場合があります。

申請免除は，申請者，配偶者および世帯主の前年所得で判断されるため，申請者の前年所得が多い場合は免除を受けられないということになりますが，申請する年度または前年度において退職（失業）の事実がある場合は，申請者の所得要件は除外されます。配偶者と世帯主の所得のみで所得要件を満たしたならば，失業の月の前月から免除を受けることができます。例えば，配偶者が無職で，かつ，父母と同居していない場合は，高い確率で保険料が免除されることになります。

申請方法としては，失業が分かるものとして，雇用保険受給資格者証の写しまたは雇用保険被保険者離職票等の写しを添付して住民票のある市区町村や年金事務所に申請書を提出します。ただし，一度に申請できるのは7月から翌年6月までの1年分であり，引き続き免除を受けたい場合は毎年7月に入ってから改めて申請しなければなりません。

Q241 配偶者のDV被害による特例免除

夫の暴力がひどく別居しています。子どもが小さいためフルタイムで働くことができず，国民年金の保険料を払う余裕がありません。どうすればよいでしょうか。

② 保 険 料　267

A 　配偶者からの暴力により別居している場合は，配偶者の所得にかかわらず，保険料免除を受けられる場合があります。

　申請免除は，申請者，配偶者および世帯主の前年所得で判断されるため，配偶者である夫の所得が多い場合は免除を受けられないということになりますが，配偶者の暴力（DV）により配偶者（DV加害者）と別居しており，国民年金保険料の納付が経済的に困難な場合は，配偶者（DV加害者）の収入にかかわらず，申請者と世帯主の所得のみで所得要件を満たしたならば，保険料の全額または一部の免除を受けることができます。

　申請方法としては，配偶者の暴力を受け別居していることを証明するものとして，婦人相談所および配偶者暴力相談支援センター等の公的機関が発行する証明書（配偶者からの暴力の被害者の保護に関する証明書）を添付して住民票のある市区町村や年金事務所に申請書を提出します。ただし，一度に申請できるのは7月から翌年6月までの1年分であり，引き続き免除を受けたい場合は毎年7月に入ってから改めて申請しなければなりません。

③ 保 険 給 付

Q242 年金受給権者の氏名変更

私は老齢基礎年金を受給しています。先日，離婚したので婚姻前の氏に戻すことにしましたが，老齢基礎年金の手続の際に併せてマイナンバーを届け出ていますので，氏名変更届は提出しなくてもよいでしょうか。

A 平成30年3月5日以降，受給権者の氏名が変更になった場合，氏名変更届は提出不要です。ただし，日本年金機構においてマイナンバーが収録されている人に限ります。収録状況については，「ねんきんネット」で確認することができます。また，共済組合等や企業年金の氏名は自動で変更されないため，従来通り手続が必要です。

日本年金機構において，住基ネットを通して住民票の異動情報を元に年金記録の氏名変更を行った際には，「氏名変更のお知らせ」が送付されます。お知らせ送付後は，変更後のカナ氏名で年金が振り込まれるため，次回の年金支払日の前までに金融機関へ口座名義変更の手続を行う必要があります。ただし，日本年金機構での氏名変更前に，金融機関で口座名義を変更すると，氏名不一致のため一時的に年金の振込みができなくなる場合があります。振込みできなかった場合には，変更後の氏名で再振込みが行われますが，再振込みには1カ月程度かかるため，変更の時期については注意が必要です。

また，年金証書については，お知らせに同封してある「年金証書引換届」を

3 保険給付　269

年金事務所へ提出し，新旧の年金証書を交換する必要があります。

Q243　受給権の発生と請求手続

　年金の受給権が発生したら，どこへ請求すればよいか教えてください。

A　どの制度についても共通して言えることですが，給付を受ける権利（受給権）があるといっても，本人が請求行為（裁定請求）をしない限り，実際に給付を受けることはできません。

　年金または一時金が，どのような状態になったときに支給事由が生じ，そして受給権が発生し，どこへ請求の手続をしたら年金等を受給できるかについては，法律や規則で定められています。給付ごとの支給事由および受給権の発生については，おおむね次のとおりです。

給　付　名	受　給　権　の　発　生
老齢基礎年金	65歳に達したとき（65歳の誕生日の前日）
障害基礎年金	障害認定日に障害等級に該当しているとき
遺族基礎年金	被保険者等が死亡したとき
寡　婦　年　金	夫が死亡したとき
死亡一時金	被保険者等が死亡したとき
脱退一時金	外国人が日本国内に住所を有しなくなったとき

　給付の受給権が発生したら，それぞれの給付ごとに定められている「裁定請求書」に所要の事項を記入し，年金手帳その他の添付書類とともに年金事務所に提出してください。

270　第4編　国民年金法〔Q244〕

Q244 年金生活者支援給付金

私は年金に加入していた期間が短く，少額の老齢基礎年金しか受給していません。今後，私のような少額の老齢基礎年金に上乗せして，給付金が支給されると聞きました。その制度の詳細を教えてください。

Ⓐ　年金生活者支援給付金は，年金を含めても所得が低く，経済的な援助を必要としている者に対して，年金に上乗せして支給するものです。消費税率10%への引上げの日に合わせて令和元年10月1日から施行開始されました。

【支給要件】

年金生活者支援給付金は，下記の要件を満たしている者に対して支給されます。

①　65歳以上の老齢基礎年金の受給者であること

②　前年の公的年金等の収入金額とその他の所得（給与所得や利子所得など）との合計額が，老齢基礎年金満額相当以下であること

③　同一世帯の全員が市町村民税非課税であること

ただし，上記を満たしている者であっても，下記のいずれかの条件に該当する場合は支給されません。

①　日本国内に住所がない場合

②　老齢基礎年金の支給が全額停止されている場合

③　刑事施設，労役場その他これらに準じる施設に拘禁されている場合

【請求手続】

(1)　すでに年金を受給している場合（制度開始時のみ）

平成31年4月1日時点で年金を受給中で支給要件も満たしている者には，日本年金機構から案内が送付されるため，市（区）役所・町村役場の窓口での手続は不要です。対象者は平成30年度所得等の支給要件により確定されました。

③ 保険給付　271

(2)　給付金受給資格者が個別に給付金を請求する場合（新規裁定者の請求）

　平成31年4月1日より新たに年金の受給資格が発生する者は，事前に受付することができます。受給資格者のうち厚生年金保険に加入歴がある者は年金事務所，国民年金のみの加入の者は市（区）役所・町村役場に，給付金請求書を提出します。

(3)　翌年度以降ですでに給付を受けている場合（既裁定者の取扱い）

　支給決定した翌年度からは，新たに手続をする必要はありません。すでに給付を受けている者の所得情報等については，日本年金機構が市（区）役所・町村に照会して確認した後，支給要件を満たす場合には継続して支給されます。支給要件を満たさなくなった場合には不該当通知書が送付されます。この不該当通知を受けた者が，次年度以降に給付を希望する場合は，再度申請が必要です。

【給付額】

(1)　保険料納付済期間の場合

　給付額（月額）＝5,030円※1×保険料納付済期間（月数）/480月

　　※1　毎年度，物価変動に応じて改定（令和2年度）

(2)　保険料免除期間の場合

　給付額（月額）＝約10,856円※2×保険料免除期間（月数）/480月

　　※2　毎年度，物価変動に応じて改定（令和2年度）

　　　　　保険料全額免除，3/4免除，半額免除期間の場合（老齢基礎年金満額の1/6の額）

　　　　　保険料1/4免除期間の場合は，約5,428円（老齢基礎年金満額の1/12の額）

【給付金の支払】

　給付金は，年金と同様に2カ月分が翌々月の15日に，年金と同じ口座に振り込まれます。制度開始後，令和元年12月までに給付金を請求した場合には，制度が始まる令和元年10月分からの支払となります。ただし，請求手続が遅れ，令和2年1月以降に請求した場合には，遡っての支払は行われず，請求した月の翌月分からの支払となります。

272　第4編　国民年金法〔Q245〕〔Q246〕

Q245　給与収入がある場合の年金生活者支援給付金

私は老齢基礎年金を年間40万円ほど受給しています。また，現在，パートで働いていて，パートによる給与収入が年間70万円ほどあります。合計すると，年収が110万円程度ありますが，年金生活者支援給付金をもらえるでしょうか。

A　老齢年金生活者支援給付金の要件は，「前年の公的年金等の収入金額とその他の所得（給与所得や利子所得など）との合計額が，老齢基礎年金満額（令和2年度は781,700円）以下であること」となっています。この「①公的年金収入」と「②その他の所得」については，そもそも「収入」と「所得」とで考え方に違いがありますので，下記のとおり分けて計算する必要があります。

① 公的年金収入：40万円
② その他の所得：5万円（給与収入70万円－給与所得控除額65万円）
合計額＝①＋②＝45万円＜781,700円（令和2年度老齢基礎年金満額）

よって，あなたの老齢基礎年金と給与収入程度であれば，老齢年金生活者支援給付金を受給することができます。

Q246　障害年金生活者支援給付金

私は障害者で，障害基礎年金を受給しています。障害があるため思うように働けず給与収入がありません。障害基礎年金の他に受給できそうな年金や給付金がないか教えてください。

A　令和元年10月1日から障害基礎年金受給者に障害年金生活者支援給付金の支給が開始されました。

　　　　　　　　　　　　　　　　　　　　　　　③ 保険給付　　273

【支給要件】
　これらの給付金は，下記の要件を満たしている者に対して支給されます。
① 　障害基礎年金の受給者であること
② 　前年の所得が基準額以下であること（障害・遺族年金等の非課税収入は
　所得に含まない）
　　　　基準額＝462万1千円＋（扶養親族の人数×38万円[※1]）
　　　※1 　同一生計配偶者のうち70歳以上の人または老人扶養親族の場合
　　　　　は48万円，扶養親族が16歳以上23歳未満の場合は63万円と置き換え
　　　　　て計算します。それ以外の扶養親族の場合は38万円です。
　ただし，上記を満たしている者であっても，下記のいずれかの条件に該当す
る場合は支給されません。
① 　日本国内に住所がない場合
② 　障害基礎年金の支給が全額停止されている場合
③ 　刑事施設，労役場その他これらに準じる施設に拘禁されている場合
【給付額】
障害等級2級の者および遺族である者
　　5,030円[※2]（月額）
障害等級1級の者
　　6,228円[※2]（月額）
　※2 　毎年度，物価変動に応じて改定

274　第４編　国民年金法〔Q247〕

4 老齢基礎年金

Q247 老齢基礎年金の支給要件と年金額

国民年金の老齢基礎年金はどのようなときに受けられますか。
また，年金額はどのくらいですか。

A　【老齢基礎年金の支給要件】

老齢基礎年金は，昭和61年４月１日に60歳未満の者（大正15年４月２
日以後に生まれた者）を対象にしています。ただし，昭和61年３月31日以前に
すでに被用者年金制度の老齢・退職年金の受給権を有している者は，引き続き
旧制度の年金が支給されるため，老齢基礎年金の対象にはなりません。

老齢基礎年金は，国民年金の保険料納付済期間，保険料免除期間または合算
対象期間が10年（平成29年７月までは25年）以上ある者が65歳に達したときに
支給されます。

なお，平成29年７月までに受給権が発生する老齢基礎年金の受給資格期間に
ついては，昭和５年４月１日以前に生まれた者は，25年を満たす必要がありま
すが，特例の取扱いがあり，生年月日に応じて21年から24年を満たせば受給資
格を得ることができます。被用者年金制度の加入期間がある者については，さ
らに別の受給資格期間の特例の取扱いがあります。

〈保険料納付済期間〉

保険料納付済期間とは，次の期間を合算した期間をいいます。

⑴　国民年金の第１号被保険者としての被保険者期間のうち，納付された保

険料に係る期間（国年法5条1項）。

(2) 国民年金の第2号被保険者としての被保険者期間および第3号被保険者としての被保険者期間（国年法5条1項）。ただし，第2号被保険者としての保険料を徴収する権利が時効によって消滅したときは，被保険者期間の計算の基礎となった月に係る第2号被保険者としての被保険者期間は，保険料納付済期間に算入されません。その者の配偶者の第3号被保険者としての被保険者期間も同様です（国年法附則7条の2）。

第3号被保険者の届出が行われた日の属する月前のその届出に係る第3号被保険者としての被保険者期間（その届出が行われた日の属する月の前々月までの2年間のうちにあるものを除きます）は，保険料納付済期間に算入されません（国年法附則7条の3）。

第2号被保険者としての保険料納付済期間のうち，20歳に達した日の属する月前および60歳に達した日の属する月以後に係るものについては，次の規定の適用に関しては，保険料納付済期間に算入せず，老齢基礎年金等の支給要件の特例の規定の適用については，合算対象期間に算入します（昭60改正法附則8条4項）。

① 老齢基礎年金の支給要件
② 老齢基礎年金の額
③ 老齢基礎年金等の支給要件の特例
④ 老齢基礎年金の支給の繰上げ

〈保険料免除期間〉

保険料免除期間とは，保険料全額免除期間，保険料4分の3免除期間，保険料半額免除期間および保険料4分の1免除期間を合算した期間をいいます。

〈合算対象期間〉

合算対象期間とは，次の期間をいいます。

(1) 昭和61年4月1日以後，任意加入により被保険者となることができた者で，被保険者とならなかった20歳以上60歳未満の期間（国年法附則7条）

(2) 昭和61年4月1日以後の第2号被保険者としての20歳に達した日の属する月前および60歳に達した日の属する月以後の保険料納付済期間（昭60改正法附則8条4項）

276　第4編　国民年金法〔Q247〕

(3)　旧国民年金法で任意加入により被保険者となることができた者で，被保険者とならなかった期間（昭60改正法附則8条5項1号）

(4)　昭和61年4月1日前の旧国民年金法で都道府県知事の承認による任意脱退により被保険者とならなかった期間（昭60改正法附則8条5項2号）

(5)　昭和36年4月1日前の通算対象期間（昭60改正法附則8条5項3号）

(6)　昭和36年4月1日から昭和61年3月31日までの間に通算対象期間を有しない者が，昭和61年4月1日以後に保険料納付済期間または保険料免除期間を有するに至った場合における厚生年金保険の被保険者期間のうち，昭和36年4月1日前の期間（昭60改正法附則8条5項4号）

(7)　昭和36年4月1日から昭和61年3月31日までの間に共済組合が支給する退職年金・減額退職年金（昭和61年3月31日において受給権者が55歳に達していない者に限ります）の年金額の計算の基礎となった期間（昭60改正法附則8条5項4号の2）

(8)　通算対象期間のうち，旧国民年金法による保険料納付済期間・保険料免除期間，被用者年金各制度の被保険者・組合員であった通算対象期間以外の期間（昭60改正法附則8条5項5号）

　　地方公務員共済組合に引き継がれなかった旧市町村共済組合法による組合員であった期間および退職年金条例の適用を受けていた期間

(9)　昭和36年4月1日から昭和61年3月31日までの被用者年金各法の被保険者・組合期間のうち，20歳に達した日の属する月前および60歳に達した日の属する月以後の期間（昭60改正法附則8条5項6号）

(10)　昭和36年4月1日から昭和61年3月31日までの間に旧厚生年金保険または旧船員保険の脱退手当金の支給を受けた者が，昭和61年4月1日から65歳に達する日の前日までの間に保険料納付済期間または保険料免除期間を有するに至った場合におけるその計算の基礎となった期間に係る厚生年金保険または船員保険の被保険者であった期間のうち，昭和36年4月1日以後の期間（昭60改正法附則8条5項7号）

(11)　昭和36年4月1日から昭和61年3月31日までの間に共済組合が支給した退職一時金で政令で定めるものの計算の基礎となった期間（昭60改正法附則8条5項7号の2）

⑿　国会議員であった期間（60歳以上であった期間に係るものを除きます）のうち，昭和36年4月1日から昭和55年3月31日までの期間（昭60改正法附則8条5項8号）

⒀　日本国内に住所を有さず，かつ，日本国籍を有していた期間（20歳に達した日の属する月前の期間および60歳に達した日の属する月以後の期間に係るものを除きます）のうち，昭和36年4月1日から昭和61年3月31日までの期間（昭60改正法附則8条5項9号）

⒁　昭和36年5月1日以後国籍法の規定により日本の国籍を取得した者（20歳に達した日の翌日から65歳に達した日の前日までの間に日本の国籍を取得した者に限ります）等の日本国内に住所を有していた期間であって，難民条約に伴う整備法による旧国民年金法に該当しなかったため被保険者とならなかった期間（20歳に達した日の属する月前の期間および60歳に達した日の属する月以後の期間に係るものを除きます）（昭60改正法附則8条5項10号）

⒂　⒁に掲げる者の日本国内に住所を有していなかった期間（20歳未満であった期間および60歳以上であった期間に係るものを除きます）のうち，昭和36年4月1日から日本の国籍を取得した日の前日までの期間（昭60改正法附則8条5項11号）

〈支給開始年齢〉

　老齢基礎年金の支給開始年齢は65歳です。ただし，繰上げ支給の請求をすると60歳から65歳になるまでの希望する年齢まで引き下げられ，繰下げ支給の請求をすると65歳から70歳になるまでの希望する年齢まで引き上げられます。

【マクロ経済スライド】

　現役世代の人数の減少や平均余命の伸びに合わせて年金の給付水準を自動的に調整する仕組みをマクロ経済スライドといいます。長期にわたって給付と負担が均衡すると見込まれるまで，マクロ経済スライドによる調整が行われます。

　老齢基礎年金は改定率により毎年度改定されます。改定率の改定は次のとおりです。

①　新規裁定者

　　改定率＝賃金の伸び率－スライド調整率

278   第4編　国民年金法〔Q247〕

② 既裁定者

　　改定率＝物価の伸び率－スライド調整率

　スライド調整率は，公的年金全体の被保険者の減少率＋平均余命の伸び率で算出されます。

　被保険者の減少率を0.6％，余命の伸び率を0.3％とした場合，物価が2％上昇したとすると，2％－0.9％＝1.1％が改定率となります。物価が0.3％上昇したとすると，0.3％－0.9％＝△0.6％となりますが，この場合は減額改定は行いません。物価が0.5％低下したときは，△0.5％－0.9％＝△1.4％とはせずに，△0.5％を改定率とします。

　平成16年度の改定率を1とし（国年法27条の2第1項），平成17年度以降の改定率の改定は，次のように行います（国年法27条の2第2項・3項・27条の3第1項・2項）。

① 65歳に達した年度の3年後の年度前の改定率

　　原則として，毎年度，名目手取り賃金変動率を基準として改定し，当該年度の4月以降の年金たる給付について適用します。

　　名目手取り賃金変動率が1を下回り，かつ，物価変動率が名目手取り賃金変動率を上回る場合における改定率の改定については，物価変動率を基準にします。ただし，物価変動率が1を下回る場合には，1を基準とします。

② 65歳に達した年度の3年後の年度以後の改定率

　　受給権者が65歳に達した日の属する年度の初日の属する年の3年後の年の4月1日の属する年度以後において適用される改定率（基準年度以後改定率といいます）の改定については，原則として，物価変動率を基準とします。

　　次に掲げる場合における基準年度以後の改定率の改定については，それぞれに定める率を基準とします。

　・物価変動率が名目手取り賃金変動率を上回り，かつ，名目手取り賃金変動率が1以上となるとき……名目手取り賃金変動率

　・物価変動率が1を上回り，かつ，名目手取り賃金変動率が1を下回るとき……1

調整期間における改定率の改定は，次のように行います（国年法27条の4他）。

④ 老齢基礎年金　279

- 原則として，「公的年金被保険者数変動率に0.997を乗じて得た率（調整率といいます）」を「名目手取り賃金変動率（65歳に達した年度の3年後の年度以後については物価変動率）」に乗じて得た率を基準として行います。ただし，改定後の率が前年度の改定率を下回るときは1を基準とする等の例外措置があります。

　年金額の改定は，物価変動率，名目手取り賃金変動率がともにプラスで，物価変動率が名目手取り賃金変動率を上回る場合には，新規裁定年金・既裁定年金ともに名目手取り賃金変動率を用います。令和2年度の年金額の改定は，年金額改定に用いる物価変動率（0.5％）が名目手取り賃金変動率（0.3％）よりも高いため，新規裁定年金・既裁定年金ともに名目手取り賃金変動率（0.3％）を用います。さらに令和2年度は，名目手取り賃金変動率（0.3％）にマクロ経済スライドによる令和2年度のスライド調整率（▲0.1％）が乗じられることになり，改定率は0.2％となります。

　前年度の改定率×（名目手取り賃金変動率×調整率×前年度の特別調整率）

　＝平成31年の改定率（0.999）×（名目手取り賃金変動率（1.003）×調整率（0.999）

　＝0.999×（1.003×0.999）＝0.999×1.002＝1.001

　令和2年度老齢基礎年金額＝780,900円（平成16年改正の年金額）×令和2年度改定率（1.001）≒781,700円（100円未満四捨五入）

【保険料納付済期間が不足する場合の特例】

　保険料納付済期間の月数が480に満たない場合は，不足する月数に応じて減額された額となり，平成21年3月以前（国庫負担2分の1）と平成21年4月以後（国庫負担3分の1）とで，次のように計算されます。

＜平成21年3月以前の期間の計算式＞

$$老齢基礎年金＝780,900円×改定率×\frac{①＋②×5/6＋③×2/3＋④×1/2＋⑤×1/3}{480}$$

＜平成21年4月以後の期間の計算式＞

$$老齢基礎年金＝780,900円×改定率×\frac{①＋②×7/8＋③×3/4＋④×5/8＋⑤×1/2}{480}$$

　①　保険料納付済期間の月数

280　第4編　国民年金法〔Q247〕〔Q248〕〔Q249〕

　② 　保険料1/4免除期間の月数
　③ 　保険料半額免除期間の月数
　④ 　保険料3/4免除期間の月数
　⑤ 　保険料全額免除期間の月数

　被保険者期間の月数が480に満たない場合，大正15年4月2日から昭和16年4月1日までの間に生まれた人については，国民年金制度発足前に20歳に到達しているため，480月の被保険者期間がなくても一定の被保険者期間があれば満額の年金が支給されます。この一定の被保険者期間を加入可能月数といい，生年月日別に33年（396月）から39年（468月）の間で定められています。

　【振替加算】

　老齢厚生年金・退職共済年金等配偶者加給年金額の対象となっていた人のうち，昭和41年4月1日以前に生まれた人に支給される老齢基礎年金には，224,700円×改定率（令和2年度は1.001）×生年月日に応じた率の振替加算が支給されます。

　【付加年金】

　付加保険料を納付した人については，老齢基礎年金に上乗せして付加年金が支給されます。付加年金の額は，200円×付加保険料納付済期間の月数が支給されます。

Q248　老齢基礎年金の受給資格の取得と脱退

国民年金から老齢基礎年金を受けられる資格ができたら，60歳になる前であっても，国民年金の制度から脱退できますか。

Ⓐ　第1号被保険者は，次のいずれかに該当しない限り，国民年金制度から脱退できません（国年法9条）。

　① 　死亡したとき。
　② 　日本国内に住所がなくなったとき。

③ 60歳に達したとき。

したがって，老齢基礎年金の受給資格期間である10年の保険料納付済期間を満たしても，60歳になるまでは加入を続け，保険料を納めなければなりません。

第2号被保険者（厚生年金保険の被保険者）であって厚生年金保険の制度の受給資格要件を満たしている場合であっても，引き続き第2号被保険者になります（ただし，65歳以上で老齢（退職）年金を受けられる者を除く）。

第3号被保険者（厚生年金保険の被保険者の被扶養配偶者）は保険料納付義務はありませんが，第2号被保険者の被扶養配偶者である限り，60歳になるまで国民年金の被保険者の資格があります。

Q249 厚生年金保険の老齢厚生年金と国民年金の老齢基礎年金の併給

2つの年金は受けられないと聞いていますが，国民年金と厚生年金保険から，それぞれ老齢年金を受給することができますか。

A 年金制度においては，2つ以上の年金の受給権を同一の人が取得する場合があります。

この場合には本人の選択により，1つの年金を支給し，他の年金を支給停止にして，1人1年金を受けることを原則にしています。しかしながら，国民年金は国民共通の基礎年金を支給する制度であり，厚生年金保険などの被用者年金は，基礎年金に上乗せして支給する制度であるため，老齢基礎年金と老齢厚生年金など同一支給事由によるものについては併給されます。

老齢基礎年金と老齢厚生年金，障害基礎年金と障害厚生年金または遺族基礎年金と遺族厚生年金といった基礎年金とその上乗せの厚生年金は，2階建ての給付体系のため，1人1年金という原則の中で，2つ併せて1つの年金として取り扱われます。

したがって，同一の支給事由の場合は併給されますが，支給事由が異なる2

つ以上の年金の受給権がある場合には，本人が１つの年金を選択することになります。

　なお，平成18年４月から，障害基礎年金と老齢厚生年金，障害基礎年金と遺族厚生年金との併給が可能になりました。これは，障害を持ちながら厚生年金保険の被保険者として保険料を納めた場合や，大黒柱が亡くなった際の死亡者の保険料納付が年金給付に反映されるよう改められたものです。

	老齢基礎年金	障害基礎年金	遺族基礎年金
老齢厚生年金	○	◎	×
障害厚生年金	×	○	×
遺族厚生年金	○	◎	○

Q250　老齢基礎年金の受給資格期間の特例

老齢基礎年金を受けるためには，保険料を納付した期間と保険料を免除した期間を合算した期間が25年に達していなくても受けられる特例があるそうですが，それはどのようなものですか。

A　〈保険料納付済期間の特例〉

　⑴　旧国民年金の保険料納付済期間

　　昭和61年４月１日前の国民年金の被保険者期間は，第１号被保険者としての国民年金の被保険者期間とみなされます。また，同日前の保険料納付済期間は，新国民年金の保険料納付済期間とみなされます（昭60改正法附則８条１項）。

　⑵　被保険者年金各法の被保険者期間，組合員期間または加入者期間

　　次の期間のうち，昭和36年４月１日から昭和61年３月31日までの期間のうち，20歳から60歳に達するまでの期間については，新国民年金の被保険者期間または保険料納付済期間とみなされます（昭60改正法附則８条２項）。

④ 老齢基礎年金　283

① 厚生年金保険の被保険者期間（第１号厚生年金被保険者期間）

② 国家公務員共済組合の組合員期間（第２号厚生年金被保険者期間）

③ 地方公務員等共済組合の組合員期間（第３号厚生年金被保険者期間）

④ 私立学校教職員共済法による加入者期間（第４号厚生年金被保険者期間）

〈支給要件の特例〉

　保険料納付済期間または保険料免除期間があり，かつ，次のいずれかに該当する者が65歳に達したときは，保険料納付済期間，保険料免除期間または合算対象期間を合算した期間が25年以上ない場合であっても，支給要件に該当するものとみなして老齢基礎年金が支給されます（昭60改正法附則12条）。

(1)　次の表の左欄に掲げる者であって，保険料納付済期間，保険料免除期間または合算対象期間を合算した期間が，それぞれ同表の右欄に掲げる期間以上であること。

生年月日	期間
大正15年４月２日～昭和２年４月１日	21年
昭和２年４月２日～昭和３年４月１日	22年
昭和３年４月２日～昭和４年４月１日	23年
昭和４年４月２日～昭和５年４月１日	24年

(2)　次の表の左欄に掲げる者であって，前述の〈保険料納付済期間の特例〉の(2)の①から④までのいずれかに掲げる期間が，それぞれ同表の右欄に掲げる期間以上であること。

生年月日	期間
昭和27年４月１日以前	20年
昭和27年４月２日～昭和28年４月１日	21年
昭和28年４月２日～昭和29年４月１日	22年
昭和29年４月２日～昭和30年４月１日	23年
昭和30年４月２日～昭和31年４月１日	24年

284　第4編　国民年金法〔Q250〕

⑶　次の表の左欄に掲げる者であって，前述の〈保険料納付済期間の特例〉
の⑵の①から④までに掲げる期間（昭和36年4月1日以後の期間に係るも
のに限る）および合算対象期間のうちQ247の〈合算対象期間〉の⑸から
⑻までに掲げるものを合算した期間が，それぞれ同表の右欄に掲げる期間
以上であること。

生年月日	期間
昭和27年4月1日以前	20年
昭和27年4月2日〜昭和28年4月1日	21年
昭和28年4月2日〜昭和29年4月1日	22年
昭和29年4月2日〜昭和30年4月1日	23年
昭和30年4月2日〜昭和31年4月1日	24年

⑷　次の表の左欄に掲げる者であって，40歳（女子については，35歳）に達
した月以後の厚生年金保険の被保険者期間が，それぞれ同表の右欄に掲げ
る期間以上であること（そのうち，7年6月以上は，第4種被保険者また
は船員任意継続被保険者としての厚生年金保険の被保険者期間以外のもの
でなければなりません）。

生年月日	期間
昭和22年4月1日以前	15年
昭和22年4月2日〜昭和23年4月1日	16年
昭和23年4月2日〜昭和24年4月1日	17年
昭和24年4月2日〜昭和25年4月1日	18年
昭和25年4月2日〜昭和26年4月1日	19年

⑸　次の表の左欄に掲げる者であって，35歳に達した月以後の第3種被保険
者期間または船員任意継続被保険者としての厚生年金保険の被保険者期間
が，それぞれ同表の右欄に掲げる期間以上であること（そのうち，10年以
上は，船員任意継続被保険者としての厚生年金保険の被保険者期間以外の
ものでなければなりません）。

④ 老齢基礎年金　　285

生年月日	期間
昭和22年4月1日以前	15年
昭和22年4月2日〜昭和23年4月1日	16年
昭和23年4月2日〜昭和24年4月1日	17年
昭和24年4月2日〜昭和25年4月1日	18年
昭和25年4月2日〜昭和26年4月1日	19年

(6)　継続した15年間における旧厚生年金保険法の規定により第3種被保険者であった期間とみなされた期間に基づく厚生年金保険の被保険者期間または継続した15年間における第3種被保険者であった期間とみなされた期間と第3種被保険者であった期間とに基づく厚生年金保険の被保険者期間が，16年以上であること。

(7)　昭和27年4月1日以前に生まれた者であって昭和61年3月31日において旧船員保険法に規定する船員保険の被保険者期間を満たしていること。

　　なお，平成29年8月以降の受給資格期間は25年から10年に改正されているため，上記の特例は，平成29年7月までに受給権が発生する年金が対象となります。

⑤ 障害基礎年金

Q251 障害基礎年金の支給要件と年金額

国民年金の障害基礎年金はどのようなときに受けられますか。
また，年金額はどのくらいですか。

Ⓐ 【障害基礎年金の支給要件】
① 初めて医師または歯科医師の診療を受けた日（初診日）において，次のいずれかに該当する者であること
(1) 被保険者であること
(2) 被保険者であった者であって，日本国内に住所を有し，かつ，60歳以上65歳未満であること
② 初診日から1年6月を経過した日，1年6月以内に傷病が治った場合はその治った日（障害認定日）において，障害の程度が一定以上であること
③ 初診日前に国民年金の被保険者期間があるときは，一定の保険料納付要件を満たしていること
上記①〜③が原則となりますが，下記特例があります。

- 障害認定日において障害の程度が軽かった人が，その傷病が進行して重症となったとき
- 他の障害と併せて一定程度以上となったとき
- 初診日が20歳前である傷病による障害（第2号被保険者中のものを除く）であるとき

5 障害基礎年金　287

【障害基礎年金の年金額】（国年法33条）
　１級障害の場合　２級の障害基礎年金の額×100分の125
　２級障害の場合　780,900円×改定率
　令和２年度は，２級障害については781,700円です。

　障害基礎年金の受給権者によって生計を維持している18歳に達する日以後の最初の３月31日までの間にある子，または20歳未満であって障害等級１級または２級に該当する障害の状態にある子がいるときは，子の加算が行われます（国年法33条の２）。

　子の加算額は，１人目・２人目の子は１人につき224,700円×改定率，３人目以降の子は１人につき74,900円×改定率です。

　令和２年度は，それぞれ224,900円，75,000円です。

Q252 障害基礎年金の失権・年金額の改定請求

　障害基礎年金は，障害の程度が軽減し，年金を受けられる程度の障害の状態でなくなると，直ちに受給権は消滅するのでしょうか。また，障害の程度が増進した場合はどうしたらよいでしょうか。

Ⓐ　【障害基礎年金の失権】
　障害基礎年金の受給権者の障害の程度が，障害等級１級または２級の障害の状態に該当しなくなったときは，その障害に該当しない間，障害基礎年金は支給停止になります。支給の停止のため，その間，年金は受けられませんが，障害の程度が再び重くなったときは，支給停止が解除になり，年金の支給が開始されます。

　この支給停止の間に，障害の程度が厚生年金保険の障害等級３級程度の障害の状態に該当しないまま65歳に達したとき（65歳に達したときに該当しなくなった日から起算して３年を経過していないときは３年が経過した日）に受給

288　第4編　国民年金法〔Q252〕〔Q253〕

権がなくなります。

　その他，受給権者が死亡したときは失権します。また，2つ以上の障害基礎年金の受給権が発生したことにより，前後の障害を併合して支給する新たな障害基礎年金の受給権を取得したときは，従前の障害基礎年金は失権します。

【年金額の改定請求】

　厚生労働大臣は，障害基礎年金の受給権者について，その障害の程度を診査し，その程度が従前の障害等級以外の障害等級に該当すると認めるときは，障害基礎年金の額を改定することができます。一方，受給権者自身も，障害の程度が重くなったときは，厚生労働大臣に対し，障害の程度が増進したことによる障害基礎年金の増額改定を請求することができます。

　この請求は，障害基礎年金の受給権を取得した日または厚生労働大臣の診査を受けた日から起算して1年を経過した日後でなければ行うことができません。ただし，障害基礎年金の受給権者の障害の程度が増進したことが明らかである場合として厚生労働省令で定める場合に該当するときは，1年を経過する日前であっても請求することができます。

Q253　離婚に伴う障害基礎年金の子の加算

　身体に障害があり障害基礎年金を受給していますが，シングルマザーでもあり，障害基礎年金の子の加算も併せて受給しています。その後，再婚し，子どもは再婚相手と養子縁組をしましたが，この度，離婚することになりました。子どもは離婚した元夫との養子縁組は解消しておらず，まだ15歳です。障害基礎年金の子の加算はどうなりますか。

A　引き続き，障害基礎年金と併せて子の加算を受給できます。

　障害基礎年金の子の加算については，子のうちの1人または2人以上が，次のいずれかに該当した場合，その該当するに至った日の属する月の翌月

から，その該当するに至った子の数に応じて年金額が改定されます。

① 死亡したとき。

② 受給権者による生計維持の状態がやんだとき。

③ 婚姻をしたとき。

④ 受給権者の配偶者以外の者の養子となったとき。

⑤ 離縁によって，受給権者の子でなくなったとき。

⑥ 18歳に達した日以後の最初の3月31日が終了したとき。ただし，障害等級に該当する障害の状態にあるときを除く。

⑦ 障害等級に該当する障害の状態にある子について，その事情がやんだとき。ただし，その子が18歳に達する日以後の最初の3月31日までの間にあるときを除く。

⑧ 20歳に達したとき。

今回のケースにおいて，子どもが再婚相手の養子となったというのは，「受給権者の配偶者の養子」という取扱いになりますが，その後，離婚し再婚相手があなたの配偶者でなくなった事実をもって，子どもが「④受給権者の配偶者以外の者の養子となったとき」には該当しません。ゆえに，引き続き，障害基礎年金と併せて子の加算を受給できます。

6 遺族基礎年金

Q254 遺族基礎年金の支給要件と年金額

国民年金の遺族基礎年金はどのようなときに受けられますか。
また，年金額はどのくらいですか。

A　【遺族基礎年金の支給要件】
　次のいずれかに該当する者が昭和61年4月1日以後に死亡したときに，その者によって生計を維持されていた子（18歳に達する日以後の最初の3月31日までの間にある子または20歳未満の障害の状態にある子であって，現に婚姻していないもの。以下同じ），または，子と生計を同じくしている配偶者に支給されます。

(1)　国民年金の被保険者

(2)　国民年金の被保険者であった者で，60歳以上65歳未満で日本国内に住んでいる者

(3)　老齢基礎年金の受給権者

(4)　老齢基礎年金の受給資格期間を満たしている者

　ただし，(1)，(2)の場合，死亡日前に国民年金の保険料を納付しなければならない期間があるときは，死亡した者が一定の保険料納付要件を満たしていなければなりません。

【遺族基礎年金の年金額】（国年法38条）

　遺族基礎年金の額は，780,900円×改定率です（令和2年度は781,700円）。

　　　　　　　　　　　　　　　　　　　　　⑥　遺族基礎年金　　291

　受給権者が配偶者の場合は，780,900円×改定率に子の加算を行います。子
の加算額は，1人目・2人目の子は1人につき224,700円×改定率，3人目以
降の子は1人につき74,900円×改定率です。令和2年度は，それぞれ224,900
円，75,000円です。

　受給権者が子で，受給権者が2人以上あるときは，780,900円×改定率に子
の数に応じた加算が行われ，2人目の子は224,700円×改定率，3人目以降の
子は1人につき74,900円×改定率となります。子の受給権者に実際に支給され
る額は，子の数で除して1円未満を四捨五入した額が1人当たりの額となりま
す。

令和2年度　遺族基礎年金

	子の数	基本額	加算額	合計額
子のある配偶者が受給する場合	1人	781,700円	224,900円	1,006,600円
	2人	781,700円	449,800円　（224,900円＋224,900円）	1,231,500円
	3人	781,700円	524,800円　（224,900円＋224,900円＋75,000円）	1,306,500円
子が受給する場合	1人	781,700円	―	781,700円
	2人	781,700円	224,900円	1,006,600円
	3人	781,700円	299,900円　（224,900円＋75,000円）	1,081,600円

※子が4人以上となる場合は，以降1人につき75,000円が加算されます。

292　第4編　国民年金法〔Q255〕〔Q256〕〔Q257〕

７ 国民年金基金関係

Q255 制度の目的

国民年金基金制度の目的はどのようなものですか。

Ⓐ　国民年金の第2号被保険者（サラリーマン等）には，老齢に達し年金の受給権を取得すると，国民年金からの老齢基礎年金と厚生年金保険からの老齢厚生年金，いわゆる"2階建て部分の年金"が支給されますが，国民年金の第1号被保険者（自営業者など）は，400円の付加保険料を別に払って付加年金（月額200円×納付月数）を受ける手立てしかありませんでした。そこで付加年金に代わる増額された年金が欲しいという人のニーズに応えるため，基金を設立して国が支給する老齢基礎年金の他に基金独自の年金を支給する制度です。

なお，基金の1口目の給付には国民年金の付加年金相当が含まれているため，基金に加入している間は，付加保険料を納付することはできません（国年法87条の2第1項）。

Q256 年金の種類と掛金

国民年金基金から支給される年金にはどのような種類がありますか。また，掛金はどうなっていますか。

給付の種類と掛金月額は別表（Q257）のとおりです。なお，掛金は男女別，加入時の年齢別に定められています。

1口目の終身年金（A型・B型）は，加入員となったときにA型かB型かのいずれか1つを1口に限り選択することが絶対の条件となっており，基金年金の基礎年金に相当します。この年金を除外して2口目以降の終身年金または有期（確定）年金を選択することはできません。

2口目以降の終身年金（A型・B型）および確定（有期）年金Ⅰ型・Ⅱ型・Ⅲ型・Ⅳ型・Ⅴ型は，基金年金の基礎年金の上積部分に相当するものです。掛金限度額（月額）は1口目も含めて6万8,000円までであり，限度額までは何口でも加入することができます。ただし，確定年金（Ⅰ型・Ⅱ型・Ⅲ型・Ⅳ型・Ⅴ型）の年金額が終身年金（A型・B型）の年金額（1口目を含む）を超えてはいけません。

なお，基金から支給される年金については，老齢基礎年金のようにスライド制はありません。

掛金は加入時の年齢に応じて別表（297～298頁）に掲げる月額となっており，この額を60歳に達するまで毎月納付（口座振替）することになります。加入後，2口目以降の加入口数を増口する場合は，増口を希望する年齢によって掛金が増額します。なお，掛金を1年間（4月から翌年3月）前納する場合は，0.1カ月分の掛金が割引きされます。また，他の都道府県に移転し，別の基金に3カ月以内に加入した場合は，従前の掛金で加入員の資格を継続することができます。

Q257　年金のモデル

モデルを設定して具体的に給付を説明してください。

 〈選択方法〉
- 1口目は，終身年金A型，B型のいずれかを選択します。
  ※1口目は途中で減額したり，A型→B型，B型→A型への変更は

できません。

- 2口目以降は，終身年金のＡ型，Ｂ型のほか，受給期間が定まっている確定年金のⅠ型，Ⅱ型，Ⅲ型，Ⅳ型，Ⅴ型から選択します。
  ※掛金上限の６万8,000円（１口目を含む）を超えないこと
  ※確定年金（Ⅰ型，Ⅱ型，Ⅲ型，Ⅳ型，Ⅴ型）の年金額が，終身年金（Ａ型，Ｂ型）の年金額（１口目を含む）を超えないこと
- 保障期間のある終身年金Ａ型と確定年金Ⅰ型，Ⅱ型，Ⅲ型，Ⅳ型，Ⅴ型は，年金受給前または保証期間中に亡くなられた場合，遺族の方に一時金が支給されます。

〈シミュレーション〉

30歳２カ月で加入し，１口目の終身年金はＡ型を選択し，２口目以降はＡ型の終身年金１口とⅠ型の確定年金３口（合計５口）を選択した場合

●Ａ型の年金額

①36万円＋②12,720円＝372,720円

①基本年金額：（１口目２万円＋２口目１万円）×12月＝36万円

②加算額：加算月数10カ月（12カ月－２カ月）×1,272円（１口目848円＋２口目424円）＝12,720円

●Ⅰ型の年金額

①36万円＋②12,720円＝372,720円

①基本年金額：１万円×３口×12月＝36万円

②加算額：加算月数10カ月（12カ月－２カ月）×424円×３口＝12,720円

●合計年金額

Ａ型：372,720円＋Ⅰ型：372,720円＝745,400円

（50円未満切り捨て50円以上切り上げ）

Ⅰ型は65歳から80歳までの15年間のみ保証するため，80歳までは年額745,400円の年金額が支払われ，80歳からは年額372,720円となります。

7 国民年金基金関係

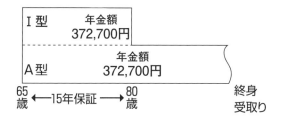

●掛金

		男性	女性
1 口 目	A型	10,740円	12,500円
2口目以降	A型1口	5,370円	6,250円
	I型3口	11,370円	11,370円
合 計		27,480円	30,120円

●掛金の払込期間

　60歳未満で加入した場合は，加入から60歳到達時までです。60歳以上で加入した場合は，加入から65歳到達前月または任意加入被保険者の喪失予定年月の前月までです。

〈給付の種類〉

●1口目

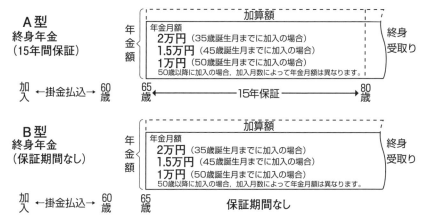

● 2口目

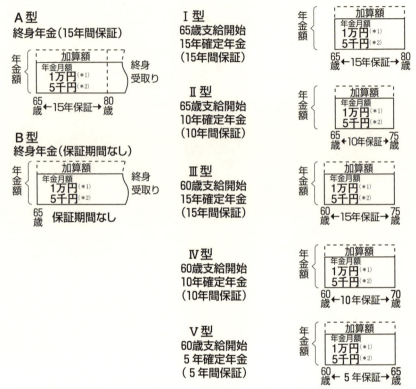

(*1) 35歳誕生月までに加入の場合
(*2) 50歳誕生月までに加入の場合
　　50歳以降に加入の場合，加入月数によって年金額は異なります。

〈掛金月額表（男性）〉

加入時年齢 ＼ 給付の型	1口目 年金月額基本額	終身年金 A型	B型	2口目以降 年金月額基本額	終身年金 A型	B型	確定年金 Ⅰ型	Ⅱ型	Ⅲ型	Ⅳ型	Ⅴ型
20歳0月	2万円	7,110	6,370	1万円	3,555	3,185	2,515	1,735	2,705	1,870	970
20歳1月～21歳0月		7,350	6,590		3,675	3,295	2,600	1,795	2,800	1,935	1,005
21歳1月～22歳0月		7,610	6,820		3,805	3,410	2,690	1,860	2,900	2,005	1,040
22歳1月～23歳0月		7,880	7,060		3,940	3,530	2,785	1,925	3,000	2,075	1,075
23歳1月～24歳0月		8,170	7,320		4,085	3,660	2,885	1,995	3,110	2,150	1,115
24歳1月～25歳0月		8,470	7,600		4,235	3,800	2,990	2,070	3,225	2,230	1,155
25歳1月～26歳0月		8,790	7,890		4,395	3,945	3,105	2,145	3,345	2,310	1,200
26歳1月～27歳0月		9,130	8,200		4,565	4,100	3,225	2,230	3,475	2,400	1,245
27歳1月～28歳0月		9,500	8,520		4,750	4,260	3,355	2,315	3,610	2,495	1,295
28歳1月～29歳0月		9,880	8,880		4,940	4,440	3,490	2,410	3,755	2,600	1,345
29歳1月～30歳0月		10,300	9,250		5,150	4,625	3,635	2,510	3,915	2,705	1,405
30歳1月～31歳0月		10,740	9,650		5,370	4,825	3,790	2,620	4,085	2,820	1,465
31歳1月～32歳0月		11,210	10,080		5,605	5,040	3,955	2,735	4,265	2,945	1,530
32歳1月～33歳0月		11,720	10,540		5,860	5,270	4,135	2,860	4,455	3,080	1,595
33歳1月～34歳0月		12,270	11,040		6,135	5,520	4,330	2,990	4,660	3,225	1,670
34歳1月～35歳0月		12,870	11,580		6,435	5,790	4,540	3,135	4,885	3,380	1,750
35歳1月～36歳0月	1万5千円	10,140	9,135	5千円	3,380	3,045	2,380	1,645	2,565	1,775	920
36歳1月～37歳0月		10,665	9,615		3,555	3,205	2,505	1,730	2,695	1,865	965
37歳1月～38歳0月		11,235	10,125		3,745	3,375	2,640	1,825	2,845	1,965	1,020
38歳1月～39歳0月		11,865	10,710		3,955	3,570	2,785	1,925	3,000	2,075	1,075
39歳1月～40歳0月		12,555	11,340		4,185	3,780	2,950	2,040	3,180	2,195	1,140
40歳1月～41歳0月		13,335	12,045		4,445	4,015	3,130	2,165	3,375	2,330	1,210
41歳1月～42歳0月		14,175	12,825		4,725	4,275	3,330	2,300	3,585	2,480	1,285
42歳1月～43歳0月		15,135	13,695		5,045	4,565	3,550	2,455	3,825	2,645	1,370
43歳1月～44歳0月		16,215	14,670		5,405	4,890	3,805	2,630	4,100	2,830	1,470
44歳1月～45歳0月		17,430	15,795		5,810	5,265	4,090	2,825	4,405	3,045	1,580
45歳1月～46歳0月	1万円	12,550	11,380	5千円	6,275	5,690	4,415	3,050	4,755	3,285	1,705
46歳1月～47歳0月		13,630	12,360		6,815	6,180	4,790	3,310	5,160	3,565	1,850
47歳1月～48歳0月		14,880	13,510		7,440	6,755	5,230	3,615	5,635	3,895	2,020
48歳1月～49歳0月		16,370	14,870		8,185	7,435	5,750	3,975	6,195	4,280	2,220
49歳1月～50歳0月		18,150	16,510		9,075	8,255	6,375	4,405	6,865	4,745	2,460
50歳1月～59歳11月	※	18,150	16,510	※	9,075	8,255	6,375	4,405	6,865	—	—

※年金額は加入時年齢（月単位）により異なります。
※加入時年齢が50歳1月以上の方は，Ⅳ型・Ⅴ型への新規加入および増口はできません。

加入時年齢が60歳0月～64歳11月の場合

加入時年齢 ＼ 給付の型	1口目 終身年金 A型	B型	2口目以降 終身年金 A型	B型	確定年金 Ⅰ型	Ⅱ型	Ⅲ型	Ⅳ型	Ⅴ型
60歳0月～64歳11月	20,500	19,070	10,250	9,535	7,130	—	—	—	—

※年金額は加入時年齢（月単位）により異なります。
※60歳以上の加入については，60歳以上65歳未満で国民年金に任意加入している方が対象となります。
※加入時年齢が60歳0月以上の方は，Ⅱ型・Ⅲ型・Ⅳ型・Ⅴ型への新規加入および増口はできません。

〈掛金月額表（女性）〉

給付の型＼加入時年齢	1口目 年金月額基本額	終身年金 A型	B型	2口目以降 年金月額基本額	終身年金 A型	B型	確定年金 I型	II型	III型	IV型	V型
20歳0月		8,280	7,940		4,140	3,970	2,515	1,735	2,705	1,870	970
20歳1月～21歳0月		8,570	8,210		4,285	4,105	2,600	1,795	2,800	1,935	1,005
21歳1月～22歳0月		8,860	8,500		4,430	4,250	2,690	1,860	2,900	2,005	1,040
22歳1月～23歳0月		9,180	8,810		4,590	4,405	2,785	1,925	3,000	2,075	1,075
23歳1月～24歳0月		9,510	9,130		4,755	4,565	2,885	1,995	3,110	2,150	1,115
24歳1月～25歳0月		9,860	9,470		4,930	4,735	2,990	2,070	3,225	2,230	1,155
25歳1月～26歳0月		10,240	9,830		5,120	4,915	3,105	2,145	3,345	2,310	1,200
26歳1月～27歳0月	2万円	10,630	10,210	1万円	5,315	5,105	3,225	2,230	3,475	2,400	1,245
27歳1月～28歳0月		11,060	10,610		5,530	5,305	3,355	2,315	3,610	2,495	1,295
28歳1月～29歳0月		11,510	11,050		5,755	5,525	3,490	2,410	3,755	2,600	1,345
29歳1月～30歳0月		11,990	11,510		5,995	5,755	3,635	2,510	3,915	2,705	1,405
30歳1月～31歳0月		12,500	12,010		6,250	6,005	3,790	2,620	4,085	2,820	1,465
31歳1月～32歳0月		13,050	12,540		6,525	6,270	3,955	2,735	4,265	2,945	1,530
32歳1月～33歳0月		13,640	13,110		6,820	6,555	4,135	2,860	4,455	3,080	1,595
33歳1月～34歳0月		14,280	13,730		7,140	6,865	4,330	2,990	4,660	3,225	1,670
34歳1月～35歳0月		14,980	14,400		7,490	7,200	4,540	3,135	4,885	3,380	1,750
35歳1月～36歳0月		11,790	11,340		3,930	3,780	2,380	1,645	2,565	1,775	920
36歳1月～37歳0月		12,405	11,940		4,135	3,980	2,505	1,730	2,695	1,865	965
37歳1月～38歳0月		13,080	12,585		4,360	4,195	2,640	1,825	2,845	1,965	1,020
38歳1月～39歳0月		13,815	13,290		4,605	4,430	2,785	1,925	3,000	2,075	1,075
39歳1月～40歳0月	1万5千円	14,610	14,070	5千円	4,870	4,690	2,950	2,040	3,180	2,195	1,140
40歳1月～41歳0月		15,510	14,925		5,170	4,975	3,130	2,165	3,375	2,330	1,210
41歳1月～42歳0月		16,500	15,885		5,500	5,295	3,330	2,300	3,585	2,480	1,285
42歳1月～43歳0月		17,610	16,965		5,870	5,655	3,550	2,455	3,825	2,645	1,370
43歳1月～44歳0月		18,855	18,180		6,285	6,060	3,805	2,630	4,100	2,830	1,470
44歳1月～45歳0月		20,280	19,545		6,760	6,515	4,090	2,825	4,405	3,045	1,580
45歳1月～46歳0月		14,600	14,080		7,300	7,040	4,415	3,050	4,755	3,285	1,705
46歳1月～47歳0月		15,850	15,290		7,925	7,645	4,790	3,310	5,160	3,565	1,850
47歳1月～48歳0月	1万円	17,310	16,700	5千円	8,655	8,350	5,230	3,615	5,635	3,895	2,020
48歳1月～49歳0月		19,030	18,370		9,515	9,185	5,750	3,975	6,195	4,280	2,220
49歳1月～50歳0月		21,100	20,380		10,550	10,190	6,375	4,405	6,865	4,745	2,460
50歳1月～59歳11月	※	21,100	20,380	※	10,550	10,190	6,375	4,405	6,865	—	—

※年金額は加入時年齢（月単位）により異なります。
※加入時年齢が50歳1月以上の方は，Ⅳ型・Ⅴ型への新規加入および増口はできません。

加入時年齢が60歳0月～64歳11月の場合

給付の型＼加入時年齢	1口目 終身年金 A型	B型	2口目以降 終身年金 A型	B型	確定年金 I型	II型	III型	IV型	V型
60歳0月～64歳11月	23,750	23,150	11,875	11,575	7,130	—	—	—	—

※年金額は加入時年齢（月単位）により異なります。
※60歳以上の加入については，60歳以上65歳未満で国民年金に任意加入している方が対象となります。
※加入時年齢が60歳0月以上の方は，Ⅱ型・Ⅲ型・Ⅳ型・Ⅴ型への新規加入および増口はできません。

⑦ 国民年金基金関係　　299

●加算額の計算表

給付の型／加入時年齢	単位加算額	
	1口目	2口目以降
	A型・B型	A型・B型・Ⅰ型・Ⅱ型・Ⅲ型・Ⅳ型・Ⅴ型
20歳	676	338
21歳	688	344
22歳	704	352
23歳	720	360
24歳	736	368
25歳	752	376
26歳	768	384
27歳	788	394
28歳	808	404
29歳	828	414
30歳	848	424
31歳	872	436
32歳	900	450
33歳	928	464
34歳	960	480
35歳	744	248
36歳	771	257
37歳	801	267
38歳	834	278
39歳	867	289
40歳	906	302
41歳	951	317
42歳	999	333
43歳	1,056	352
44歳	1,116	372
45歳	792	396
46歳	848	424
47歳	910	455
48歳	986	493
49歳	1,076	538

300　第4編　国民年金法〔Q257〕〔Q258〕〔Q259〕

●50歳以上で加入の方の年金額（1口当たりの年金額・男女共通）

給付の型 加入時年齢	加入月数	年金額（年額）	
		1口目（終身年金） A型・B型	2口目以降（終身年金・確定年金） A型・B型・Ⅰ型・Ⅱ型・Ⅲ型
50歳	120月	120,000	60,000
51歳	108月	107,180	53,590
52歳	96月	94,540	47,270
53歳	84月	82,100	41,050
54歳	72月	69,840	34,920
55歳	60月	57,760	28,880
56歳	48月	45,860	22,930
57歳	36月	34,140	17,070
58歳	24月	22,600	11,300
59歳	12月	11,220	5,610

※表の加入時年齢とは，加入した日の属する月の末日における年齢のことです。
※誕生月に加入のときの年金額表となります。誕生月以外での加入のときは，月単位で年金額が異なります。
※年金額表は年額を計算する際の基礎となるものです。実際の年金額は100円単位（加入しているすべての年金額を合計し，50円未満は切り捨て，50円以上は切り上げ）になります。

●60歳以上で加入の方の年金額（1口当たりの年金額・男女共通）

給付の型 加入時年齢	加入月数	年金額（年額）	
		1口目（終身年金） A型・B型	2口目以降（終身年金・確定年金） A型・B型・Ⅰ型
60歳	60月	60,000	30,000
61歳	48月	47,640	23,820
62歳	36月	35,460	17,730
63歳	24月	23,470	11,735
64歳	12月	11,650	5,825

※表の加入時年齢とは，加入した日の属する月の末日における年齢のことです。
※誕生月に加入のときの年金額表となります。誕生月以外での加入のときは，月単位で年金額が異なります。
※年金額表は年額を計算する際の基礎となるものです。実際の年金額は100円単位（加入しているすべての年金額を合計し，50円未満は切り捨て，50円以上は切り上げ）になります。

Q258 遺族一時金

私の夫は国民年金基金に加入しています。万が一，夫が死亡した場合，残された遺族に年金は支給されるのでしょうか。

●終身年金A型，確定年金Ⅰ型・Ⅱ型・Ⅲ型・Ⅳ型・Ⅴ型に加入している方

終身年金A型は保証期間のある年金となります。保証期間のある終身年金A型と確定年金Ⅰ型，Ⅱ型，Ⅲ型，Ⅳ型，Ⅴ型に加入している方が，年金を受給する前または保証期間中に死亡した場合，遺族一時金が支給されます。

- 年金を受給する前に死亡した場合，加入時の年齢，死亡時の年齢，死亡時までの掛金納付期間に応じた額
- 保証期間中に死亡した場合，残りの保証期間に応じた額

●終身年金B型のみに加入している方

終身年金B型は保証期間のない年金となります。終身年金B型のみに加入している方が，年金を受給する前に死亡した場合，1万円の遺族一時金が支給されます。

遺族一時金が支給される遺族は，死亡時に生計を同じくしていた次の順位の遺族となります。

1．配偶者　2．子　3．父母　4．孫　5．祖父母　6．兄弟姉妹

Q259 中途脱退の給付

中途で脱退したような場合，給付はどうなりますか。

加入員が第2号被保険者または第3号被保険者となって脱退（加入員の資格喪失の事由に該当）した場合は，加入期間15年未満の場合は，短

302　第4編　国民年金法〔Q259〕〔Q260〕〔Q261〕

期間の加入員の年金を通算して国民年金基金連合会が年金納付を行います（国年法137条の17）。死亡による脱退については，遺族が国民年金の死亡一時金の受給権を取得した場合，基金から遺族一時金が支給されますが，その一時金の額は8,500円を超える額とされています（国年法130条3項）。

Q260　掛金などの税法上の取扱い

掛金，年金に関し税法上の優遇はあるのでしょうか。

Ａ　基金は，公的年金の扱いを受けていますので，掛金は全額，社会保険料控除の対象となります（所得税法74条）。また，基金の支給する年金と国民年金の老齢基礎年金は公的年金等控除の対象となります。

このように掛金と給付の税における取扱いは，国民年金と同様です。なお，基金が支給する遺族一時金は課税対象外となります。

Q261　iDeCoと国民年金基金

老後の資金を貯めるにはiDeCoと国民年金基金はどちらが良いでしょうか。2つの違いを教えてください。

Ａ　iDeCo（イデコ）とは，正式名称は個人型確定拠出年金といい，老後資金を貯めるための制度です。国民年金や厚生年金保険と違って，希望者が自ら申込みをして任意で加入します。また，加入者が金融機関や金融商品を選んで運用する制度であり，運用金額に応じて60歳以降に給付を受け取ることができます。運用成績が良ければ，多くの年金を受け取れますが，逆に悪ければ少なくなる可能性もあります。

このようなリスクはありますが，iDeCo は，小規模企業共済等掛金控除として税金が優遇される上に，通常20％かかる運用益はすべて非課税となり，税制面で優遇されています。

〈iDeCo と国民年金基金の違い〉

	iDeCo	国民年金基金
掛金	月額5,000円以上（1,000円単位）	加入時の年齢やプランによる
年金給付方法	基本有期年金	基本終身年金
年金受取開始時期	60〜65歳（加入期間によって異なる）	原則65歳（プランによっては60歳から）
運用指示	必要あり	必要なし

　上記表のとおり，iDeCo と国民年金基金の大きな違いは，iDeCo は原則有期年金・国民年金基金は原則終身年金であること，その他，iDeCo は運用指示が必要であり年金額が事前に確定しないところ等になります。

8 年金担保貸付事業

Q262 年金担保貸付事業の趣旨・背景

台風で家が破損し，その修理のため一時的にお金が必要になりました。現在，仕事はしておらず年金だけで生活しています。年金を担保に融資を受けることはできますか。

A 年金担保貸付事業は，年金世代の高齢者が医療費や住宅の改修費用などで一時的に資金が必要となった場合に，公的年金を担保として小口の資金を低利で貸し付ける公的な貸付制度です。この事業が創設された背景には，融資を受けることが難しい高齢者に一時的に資金が必要となった際に，悪質な業者などから高利の貸付を受け，その結果，生活困窮に陥るといった事態が発生したことから，このような事態を未然に防ぐことが意図されています。

年金担保貸付事業は，下記年金証書を所有し，実際に年金を受給中の場合，利用することが可能です。また，年金の種類は老齢年金，障害年金，遺族年金のいずれも対象となります。

- 厚生年金保険年金証書
- 国民年金・厚生年金保険年金証書
- 船員保険年金証書
- 国民年金証書
- 労働者災害補償保険年金証書

資金の使途は，「保健・医療」，「介護・福祉」，「住宅改修等」，「教育」，「冠

8 年金担保貸付事業　305

婚葬祭」,「事業維持」,「債務等の一括整理」,「生活必需物品の購入」等に限られており,申込時に具体的な用途や必要な金額が確認されます。なお,生活資金や旅行のための資金使途では利用できません。

Q263　年金担保貸付事業の申込受付終了

　年金担保貸付事業が令和4年3月末の予定で申込受付が終了すると聞きました。それはなぜですか。

Ⓐ　平成22年12月の閣議決定において年金担保貸付制度を廃止することが決定されました。その後,平成23年12月および平成26年12月の2回にわたり制度の見直しを行い,事業規模の縮減を図ってきましたが,厚生労働省から終了の方針が示されたため,令和4年3月末の予定で申込受付を終了することとなりました。

　ただし,令和4年3月末までに申し込みを受け付けた年金担保貸付については,返済期間や返済方法は従来通りの取扱いとなり,令和4年3月末の借入額残を繰り上げて返済する必要はありません。

　年金担保貸付事業の新規貸付終了以降に融資の必要がある場合は,居住地の自立相談支援機関に相談したり,社会福祉協議会が実施する「生活福祉資金貸付制度」を利用したりするなどの代替案が考えられます。

第5編
高齢者の医療の確保に関する法律

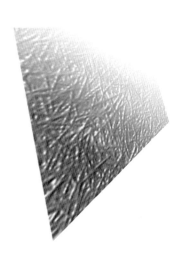

Q264 後期高齢者医療制度（長寿医療制度）とはどんな
制度か？

平成20年4月から始まった後期高齢者医療制度（長寿医療制
度）の概要について教えてください。

A わが国の高齢者の医療は，昭和48年に老人福祉法の老人医療費支給制
度が創設され，老人医療費制度と医療保険各法による医療保険制度を中
心に推進されてきました。

さらに，昭和58年に老人保健法が施行され，すべての医療保険制度が老人医
療費を拠出金で賄い，さらに地方公共団体がそれを支える制度として運営され
てきました。

しかし，近年老人医療費は年々増加を続け，世代間の負担の公平化を図るこ
ととし，平成20年4月1日から法律の名称が「高齢者の医療の確保に関する法
律」に改められ，高齢期における適切な医療の確保を図るため，医療費適正化
の総合的推進，健康診査等を実施するとともに，前期高齢者（65歳から74歳の
者）の保険者間の費用負担調整と後期高齢者（75歳以上の者等）の独立した医
療制度が創設されました。

この制度は，次の医療保険各法の保険者

① 健康保険法（全国健康保険協会・健康保険組合）

② 船員保険法（全国健康保険協会）

③ 国民健康保険法（市町村（特別区を含む。以下同じ））

④ 国家公務員共済組合法（共済組合）

⑤ 地方公務員等共済組合法（共済組合）

⑥ 私立学校教職員共済法（日本私立学校振興・共済事業団）

が支援金等を納付することにより，保険料を負担する本人を含めて，さらに，
国・都道府県・市町村が共同し高齢者の医療に対して，責任を果たす仕組みが
とられています。

後期高齢者医療では，高齢者の疾病，負傷または死亡に関して，必要な給付

を行う（高医法47条）こととされ，各都道府県に保険者である「後期高齢者医療広域連合」（以下「広域連合」という）を設け，そこにすべての市町村が加入するという方式がとられています。

被保険者は，以前の老人保健法の老人医療受給対象者と同じ要件ですが，

① 広域連合の区域内に住所を有する75歳以上の者

② 広域連合の区域内に住所を有する65歳以上75歳未満の者で，一定の障害の状態による旨の広域連合の認定を受けたもの

がその適用を受けることとされています。なお，生活保護法の保護を受けている世帯（その保護を停止されている世帯を除く）に属する者等は適用から除外されています（高医法51条）。

後期高齢者医療給付は，

① 療養の給付，入院時食事療養費，入院時生活療養費，保険外併用療養費，療養費，訪問看護療養費，特別療養費および移送費の支給

② 高額療養費および高額介護合算療養費の支給

③ ①・②に掲げるもののほか，広域連合の条例で定めるところにより行う給付（葬祭の給付など）とされています（高医法56条）。

Q265 加入の手続は必要か？

後期高齢者医療制度の加入対象になった場合には，何か手続が必要になるのでしょうか。

Ⓐ 75歳に達したため被保険者の資格を取得した者は，14日以内に広域連合に資格取得の届書を提出しなければなりませんが，ほとんどの都道府県の広域連合では，自動的に行います（高医則10条）。

しかし，75歳に達した人が被用者保険（健康保険等）の被保険者であった場合は，75歳に達して被用者保険の資格は喪失するので，資格喪失届は必要です。この場合の資格喪失日は，誕生日です。また，次のような場合は手続が必要で

310　第5編　高齢者の医療の確保に関する法律〔Q265〕〔Q266〕

す。

①　夫が75歳未満で被用者保険の被保険者であり，その妻がその被扶養者で，かつ，75歳に達した場合は，夫は被用者保険の被保険者，妻は広域連合の被保険者になりますから被扶養者ではなくなる届「被扶養者異動届」の提出が必要です。

②　夫が被用者保険の被保険者であったが，75歳に達し，その妻がその被扶養者で，かつ，75歳未満の場合は，夫は広域連合の被保険者になります。夫の広域連合の加入手続は自動的に行われます。妻は単独で国民健康保険の被保険者になり，被扶養者としての資格がなくなるため「被扶養者異動届」が必要ですし，国民健康保険の手続が必要となります。

新たに広域連合の区域内に住所を有する65歳以上75歳未満の者で一定の障害の状態にある旨の広域連合の認定を受けようとするものについては，広域連合に申請をしなければなりません（高医則8条）。

広域連合は都道府県単位で設置されていますが，その手続はお住まいの市町村において行うこととなります。

なお，後期高齢者医療制度は，75歳に達する日（誕生日）から被保険者となることとされていますので，注意してください。

Q266 後期高齢者医療制度の保険医療機関等での負担はどのように決められているか？

医療機関で診療を受ける際に，何か注意することがあれば，教えてください。

A　療養の給付，入院時食事療養費，入院時生活療養費，保険外併用療養費，訪問看護療養費（以下「療養の給付等」）を受給する場合，入院，外来にかかわらず，後期高齢者医療制度の被保険者証を提示して，次のとおりの一部負担金等を負担しなければなりません。

① 一部負担金および自己負担額

療養の給付等に要する費用の額の算定に関する基準に次の区分に応じた割合を乗じて得た額を支払うこととなります。

(1) (2)以外の場合……100分の10（1割負担＝9割給付）

(2) 同一世帯内に市町村民税の課税所得の額が145万円以上の被保険者がいる場合，……その世帯に属する被保険全員が100分の30（3割負担＝7割給付）

なお，次の世帯に属する被保険者については，3割負担の区分の場合でも，申請により，「100分の10」（1割負担）となります。

（i） 同一世帯内に，被保険者が1人で被保険者の収入額が383万円未満

（ii） 同一世帯内に，後期高齢者医療制度の被保険者が2人以上で，1人が課税所得額145万円以上であっても，収入の合計額が520万円未満の場合

② 入院時食事療養費および入院時生活療養費の支給

入院の際に，療養の給付と併せて，保険医療機関等で食事療養を受けた場合に，その食事療養に要する費用から食事療養標準負担額を控除した額が，入院時食事療養費として，現物給付により被保険者に支給されます。

また，特定長期入院被保険者が療養病床に入院した際に，療養の給付と併せて，食事の提供である療養および温度，照明，および給水に関する適切な療養環境の形成である療養（生活療養）を受けた場合に，生活療養に要する費用から生活療養標準負担額を控除した額が入院時生活療養費として，現物給付により特定長期入院被保険者に支給されます。

健康保険の70歳以上の被保険者や被扶養者と同じ負担額となっており，入院時食事療養標準負担額と生活療養標準負担額は次のとおりとなります。

＜入院時食事療養標準負担額＞

現役並み所得，その他一般の場合		1食につき　460円
住民税非課税世帯	過去1年間の入院が90日以内の場合	1食につき　210円
	過去1年間の入院が90日を超える場合	1食につき　160円
	所得が一定基準に満たない場合（年金収入が80万円以下など）	1食につき　100円

312　第5編　高齢者の医療の確保に関する法律〔Q266〕〔Q267〕

＜入院時生活療養標準負担額＞……療養病床に入院する場合

現役並み・一般	一定の保険医療機関に入院	（食　費）1食につき　460円 （居住費）1日につき　370円
	上記以外の一定の保険医療機関に入院	（食　費）1食につき　420円 （居住費）1日につき　370円
住民税非課税	住民税非課税世帯	（食　費）1食につき　210円 （居住費）1日につき　370円
	所得が一定基準に満たない場合 （例：年金収入が80万円以下等）	（食　費）1食につき　130円 （居住費）1日につき　370円

※難病患者等の方は，入院時食事療養費のみで，居住費の負担はありません。

Q267　高額療養費および高額介護合算療養費の自己負担限度額はどのように計算されるか？

　　私の80歳の父が，先月から保険医療機関に入院をしていますが，「保険適用になった診療分については一定の限度額までの負担しかありません」と説明を受けました。1カ月にどのくらいまで負担しなければならないか，教えてください。

Ａ　保険医療機関等の一部負担金等は前問のとおりですが，お尋ねの件は，高額療養費と高額介護合算療養費のことだと思います。給付の内容は，それぞれ次のとおりですが，健康保険と同様に，高額療養費および高額介護合算療養費ともに，食事療養標準負担額および生活療養標準負担額については，支給の対象とはなりません。

　①　高額療養費の支給

　前述の健康保険と同様，療養の給付に係る一部負担金および保険外併用療養費，療養費，訪問看護療養費，特別療養費の自己負担額が，療養を受けた月ごとに，著しく高額（1カ月ごとの自己負担限度額＝高額療養費算定基準額を超

えた場合）のときに，広域連合から被保険者に対して支給されるものです。

　なお，原則として現物給付で行われ，1カ月の同一（合算される場合を除く）の保険医療機関等での支払額は自己負担限度額が上限となりますが，所得の状況や支給回数などの要件によって，その自己負担限度額が変更となるため，このときは支払過ぎとなった差額を高額療養費として受給するための申請手続が必要となります。

　高額療養費の1カ月ごとの自己負担限度額は，③の表のとおりです。

②　高額介護合算療養費の支給

　平成20年4月から，同一世帯での①の高額療養費に伴う自己負担額と介護保険法の自己負担額との合算額が著しく高額である（年ごとの自己負担限度額を超える）ときに，広域連合から被保険者に対して高額介護合算療養費として支給されるものです。

　しかし，原則現物給付である①の高額療養費とは異なり，1年間（毎年8月1日から翌年7月末まで）の自己負担額を合算した額に対して，後に広域連合から還付する方法により，現金給付として支給されることとなります。

　高額介護合算療養費の自己負担限度額は，次頁の④の表のとおりです。

③　高額療養費〈1カ月ごと〉自己負担限度額

所得区分	上限額（世帯ごと）　　単位：円	
年収約1,160万円〜 （課税所得690万円以上）	252,600＋（医療費−842,000）×1% （多数該当：140,000）	
年収約770〜約1,160万円 （課税所得380万円以上）	167,400＋（医療費−558,000）×1% （多数該当：93,000）	
年収約370〜約770万円 （課税所得145万円以上）	80,100＋（医療費−267,000）×1% （多数該当：44,400）	
所得区分	外来（個人ごと）	上限額（世帯ごと）
〜年収約370万円 （課税所得145万円未満）	18,000 （年間上限：144,000）	57,600 （多数該当：44,400）
住民税非課税	8,000	24,600
住民税非課税 （所得が一定以下）		15,000

314 第5編 高齢者の医療の確保に関する法律〔Q267〕〔Q268〕〔Q269〕

④ 高額介護合算療養費の自己負担限度額（1年間）

所得区分	負担の上限額
年収約1,160万円～ （課税所得690万円以上）	212万円
年収約770～約1,160万円 （課税所得380万円以上）	141万円
年収約370～約770万円 （課税所得145万円以上）	67万円
一般：年収156～370万円 （課税所得145万円未満）	56万円
市町村民税非課税世帯	31万円
市町村民税非課税世帯 （所得が一定以下）	19万円 （介護サービス利用者が世帯内に複数いる場合は31万円）

Q268 傷病手当金を受けていた者が75歳になると受けられなくなるか？

現在，健康保険で傷病手当金を受給中ですが，来月の16日に75歳の誕生日を迎えます。75歳になると健康保険による保険給付が受けられなくなると聞きましたが，傷病手当金は引き続きもらえるでしょうか。

A 75歳から後期高齢者医療制度の被保険者となるのは既述のとおりですが，受給中の健康保険による傷病手当金は支給期間が満了するまで受給することができます。なお，この場合には，健康保険の被保険者であった期間が資格喪失する日の前日まで継続して1年以上あることが必要です。この内容については，第1編Q102を参照してください。

しかしながら，後期高齢者医療制度では，療養の給付等，高額療養費並びに

高額介護合算療養費の支給，広域連合の条例で定めるところにより行う給付（葬祭の給付など），および保健事業（特定健診など）が広域連合から行われますので，これらの給付については，今後は広域連合から支給を受けることになります。

Q269 後期高齢者医療制度の費用はどこが賄っているのか？

医療費や保険給付の費用は，どのような仕組みで賄われるのでしょうか。

A 療養の給付から一部負担金を控除した額並びに入院時食事療養費，入院時生活療養費，保険外併用療養費，療養費，訪問看護療養費，特別療養費，移送費，高額療養費および高額介護合算療養費の支給等に要した費用（負担対象額（ただし，高額医療費負担対象額は除く））に対して概ね次の表のような割合で，その費用を賄っています（高医法93条～）。

また，広域連合の条例で定めるところにより行う給付（葬祭の給付など），および特定検診等の費用は保険料で賄うものとされています。

保険料（約1割）	後期高齢者支援金（約4割）	公費（約5割）		
		国：4	都道府県：1	市町村：1

316　第5編　高齢者の医療の確保に関する法律〔Q270〕

Q270 後期高齢者医療制度の保険料はどのように決められるのか？

現在，健康保険組合の被保険者として適用を受けていますが，4月20日に75歳に達します。72歳の妻を被扶養者としていますが，保険料の計算方法，納付方法について教えてください。

A　保険料の算定方法と納付方法について，あらましを説明しましょう。

後期高齢者医療制度の保険料は，医療広域連合（都道府県単位）ごとに決められ，加入者1人ずつ課されます。それまで他の医療保険の被扶養者であって保険料を納付していなかった人も支払う制度です。

(1) 保険料の算定

保険料は，加入者1人ひとり均等に課される「均等割額」と，加入者の所得に応じた「所得割額」を合算した額です。

$$\boxed{保険料} = \boxed{均等割額} + \boxed{所得割額}$$

「所得割額」は，加入者の前年の総所得金額等から基礎控除額（33万円）を控除した額に医療広域連合ごとに条例により定められた保険料率を乗じた額です。

$$所得割額 = \boxed{前年の総所得金額等 - 基礎控除額（33万円）} \times 料率$$

総所得金額等とは，前年1月～12月の総合課税分と申告分離課税分の合計額で，下記のような所得です。

> 公的年金所得，給与所得，営業所得，農業所得，不動産所得，
> 利子所得，配当所得，一時所得，山林所得など

　　　　注：退職所得，遺族年金，障害年金，失業等給付等は，総所得金額等には含まれません。

上記のように計算した結果57万円を超える場合は，57万円になります。つまり，賦課限度額は57万円です。また，現在，様々な軽減措置が行われています。

実際の保険料額については，医療広域連合ごとに異なりますので，お住まいの市区町村にお問い合わせください。

⑵ 保険料の納付方法

公的年金の受給額から源泉控除する「特別徴収」と，納付書による納付の「普通徴収」の2つの方法があります。原則として特別徴収になります。

① 特別徴収

公的年金等の年金額が18万円以上（複数の年金の合計額ではなく，一定のルールにより選択された1つの年金額）が対象です。ただし，介護保険料との合計額が，一定のルールにより選択された1つの年金額の2分の1を超える場合は普通徴収になります。また，年度の途中で75歳になったり，他の市区町村から転入したりした場合等は，その年度中は特別徴収されず普通徴収です。

特別徴収の対象となる公的年金の順序は，下記のような順番です。

a．国民年金法による老齢基礎年金

b．旧国民年金法による老齢年金または通算老齢年金

c．旧厚生年金保険法による老齢年金，通算老齢年金または特例老齢年金

d．旧船員保険法による老齢年金または通算老齢年金

e．旧国共済法による退職年金，減額退職年金または通算退職年金（一定のもの）

f．国民年金法による障害基礎年金

g．厚生年金保険法による障害厚生年金

h．船員保険法による障害年金

注：その他，上記はすべてではありません。

これらの年金額から，年金が支給される2カ月ごとに2カ月分相当保険料が徴収されます。

② 普通徴収

特別徴収の対象とならない場合が普通徴収です。納付書により納付します。公的年金等の年金額が18万円未満の場合，年度の途中に他の市区町村から転入した場合，年度の途中に75歳になった場合等が該当します。その他に，年金の支払調整，差し止め，借り入れ等があった場合は，特別徴収されていても一旦停止され，普通徴収になります。

また，希望により口座引落により納付することも可能です。

318　第5編　高齢者の医療の確保に関する法律〔Q270〕

③　保険料の納付義務者

　もちろん，被保険者が負担義務および納付義務がありますが，世帯主や配偶者も連帯して納付する義務があります。

第6編
介護保険法

320　第6編　介護保険法〔Q271〕

Q271　制度の概要は？

介護保険制度の概要について説明してください。

Ⓐ　介護保険制度は，老人福祉と老人医療に分かれている高齢者の介護に関する制度を再編成し，利用しやすく公平で効率的な社会的支援システムを構築するために創設され，負担と給付（サービス）の関係が明確な社会保険方式を採用し，介護保険施行法が平成9年12月17日に公布され，平成12年4月1日から施行されています。

運営の主体である保険者は市町村および特別区（以下，市町村）とされ，そこに都道府県，国，医療保険者（全国健康保険協会，健康保険組合，市町村，国民健康保険組合，共済組合など）および年金保険者（政府）が重層的に支え合う形態をとっています。

被保険者は2種類に分けられ，第1号被保険者は市町村の区域内に住所を有する65歳以上の者，第2号被保険者は市町村の区域内に住所を有する40歳以上65歳未満の医療保険加入者とされています。

保険給付は，要介護者に対する介護給付，要支援者に対する予防給付，それぞれの市町村が地域性に合わせた給付を独自に行うことができる市町村特別給付があります。

介護保険の保険給付は，一部を除いて，現物給付とされています。また，利用者の自己負担は1割（65歳以上の一定以上所得者は，一部の給付について2割）とされていますが，介護サービス計画費（ケアプラン作成の費用）については全額支給され，自己負担はありません。その内容は，在宅サービスと施設サービスに分かれています。なお，第2号被保険者に対する保険給付は，特定疾病に起因する場合に限られています。

なお，第2号被保険者が給付を受ける場合には，加齢に伴って生ずる心身の変化に起因する疾病として政令で定めるもの（「特定疾病^注」という）によって要介護状態や要支援状態になったのでなければ受けることができません。

保険料については，第1号被保険者と第2号被保険者に区分して，賦課・徴

収が行われています。第1号被保険者は，原則として公的年金から源泉控除され，第2号被保険者は，医療保険の保険料に上乗せの形で徴収されます。

介護保険全体の財源構成は，おおよそ次の表のとおりとなっています。

	国	都道府県	市町村
公　費 50%	25% （内：5％は調整交付金）	12.5%	12.5%
保険料 50%	第1号被保険者 23%	第2号被保険者 27%	

※「調整交付金」とは，第1号被保険者に占める75歳以上の高齢者の割合，所得段階別の割合等に応じて国が交付することになっている交付金のこと。

注：「特定疾病」の範囲（介護保険法施行令第2条より）

① がん（医師が一般に認められている医学的知見に基づき回復の見込みがない状態に至ったと判断したものに限る。）

② 関節リウマチ

③ 筋萎縮性側索硬化症

④ 後縦靱帯骨化症

⑤ 骨折を伴う骨粗鬆症

⑥ 初老期における認知症（法第五条の二第一項に規定する認知症をいう。）

⑦ 進行性核上性麻痺，大脳皮質基底核変性症及びパーキンソン病

⑧ 脊髄小脳変性症

⑨ 脊柱管狭窄症

⑩ 早老症

⑪ 多系統萎縮症

⑫ 糖尿病性神経障害，糖尿病性腎症及び糖尿病性網膜症

⑬ 脳血管疾患

⑭ 閉塞性動脈硬化症

⑮ 慢性閉塞性肺疾患

⑯ 両側の膝関節又は股関節に著しい変形を伴う変形性関節症

322　第6編　介護保険法〔Q272〕〔Q273〕

Q272　要介護・要支援の認定はどのように行われるか？

　介護保険の保険給付を受けるためには，事前に認定を受けなければならないと聞きましたが，どこに行って，どのような手続が必要となるのでしょうか。

Ⓐ　被保険者が介護保険の保険給付を受けるためには，市町村または特別区（以下，市町村）において，要介護または要支援の認定を受ける必要があります。

　手順としては，まず，被保険者の申請が必要です。その申請に基づき市町村が被保険者の心身の状況を調査するとともに，かかりつけ医の意見を聴いて，調査の結果（一部はコンピュータ処理）等を通知し，それを受けて「介護認定審査会」（市町村または地域により都道府県に設置）が審査し，要介護状態や要支援状態等の判定を行います。その申請・判定結果が市町村に示され，認定等についての結果が被保険者に通知されることとなります。さらに，この認定については，原則として，申請の日から30日以内に行うこととされています。なお，市町村での認定結果について，不服がある場合には，都道府県に置かれている「介護保険審査会」に対して，審査請求することができます。したがって，被保険者の手続は，最初の申請だけで，また，この申請は代行でもできることになっています。

　要介護と要支援の区分ですが，要介護者とは身体上または精神上の障害があるために，入浴，排せつ，食事等の日常生活における基本的動作について一定の期間にわたり継続して，常時介護を要すると見込まれる状態を「要介護状態」（介保法7条1項）とし，この状態にある被保険者のことを要介護者といいます。なお，この要介護状態の区分1〜5に応じて，それぞれ1カ月の給付限度額が設定されています。

　また，要支援者とは要介護状態とは認められないまでも，身体上または精神上の障害があるために，一定の期間にわたり継続して，日常生活を営むのに支障があると見込まれる状態を「要介護状態となるおそれがある状態」（要支援

状態）とし，この状態にある被保険者を要支援者といいます。要支援状態の区分1～2に応じて，それぞれ1カ月における給付限度額が設定されています。

　要介護・要支援の認定の有効期間は，原則として6カ月間とされています。ただし，心身状態が悪化または回復し，現に受けている要介護状態区分等に該当しなくなったときは，区分の変更を申請することができます。

　なお，緊急に保険給付を受ける必要がある場合には，とりあえず認定を経ずにサービスを受け，後日，市町村に請求する途もありますので，詳しくは住所地の市町村の窓口に問い合わせてください。

Q273　介護保険の保険給付にはどのようなものがあるか？

　介護保険の保険給付には，在宅で受けるサービスと施設で受けるサービスとがあると聞きましたが，具体的にはどのようなものがありますか。

Ⓐ　まず，在宅で受けるサービス（居宅サービス）には，訪問介護，訪問入浴介護，訪問看護，訪問リハビリテーション，居宅療養管理指導，通所介護，通所リハビリテーション，短期入所生活介護，短期入所療養介護，特定施設入所者生活介護，福祉用具貸与および特定福祉用具販売があります（介保法8条）。

　また，「地域密着型サービス」には，定期巡回・随時対応型訪問介護看護，夜間対応型訪問介護，認知症対応型通所介護，小規模多機能型居宅介護，認知症対応型共同生活介護，地域密着型特定施設入居者生活介護，地域密着型介護老人福祉施設入所者生活介護および複合型サービスがあります。

　「特定地域密着型サービス」には，定期巡回・随時対応型訪問介護看護，夜間対応型訪問介護，認知症対応型通所介護，小規模多機能型居宅介護および複合型サービスがあります（介保法8条25項）。

「施設サービス」には，介護福祉施設サービス，介護保健施設サービスがあります（介保法8条25項）。

また，要支援者に対する「介護予防サービス」には，介護予防訪問入浴介護，介護予防訪問看護，介護予防訪問リハビリテーション，介護予防居宅療養管理指導，介護予防通所リハビリテーション，介護予防短期入所生活介護，介護予防短期入所療養介護，介護予防特定施設入居者生活介護，介護予防福祉用具貸与および特定介護予防福祉用具販売があります（介保法8条の2）。

法律で定めた法定給付の他に市町村が条例で定めた独自の特別給付もあります。

このほかにも，医療保険と同様に，自己負担した額が著しく高額となったときには，高額介護サービス費または高額介護予防サービス費が支給されます（介保法51条・61条）。ただし，施設サービスの標準負担額，福祉用具購入費および住宅改修費の自己負担額は高額介護サービス費の対象とはなりません。

さらに，医療も高額になった場合に高額医療合算介護サービス費も支給されます（介保法51条の2）。

Q274 介護保険の保険料の算定基準，納付方法は？

介護保険の保険料は，どのように決定され，どこに納めればよいのか，教えてください。

Ⓐ 第1号被保険者の保険料は，条例で定めるところにより算定された保険料率により算定された額です。その保険料率は，市町村介護保険事業計画に定める保険給付に要する費用の予想額，都道府県からの借入金の償還に要する費用の予定額，地域支援事業および保健福祉事業に要する費用の予定額，第1号被保険者の所得の分布状況およびその見通し並びに国庫負担額等に照らし，おおむね3年を通じ財政の均衡を保つことができるように定めることになっています。市町村は，介護保険給付費の約22％に相当する額を第1号被保

険者に保険料として賦課し，サービス基盤の整備の状況やサービスの利用の見込みに応じて保険者ごとに設定しています。また，低所得者等に配慮し負担能力に応じた負担を求める観点から，市町村民税の課税状況等に応じて，段階別に設定されています。現在，標準は9段階ですが，もっと多い段階を設定している市町村も多いようです。

保険料徴収の仕方ですが，第1号被保険者については，市町村または特別区（以下，市町村）において徴収することとされ，その方法は特別徴収と普通徴収の2通りがあります。

特別徴収は，公的年金給付から介護保険料を天引きする方法で，天引きした保険料を年金保険者（政府）が市町村へ納入します。なお，年金額が18万円未満の場合，裁定請求を行った年の年金給付等からは天引きされず，普通徴収となります。

普通徴収は，市町村において第1号被保険者の各世帯主に，直接，納付書を送付して，徴収する方法です。

第2号被保険者については，直接，保険者である市町村が介護保険料を徴収することはなく，医療保険者（全国健康保険協会，健康保険組合，国民健康保険の保険者としての市町村，国民健康保険組合，各共済組合等）が医療保険の保険料に併せて徴収します。その徴収した介護保険料を介護納付金として，社会保険診療報酬支払基金が徴収し，市町村へ交付します。

第2号被保険者の保険料額についてですが，健康保険法などの被用者医療保険各法においては，原則として，第2号被保険者の標準報酬月額および標準賞与額に基づき算定します。健康保険組合の一部では，第2号被保険者である被扶養者を有する被保険者を含める方式や規約で定めた一定額を介護保険料とする特別介護保険料による方式を用いるところもあります。国民健康保険法においては，所得や資産等に応じた介護保険料を算定する方式を採用しています。

したがって，介護保険料の決定方法は医療保険制度によって異なっており，それぞれの制度に応じた対応が必要となります。さらに，介護保険料の額も市町村によって異なっておりますので，注意が必要です。また，災害等による減免措置があったり，保険料滞納者に対する給付制限などの規定もあります。

社会保険の実務相談〔令和2年度〕

2020年7月20日　第1版第1刷発行

編　者　全国社会保険労務士会連合会
https://www.shakaihokenroumushi.jp/

発行者　山　本　　　継

発行所　㈱中央経済社

発売元　㈱中央経済グループ
　　　　パブリッシング

〒101-0051　東京都千代田区神田神保町1-31-2
電話 03（3293）3371（編集代表）
　　 03（3293）3381（営業代表）
http://www.chuokeizai.co.jp/

© 2020
Printed in Japan

印　刷／東光整版印刷㈱
製　本／誠　製　本　㈱

＊頁の「欠落」や「順序違い」などがありましたらお取り替えいた
しますので発売元までご送付ください。（送料小社負担）
ISBN 978-4-502-82753-2 C2334

JCOPY〈出版者著作権管理機構委託出版物〉本書を無断で複写複製（コピー）することは，
著作権法上の例外を除き，禁じられています。本書をコピーされる場合は事前に出版者著
作権管理機構（JCOPY）の許諾を受けてください。
JCOPY〈http://www.jcopy.or.jp　eメール：info@jcopy.or.jp〉